Rudolf Steiner Taschenbücher aus dem Gesamtwerk

Rudolf Steiner

Die Philosophie der Freiheit

Grundzüge einer modernen Weltanschauung

Seelische Beobachtungsresultate nach naturwissenschaftlicher Methode

RUDOLF STEINER VERLAG
DORNACH/SCHWEIZ

Herausgegeben von der Rudolf Steiner-Nachlaßverwaltung

1. Auflage Berlin 1894

Ungekürzte Ausgabe nach dem gleichnamigen Band
der Rudolf Steiner Gesamtausgabe
(Bibliographie-Nr. 4, ISBN 3-7274-0040-4)
14. Auflage Dornach 1978

Taschenbuchausgabe

1.–25. Tsd. Stuttgart 1967
26.–45. Tsd. Dornach 1977
46.–65. Tsd. Dornach 1981

Bestell-Nr. 6270

Zeichen auf dem Umschlag und Titelblatt von Rudolf Steiner

Printed in Switzerland by Zbinden Druck und Verlag AG, Basel

ISBN 3-7274-6270-1

INHALT

VORREDE ZUR NEUAUSGABE 1918

Zwei Wurzelfragen des menschlichen Seelenlebens sind es, nach denen hingeordnet ist alles, was durch dieses Buch besprochen werden soll. Die eine ist, ob es eine Möglichkeit gibt, die menschliche Wesenheit so anzuschauen, daß diese Anschauung sich als Stütze erweist für alles andere, was durch Erleben oder Wissenschaft an den Menschen herankommt, wovon er aber die Empfindung hat, es könne sich nicht selber stützen. Es könne von Zweifel und kritischem Urteil in den Bereich des Ungewissen getrieben werden. Die andere Frage ist die: Darf sich der Mensch als wollendes Wesen die Freiheit zuschreiben, oder ist diese Freiheit eine bloße Illusion, die in ihm entsteht, weil er die Fäden der Notwendigkeit nicht durchschaut, an denen sein Wollen ebenso hängt wie ein Naturgeschehen? Nicht ein künstliches Gedankengespinst ruft diese Frage hervor. Sie tritt ganz naturgemäß in einer bestimmten Verfassung der Seele vor diese hin. Und man kann fühlen, es ginge der Seele etwas ab von dem, was sie sein soll, wenn sie nicht vor die zwei Möglichkeiten: Freiheit oder Notwendigkeit des Wollens, einmal mit einem möglichst großen Frageernst sich gestellt sähe. In dieser Schrift soll gezeigt werden, daß die Seelenerlebnisse, welche der Mensch durch die zweite Frage erfahren muß, davon abhängen, welchen Gesichtspunkt er gegenüber der ersten einzunehmen vermag. Der Versuch wird gemacht, nachzuweisen, daß es eine Anschauung über die menschliche Wesenheit gibt, welche die übrige Erkenntnis stützen kann; und der weitere, darauf hinzudeuten, daß mit dieser Anschauung für die Idee der Freiheit des Willens eine volle Berechtigung gewonnen wird, wenn nur erst das Seelengebiet gefunden ist, auf dem das freie Wollen sich entfalten kann.

Die Anschauung, von der hier mit Bezug auf diese beiden Fragen die Rede ist, stellt sich als eine solche dar, welche, einmal gewonnen, ein Glied lebendigen Seelenlebens selbst werden kann. Es wird nicht eine theoretische Antwort gegeben, die man, einmal erworben, bloß als vom Gedächtnis bewahrte Überzeugung mit sich trägt. Für die Vorstellungsart, die diesem Buche zugrunde liegt, wäre eine solche Antwort nur eine scheinbare. Nicht eine solch fertige, abgeschlossene Antwort wird gegeben, sondern auf ein Erlebnisgebiet der Seele wird verwiesen, auf dem sich durch die innere Seelentätigkeit selbst in jedem Augenblicke, in dem der Mensch dessen bedarf, die Frage erneut lebendig beantwortet. Wer das Seelengebiet einmal gefunden hat, auf dem sich diese Fragen entwickeln, dem gibt eben die wirkliche Anschauung dieses Gebietes dasjenige, was er für diese beiden Lebensrätsel braucht, um mit dem Errungenen das rätselvolle Leben weiter in die Breiten und in die Tiefen zu wandeln, in die ihn zu wandeln Bedürfnis und Schicksal veranlassen. – Eine Erkenntnis, die durch ihr Eigenleben und durch die Verwandtschaft dieses Eigenlebens mit dem ganzen menschlichen Seelenleben ihre Berechtigung und Geltung erweist, scheint damit aufgezeigt zu sein.

So dachte ich über den Inhalt dieses Buches, als ich ihn vor fünfundzwanzig Jahren niederschrieb. Auch heute muß ich solche Sätze niederschreiben, wenn ich die Zielgedanken der Schrift kennzeichnen will. Ich habe mich bei der damaligen Niederschrift darauf beschränkt, nicht *mehr* zu sagen als dasjenige, was im *engsten Sinne* mit den gekennzeichneten beiden Wurzelfragen zusammenhängt. Wenn jemand verwundert darüber sein sollte, daß man in diesem Buche noch keinen Hinweis findet auf das Gebiet der geistigen Erfahrungswelt, das in späteren Schriften von mir zur Darstellung gekommen ist, so möge er bedenken, daß ich damals eben nicht eine Schilderung geistiger Forschungsergebnisse geben, sondern erst die Grundlage erbauen wollte, auf der solche Ergebnisse ruhen können. Diese «Philosophie der Freiheit» enthält keine solchen speziellen Ergebnisse, ebensowenig als sie spezielle naturwissenschaftliche Ergebnisse enthält; aber was sie enthält, wird derjenige nach meiner Meinung nicht entbehren können, der Sicherheit für solche Erkenntnisse anstrebt. Was in dem Buche gesagt ist, kann auch für manchen Menschen annehmbar sein, der aus irgend welchen ihm geltenden Gründen mit meinen geisteswissenschaftlichen Forschungsergebnissen nichts zu tun haben will. Demjenigen aber, der diese geisteswissenschaftlichen Ergebnisse als etwas betrachten kann, zu dem es ihn hinzieht, dem wird auch wichtig sein können, was hier versucht wurde. Es ist dies: nachzuweisen, wie eine unbefangene Betrachtung, die sich bloß über die beiden gekennzeichneten für *alles* Erkennen grundlegenden Fragen erstreckt, zu der Anschauung führt, daß der Mensch in einer wahrhaftigen Geistwelt drinnen lebt. In diesem Buche ist erstrebt, eine Erkenntnis des Geistgebietes *vor* dem Eintritte in die geistige Erfahrung zu rechtfertigen. Und diese Rechtfertigung ist so unternommen, daß man wohl nirgends bei diesen Ausführungen schon auf die später von mir geltend gemachten Erfahrungen hinzuschielen braucht, um, was hier gesagt ist, annehmbar zu finden, wenn man auf die Art dieser Ausführungen selbst eingehen kann oder mag.

So scheint mir denn dieses Buch auf der einen Seite eine von meinen eigentlich geisteswissenschaftlichen Schriften völlig abgesonderte Stellung einzunehmen; und auf der andern Seite doch auch aufs allerengste mit ihnen verbunden zu sein. Dies alles hat mich veranlaßt, jetzt, nach fünfundzwanzig Jahren, den Inhalt der Schrift im wesentlichen fast ganz unverändert wieder zu veröffentlichen. Nur längere Zusätze habe ich zu einer ganzen Reihe von Abschnitten gemacht. Die Erfahrungen, die ich über mißverständliche Auffassungen des von mir Gesagten gemacht habe, ließen mir solche ausführliche Erweiterungen nötig erscheinen. Geändert habe ich nur da, wo mir heute das ungeschickt gesagt schien, was ich vor einem Vierteljahrhundert habe sagen wollen. (Aus dem so Geänderten wird wohl nur ein Übelwollender sich veranlaßt finden zu sagen, ich habe meine Grundüberzeugung geändert.)

Das Buch ist schon seit vielen Jahren ausverkauft. Trotzdem, wie aus dem eben Gesagten hervorgeht, mir scheint, daß heute ebenso noch ausgesprochen werden soll, was ich vor fünfundzwanzig Jahren über die gekennzeichneten Fragen ausgesprochen habe, zögerte ich durch lange Zeit mit der Fertigstellung dieser Neuauflage. Ich fragte mich immer wieder, ob ich nicht müsse an dieser oder jener Stelle mich mit den zahlreichen seit dem Erscheinen der ersten Auflage zutage getretenen philosophischen Anschauungen auseinandersetzen. Dies in der mir wünschenswerten Weise zu tun, verhinderte mich die Inanspruchnahme durch meine rein geisteswissenschaftlichen Forschungen in der letzten Zeit. Allein ich habe mich nun nach möglichst gründlicher Umschau in der philosophischen Arbeit der Gegenwart davon überzeugt, daß, so verlockend eine solche Auseinandersetzung an sich wäre, sie für das, was durch mein Buch gesagt werden soll, nicht in dasselbe aufzunehmen ist. Was von dem in der «Philosophie der Freiheit» eingenommenen Gesichtspunkt aus über neuere philosophische Richtungen mir nötig schien, gesagt zu werden, findet man im zweiten Bande meiner «Rätsel der Philosophie».

April 1918 Rudolf Steiner

WISSENSCHAFT DER FREIHEIT

I

DAS BEWUSSTE MENSCHLICHE HANDELN

Ist der Mensch in seinem Denken und Handeln ein geistig *freies* Wesen oder steht er unter dem Zwange einer rein naturgesetzlichen ehernen Notwendigkeit? Auf wenige Fragen ist so viel Scharfsinn gewendet worden als auf diese. Die Idee der Freiheit des menschlichen Willens hat warme Anhänger wie hartnäckige Gegner in reicher Zahl gefunden. Es gibt Menschen, die in ihrem sittlichen Pathos jeden für einen beschränkten Geist erklären, der eine so offenkundige *Tatsache* wie die Freiheit zu leugnen vermag. Ihnen stehen andere gegenüber, die darin den Gipfel der Unwissenschaftlichkeit erblicken, wenn jemand die Gesetzmäßigkeit der Natur auf dem Gebiete des menschlichen Handelns und Denkens unterbrochen glaubt. Ein und dasselbe Ding wird hier gleich oft für das kostbarste Gut der Menschheit wie für die ärgste Illusion erklärt. Unendliche Spitzfindigkeit wurde aufgewendet, um zu erklären, wie sich die menschliche Freiheit mit dem Wirken in der Natur, der doch auch der Mensch angehört, verträgt. Nicht geringer ist die Mühe, mit der von anderer Seite begreiflich zu machen gesucht wurde, wie eine solche Wahnidee hat enstehen können. Daß man es hier mit einer der wichtigsten Fragen des Lebens, der Religion, der Praxis und der Wissenschaft zu tun hat, das fühlt jeder, bei dem nicht das Gegenteil von Gründlichkeit der hervorstechendste Zug seines Charakters ist. Und es gehört zu den traurigen Zeichen der Oberflächlichkeit gegenwärtigen Denkens, daß ein Buch, das aus den Ergebnissen neuerer Naturforschung einen «neuen Glauben» prägen will (*David Friedrich Strauß,* Der alte und der neue Glaube), über diese Frage nichts enthält als die Worte: «Auf die Frage nach der Freiheit des menschlichen Willens haben wir uns hiebei nicht einzulassen. Die vermeintlich indifferente Wahlfreiheit ist von jeder Philosophie, die des Namens wert war, immer als ein leeres Phantom erkannt worden; die sittliche Wertbestimmung der menschlichen Handlungen und Gesinnungen aber bleibt von jener Frage unberührt.» Nicht weil ich glaube, daß das Buch, in dem sie steht, eine besondere Bedeutung hat, führe ich diese Stelle hier an, sondern weil sie mir die Meinung auszusprechen scheint, bis zu der sich in der fraglichen Angelegenheit die Mehrzahl unserer denkenden Zeitgenossen aufzuschwingen vermag. Daß die Freiheit darin nicht bestehen könne, von zwei möglichen Handlungen ganz nach Belieben die eine oder die andere zu wählen, scheint heute jeder zu wissen, der darauf Anspruch macht, den wissenschaftlichen Kinderschuhen entwachsen zu sein. Es ist immer, so behauptet man, ein ganz bestimmter *Grund* vorhanden, warum man von mehreren möglichen Handlungen gerade eine bestimmte zur Ausführung bringt.

Das scheint einleuchtend. Trotzdem richten sich bis zum heutigen Tage die Hauptangriffe der Freiheitsgegner nur gegen die Wahlfreiheit. Sagt doch *Herbert Spencer,* der in Ansichten lebt, die mit jedem Tage an Verbreitung gewinnen (Die Prinzipien der Psychologie, von Herbert Spencer, deutsche Ausgabe von Dr. B. Vetter, Stuttgart 1882): «*Daß aber Jedermann auch nach Belieben begehren oder nicht begehren könne,* was der eigentliche im Dogma vom freien Willen liegende Satz ist, das wird freilich ebensosehr durch die Analyse des Bewußtseins, als durch den Inhalt der vorhergehenden Kapitel (der Psychologie) verneint.» Von demselben Gesichtspunkte gehen auch andere aus, wenn sie den Begriff des freien Willens bekämpfen. Im Keime finden sich alle diesbezüglichen Ausführungen schon bei *Spinoza.* Was dieser klar und einfach gegen die Idee der Freiheit vorbrachte, das wurde seitdem unzählige Male wiederholt, nur eingehüllt zumeist in die spitzfindigsten theoretischen Lehren, so daß es schwer wird, den schlichten Gedankengang, auf den es allein ankommt, zu erkennen. Spinoza schreibt in einem Briefe vom Oktober oder November 1674: «Ich nenne nämlich die Sache *frei,* die aus der bloßen Notwendigkeit ihrer Natur besteht und handelt, und *gezwungen* nenne ich die, welche von etwas anderem zum Dasein und Wirken in genauer und fester Weise bestimmt wird. So besteht zum Beispiel Gott, obgleich notwendig, doch frei, weil er nur aus der Notwendigkeit seiner Natur allein besteht. Ebenso erkennt Gott sich selbst und alles andere frei, weil es aus der Notwendigkeit seiner Natur allein folgt, daß er alles erkennt. Sie sehen also, daß ich die Freiheit nicht in ein freies Beschließen, sondern in eine freie Notwendigkeit setze.»

«Doch wir wollen zu den erschaffenen Dingen herabsteigen, welche sämtlich von äußern Ursachen bestimmt werden, in fester und genauer Weise zu bestehen und zu wirken. Um dies deutlicher einzusehen, wollen wir uns eine ganz einfache Sache vorstellen. So erhält zum Beispiel ein Stein von einer äußeren, ihn stoßenden Ursache eine gewisse Menge von Bewegung, mit der er nachher, wenn der Stoß der äußern Ursache aufgehört hat, notwendig fortfährt, sich zu bewegen. Dieses Beharren des Steines in seiner Bewegung ist deshalb ein erzwungenes und kein notwendiges, weil es durch den Stoß einer äußern Ursache definiert werden muß. Was hier von dem Stein gilt, gilt von jeder andern einzelnen Sache, und mag sie noch so zusammengesetzt und zu vielem geeignet sein, nämlich, daß jede Sache notwendig von einer äußern Ursache bestimmt wird, in fester und genauer Weise zu bestehen und zu wirken.»

«Nehmen Sie nun, ich bitte, an, daß der Stein, während er sich bewegt, denkt und weiß, er bestrebe sich, soviel er kann, in dem Bewegen fortzufahren. Dieser Stein, der nur seines Strebens sich bewußt ist und keineswegs gleichgültig sich verhält, wird glauben, daß er ganz frei sei und daß er aus keinem andern Grunde in seiner Bewegung fortfahre, als weil er es wolle. Dies ist aber jene menschliche Freiheit, die alle zu besitzen behaupten und die nur darin besteht, daß die Menschen ihres Begehrens sich bewußt sind, aber die Ursachen, von denen sie bestimmt werden, nicht kennen. So glaubt das Kind, daß es die Milch frei begehre, und der zornige Knabe, daß er frei die Rache verlange, und der Furchtsame die Flucht. Ferner glaubt der Betrunkene, daß er nach freiem Entschluß dies spreche, was er, wenn er nüchtern geworden, gern nicht gesprochen hätte; und da dieses Vorurteil allen Menschen angeboren ist, so kann man sich nicht leicht davon befreien. Denn wenn auch die Erfahrung genügend lehrt, daß die Menschen am wenigsten ihr Begehren mäßigen können und daß sie, von entgegengesetzten Leidenschaften bewegt, das Bessere einsehen und das Schlechtere tun, so halten

sie sich doch für frei, und zwar, weil sie manches weniger stark begehren und manches Begehren leicht durch die Erinnerung an anderes, dessen man sich oft entsinnt, gehemmt werden kann.»

Weil hier eine klar und bestimmt ausgesprochene Ansicht vorliegt, wird es auch leicht, den Grundirrtum, der darin steckt, aufzudecken. So notwendig, wie der Stein auf einen Anstoß hin eine bestimmte Bewegung ausführt, ebenso notwendig soll der Mensch eine Handlung ausführen, wenn er durch irgendeinen Grund dazu getrieben wird. Nur weil der Mensch ein Bewußtsein von seiner Handlung hat, halte er sich für den freien Veranlasser derselben. Er übersehe dabei aber, daß eine Ursache ihn treibt, der er unbedingt folgen muß. Der Irrtum in diesem Gedankengange ist bald gefunden. Spinoza und alle, die denken wie er, übersehen, daß der Mensch nicht nur ein Bewußtsein von seiner Handlung hat, sondern es auch von den Ursachen haben kann, von denen er geleitet wird. Niemand wird es bestreiten, daß das Kind *unfrei* ist, wenn es die Milch begehrt, daß der Betrunkene es ist, wenn er Dinge spricht, die er später bereut. Beide wissen nichts von den Ursachen, die in den Tiefen ihres Organismus tätig sind und unter deren unwiderstehlichem Zwange sie stehen. Aber ist es berechtigt, Handlungen dieser Art in einen Topf zu werfen mit solchen, bei denen sich der Mensch nicht nur seines Handelns bewußt ist, sondern auch der Gründe, die ihn veranlassen? Sind die Handlungen der Menschen denn von einerlei Art? Darf die Tat des Kriegers auf dem Schlachtfelde, die des wissenschaftlichen Forschers im Laboratorium, des Staatsmannes in verwickelten diplomatischen Angelegenheiten wissenschaftlich auf gleiche Stufe gestellt werden mit der des Kindes, wenn es nach Milch begehrt? Wohl ist es wahr, daß man die Lösung einer Aufgabe da am besten versucht, wo die Sache am einfachsten ist. Aber oft schon hat der Mangel an Unterscheidungsvermögen endlose Verwirrung gebracht. Und ein tiefgreifender Unterschied ist es doch, ob ich weiß, warum ich etwas tue, oder ob das nicht der Fall ist. Zunächst scheint das eine ganz selbstverständliche Wahrheit zu sein. Und doch wird von den Gegnern der Freiheit nie danach gefragt, ob denn ein Beweggrund meines Handelns, den ich erkenne und durchschaue, für mich in gleichem Sinne einen Zwang bedeutet, wie der organische Prozeß, der das Kind veranlaßt, nach Milch zu schreien.

Eduard von Hartmann behauptet in seiner «Phänomenologie des sittlichen Bewußtseins» (S. 451), das menschliche Wollen hänge von zwei Hauptfaktoren ab: von den Beweggründen und von dem Charakter. Betrachtet man die Menschen alle als gleich oder doch ihre Verschiedenheiten als unerheblich, so erscheint ihr Wollen als von *außen* bestimmt, nämlich durch die Umstände, die an sie herantreten. Erwägt man aber, daß verschiedene Menschen eine Vorstellung erst dann zum Beweggrund ihres Handelns machen, wenn ihr Charakter ein solcher ist, der durch die entsprechende Vorstellung zu einer Begehrung veranlaßt wird, so erscheint der Mensch von *innen* bestimmt und nicht von *außen.* Der Mensch glaubt nun, weil er, gemäß seinem Charakter, eine ihm von außen aufgedrängte Vorstellung erst zum Beweggrund machen muß: er sei frei, das heißt unabhängig von äußeren Beweggründen. Die Wahrheit aber ist, nach Eduard von Hartmann, daß: «Wenn aber auch wir selbst die Vorstellungen erst zu Motiven erheben, so tun wir dies doch nicht willkürlich, sondern nach der Notwendigkeit unserer charakterologischen Veranlagung, *also nichts weniger als frei*». Auch hier bleibt der Unterschied ohne alle Berücksichtigung, der besteht zwischen Beweggründen, die ich erst auf mich wirken lasse, nachdem ich sie mit meinem Bewußtsein durchdrungen habe, und solchen, denen ich folge, ohne daß ich ein klares Wissen von ihnen besitze.

Und dies führt unmittelbar auf den Standpunkt, von dem aus hier die Sache angesehen werden soll. Darf die Frage nach der Freiheit unseres Willens überhaupt einseitig für sich gestellt werden? Und wenn nicht: mit welcher andern muß sie notwendig verknüpft werden?

Ist ein Unterschied zwischen einem bewußten Beweggrund meines Handelns und einem unbewußten Antrieb, dann wird der erstere auch eine Handlung nach sich ziehen, die anders beurteilt werden muß als eine solche aus blindem Drange. Die Frage nach diesem Unterschied wird also die erste sein. Und was sie ergibt, davon wird es erst abhängen, wie wir uns zu der eigentlichen Freiheitsfrage zu stellen haben.

Was heißt es, ein *Wissen* von den Gründen seines Handelns haben? Man hat diese Frage zu wenig berücksichtigt, weil man leider immer in zwei Teile zerrissen hat, was ein untrennbares Ganzes ist: den Menschen. Den Handelnden und den Erkennenden unterschied man, und leer ausgegangen ist dabei nur der, auf den es vor allen andern Dingen ankommt: der aus Erkenntnis Handelnde.

Man sagt: frei sei der Mensch, wenn er nur unter der Herrschaft seiner Vernunft stehe und nicht unter der der animalischen Begierden. Oder auch: Freiheit bedeute, sein Leben und Handeln nach Zwecken und Entschlüssen bestimmen zu können.

Mit Behauptungen solcher Art ist aber gar nichts gewonnen. Denn das ist ja eben die Frage, ob die Vernunft, ob Zwecke und Entschlüsse in gleicher Weise auf den Menschen einen Zwang ausüben wie animalische Begierden. Wenn ohne mein Zutun ein vernünftiger Entschluß in mir auftaucht, gerade mit derselben Notwendigkeit wie Hunger und Durst, dann kann ich ihm nur notgedrungen folgen, und meine Freiheit ist eine Illusion.

Eine andere Redewendung lautet: Freisein heißt nicht wollen können, was man will, sondern tun können, was man will. Diesen Gedanken hat der Dichterphilosoph *Robert Hamerling* in seiner «Atomistik des Willens» in scharfumrissenen Worten gekennzeichnet: «Der Mensch kann allerdings *tun,* was er will – aber er kann nicht *wollen,* was er will, weil sein Wille durch *Motive* bestimmt ist! – Er kann nicht wollen, was er will? Sehe man sich diese Worte doch einmal näher an. Ist ein vernünftiger Sinn darin? Freiheit des Wollens müßte also darin bestehen, daß man ohne Grund, ohne Motiv etwas wollen könnte? Aber was heißt denn Wollen anders, als *einen Grund haben,* dies lieber zu tun oder anzustreben als jenes? Ohne Grund, ohne Motiv etwas wollen, hieße etwas wollen, *ohne es zu wollen.* Mit dem Begriffe des Wollens ist der des Motivs *unzertrennlich* verknüpft. Ohne ein bestimmendes Motiv ist der Wille ein leeres *Vermögen:* erst durch das Motiv wird er tätig und reell. Es ist also ganz richtig, daß der menschliche Wille insofern nicht ‹frei› ist, als seine

Richtung immer durch das stärkste der Motive bestimmt ist. Aber es muß andererseits zugegeben werden, daß es absurd ist, dieser ‹Unfreiheit› gegenüber von einer denkbaren ‹Freiheit› des Willens zu reden, welche dahin ginge, wollen zu können, was man *nicht* will.» (Atomistik des Willens, 2. Band S. 213f.)

Auch hier wird nur von Motiven im allgemeinen gesprochen, ohne auf den Unterschied zwischen unbewußten und bewußten Rücksicht zu nehmen. Wenn ein Motiv auf mich wirkt und ich gezwungen bin, ihm zu folgen, weil es sich als das «stärkste» unter seinesgleichen erweist, dann hört der Gedanke an Freiheit auf, einen Sinn zu haben. Wie soll es für mich eine Bedeutung haben, ob ich etwas tun kann oder nicht, wenn ich von dem Motive *gezwungen* werde, es zu tun? Nicht darauf kommt es zunächst an: ob ich dann, wenn das Motiv auf mich gewirkt hat, etwas tun kann oder nicht, sondern ob es nur solche Motive gibt, die mit zwingender Notwendigkeit wirken. Wenn ich etwas wollen *muß*, dann ist es mir unter Umständen höchst gleichgültig, ob ich es auch tun kann. Wenn mir wegen meines Charakters und wegen der in meiner Umgebung herrschenden Umstände ein Motiv aufgedrängt wird, das sich meinem Denken gegenüber als unvernünftig erweist, dann müßte ich sogar froh sein, wenn ich nicht könnte, was ich will.

Nicht darauf kommt es an, ob ich einen gefaßten Entschluß zur Ausführung bringen kann, sondern wie *der Entschluß in mir entsteht.*

Was den Menschen von allen andern organischen Wesen unterscheidet, ruht auf seinem vernünftigen Denken. Tätig zu sein, hat er mit anderen Organismen gemein. Nichts ist damit gewonnen, wenn man zur Aufhellung des Freiheitsbegriffes für das Handeln des Menschen nach Analogien im Tierreiche sucht. Die moderne Naturwissenschaft liebt solche Analogien. Und wenn es ihr gelungen ist, bei den Tieren etwas dem menschlichen Verhalten Ähnliches gefunden zu haben, glaubt sie, die wichtigste Frage der Wissenschaft vom Menschen berührt zu haben. Zu welchen Mißverständnissen diese Meinung führt, zeigt sich zum Beispiel in dem Buche: «Die Illusion der Willensfreiheit» von *P. Rée,* 1885, der (S. 5) über die Freiheit folgendes sagt: «Daß es uns so scheint, als ob die Bewegung des Steines notwendig, des Esels Wollen nicht notwendig wäre, ist leicht erklärlich. Die Ursachen, welche den Stein bewegen, sind ja draußen und sichtbar. Die Ursachen aber, vermöge deren der Esel will, sind drinnen und unsichtbar: zwischen uns und der Stätte ihrer Wirksamkeit befindet sich die Hirnschale des Esels. ... Man sieht die kausale Bedingtheit nicht, und meint daher, sie sei nicht vorhanden. Das Wollen, erklärt man, sei zwar die Ursache der Umdrehung (des Esels), selbst aber sei es unbedingt; es sei ein absoluter Anfang.» Also auch hier wieder wird über Handlungen des Menschen, bei denen er ein Bewußtsein von den Gründen seines Handelns hat, einfach hinweggegangen, denn Rée erklärt: «Zwischen uns und der Stätte ihrer Wirksamkeit befindet sich die Hirnschale des Esels.» Daß es, zwar nicht Handlungen des Esels, wohl aber solche der Menschen gibt, bei denen zwischen uns und der Handlung das *bewußt gewordene* Motiv liegt, davon hat, schon nach diesen Worten zu schließen, Rée keine Ahnung. Er beweist das einige Seiten später auch noch durch die Worte: «Wir nehmen die *Ursachen* nicht wahr, durch welche unser Wollen bedingt wird, daher meinen wir, es sei überhaupt nicht ursachlich bedingt.»

Doch genug der Beispiele, welche beweisen, daß viele gegen die Freiheit kämpfen, ohne zu wissen, was Freiheit überhaupt ist.

Daß eine Handlung nicht *frei* sein kann, von der der Täter nicht weiß, warum er sie vollbringt, ist ganz selbstverständlich. Wie verhält es sich aber mit einer solchen, von deren Gründen gewußt wird? Das führt uns auf die Frage: welches ist der Ursprung und die Bedeutung des Denkens? Denn ohne die Erkenntnis der *denkenden* Betätigung der Seele ist ein Begriff des Wissens von etwas, also auch von einer Handlung nicht möglich. Wenn wir erkennen, was Denken im allgemeinen bedeutet, dann wird es auch leicht sein, klar darüber zu werden, was für eine Rolle das Denken beim menschlichen Handeln spielt. «Das Denken macht die Seele, womit auch das Tier begabt ist, erst zum Geiste», sagt *Hegel* mit Recht, und deshalb wird das Denken auch dem menschlichen Handeln sein eigentümliches Gepräge geben.

Keineswegs soll behauptet werden, daß all unser Handeln nur aus der nüchternen Überlegung unsereres Verstandes fließe. Nur diejenigen Handlungen als im höchsten Sinne *menschlich* hinzustellen, die aus dem abstrakten Urteil hervorgehen, liegt mir ganz fern. Aber sobald sich unser Handeln herauferhebt aus dem Gebiete der Befriedigung rein animalischer Begierden, sind unsere Beweggründe immer von Gedanken durchsetzt. Liebe, Mitleid, Patriotismus sind Triebfedern des Handelns, die sich nicht in kalte Verstandesbegriffe auflösen lassen. Man sagt: das Herz, das Gemüt treten da in ihre Rechte. Ohne Zweifel. Aber das Herz und das Gemüt schaffen nicht die Beweggründe des Handelns. Sie setzen dieselben voraus und nehmen sie in ihren Bereich auf. In meinem Herzen stellt sich das Mitleid ein, wenn in meinem Bewußtsein die Vorstellung einer mitleiderregenden Person aufgetreten ist. Der Weg zum Herzen geht durch den Kopf. Davon macht auch die Liebe keine Ausnahme. Wenn sie nicht die bloße Äußerung des Geschlechtstriebes ist, dann beruht sie auf den Vorstellungen, die wir uns von dem geliebten Wesen machen. Und je idealistischer diese Vorstellungen sind, desto beseligender ist die Liebe. Auch hier ist der Gedanke der Vater des Gefühles. Man sagt: die Liebe mache blind für die Schwächen des geliebten Wesens. Die Sache kann auch umgekehrt angefaßt werden und behauptet: die Liebe öffne gerade für dessen Vorzüge das Auge. Viele gehen ahnungslos an diesen Vozügen vorbei, ohne sie zu bemerken. Der eine sieht sie, und eben deswegen erwacht die Liebe in seiner Seele. Was hat er anderes getan: als von dem sich eine Vorstellung gemacht, wovon hundert andere keine haben. Sie haben die Liebe nicht, weil ihnen die *Vorstellung* mangelt.

Wir mögen die Sache anfassen wie wir wollen: immer klarer muß es werden, daß die Frage nach dem Wesen des menschlichen Handelns die andere voraussetzt nach dem Ursprunge des Denkens. Ich wende mich daher zunächst dieser Frage zu.

II

DER GRUNDTRIEB ZUR WISSENSCHAFT

Zwei Seelen wohnen, ach! in meiner Brust,
Die eine will sich von der andern trennen;
Die eine hält, in derber Liebeslust,
Sich an die Welt mit klammernden Organen;
Die andere hebt gewaltsam sich vom Dust
Zu den Gefilden hoher Ahnen.

Faust I

Mit diesen Worten spricht Goethe einen tief in der menschlichen Natur begründeten Charakterzug aus. Nicht ein einheitlich organisiertes Wesen ist der Mensch. Er verlangt stets mehr, als die Welt ihm freiwillig gibt. Bedürfnisse hat die Natur uns gegeben; unter diesen sind solche, deren Befriedigung sie unserer eigenen Tätigkeit überläßt. Reichlich sind die Gaben, die uns zugeteilt, aber noch reichlicher ist unser Begehren. Wir scheinen zur Unzufriedenheit geboren. Nur ein besonderer Fall dieser Unzufriedenheit ist unser Erkenntnisdrang. Wir blicken einen Baum zweimal an. Wir sehen das eine Mal seine Äste in Ruhe, das andere Mal in Bewegung. Wir geben uns mit dieser Beobachtung nicht zufrieden. Warum stellt sich uns der Baum das eine Mal ruhend, das andere Mal in Bewegung dar? So fragen wir. Jeder Blick in die Natur erzeugt in uns eine Summe von Fragen. Mit jeder Erscheinung, die uns entgegentritt, ist uns eine Aufgabe mitgegeben. Jedes Erlebnis wird uns zum Rätsel. Wir sehen aus dem Ei ein dem Muttertiere ähnliches Wesen hervorgehen; wir fragen nach dem Grunde dieser Ähnlichkeit. Wir beobachten an einem Lebewesen Wachstum und Entwickelung bis zu einem bestimmten Grade der Vollkommenheit: wir suchen nach den Bedingungen dieser Erfahrung. Nirgends sind wir mit dem zufrieden, was die Natur vor unseren Sinnen ausbreitet. Wir suchen überall nach dem, was wir *Erklärung* der Tatsachen nennen.

Der Überschuß dessen, was wir in den Dingen suchen, über das, was uns in ihnen unmittelbar gegeben ist, spaltet unser ganzes Wesen in zwei Teile; wir werden uns unseres Gegensatzes zur Welt bewußt. Wir stellen uns als ein selbständiges Wesen der Welt gegenüber. Das Universum erscheint uns in den zwei Gegensätzen: *Ich* und *Welt.*

Diese Scheidewand zwischen uns und der Welt errichten wir, sobald das Bewußtsein in uns aufleuchtet. Aber niemals verlieren wir das Gefühl, daß wir doch zur Welt gehören, daß ein Band besteht, das uns mit ihr verbindet, daß wir nicht ein Wesen *außerhalb,* sondern innerhalb des Universums sind.

Dieses Gefühl erzeugt das Streben, den Gegensatz zu überbrücken. Und in der Überbrückung dieses Gegensatzes besteht im letzten Grunde das ganze geistige Streben der Menschheit. Die Geschichte des geistigen Lebens ist ein fortwährendes Suchen der Einheit zwischen uns und der Welt. Religion, Kunst und Wissenschaft verfolgen gleichermaßen dieses Ziel. Der Religiös-Gläubige sucht in der Offenbarung, die ihm Gott zuteil werden läßt, die Lösung der Welträtsel, die ihm sein mit der bloßen Erscheinungswelt unzufriedenes Ich aufgibt. Der Künstler sucht dem Stoffe die Ideen seines Ich einzubilden, um das in seinem Innern Lebende mit der Außenwelt zu versöhnen. Auch er fühlt sich unbefriedigt von der bloßen Erscheinungswelt und sucht ihr jenes Mehr einzuformen, das sein Ich, über sie hinausgehend, birgt. Der Denker sucht nach den Gesetzen der Erscheinungen, er strebt denkend zu durchdringen, was er beobachtend erfährt. Erst wenn wir den *Weltinhalt* zu unserem *Gedankeninhalt* gemacht haben, erst dann finden wir den Zusammenhang wieder, aus dem wir uns selbst gelöst haben. Wir werden später sehen, daß dieses Ziel nur erreicht wird, wenn die Aufgabe des wissenschaftlichen Forschers allerdings viel tiefer aufgefaßt wird, als dies oft geschieht. Das ganze Verhältnis, das ich hier dargelegt habe, tritt uns in einer weltgeschichtlichen Erscheinung entgegen: in dem Gegensatz der einheitlichen Weltauffassung oder des *Monismus* und der Zweiweltentheorie oder des *Dualismus.* Der Dualismus richtet den Blick nur auf die von dem Bewußtsein des Menschen vollzogene Trennung zwischen Ich und Welt.

Sein ganzes Streben ist ein ohnmächtiges Ringen nach der Versöhnung dieser Gegensätze, die er bald *Geist* und *Materie*, bald *Subjekt* und *Objekt*, bald *Denken* und *Erscheinung* nennt. Er hat ein Gefühl, daß es eine Brücke geben muß zwischen den beiden Welten, aber er ist nicht imstande, sie zu finden. Indem der Mensch sich als «Ich» erlebt, kann er nicht anders als dieses «Ich» auf der Seite des *Geistes* denken; und indem er diesem Ich die Welt entgegensetzt, muß er zu dieser die den Sinnen gegebene Wahrnehmungswelt rechnen, die *materielle* Welt. Dadurch stellt sich der Mensch selbst in den Gegensatz Geist und Materie hinein. Er muß dies um so mehr tun, als zur materiellen Welt sein eigener Leib gehört. Das «Ich» gehört so dem Geistigen als ein Teil an; die *materiellen* Dinge und Vorgänge, die von den Sinnen wahrgenommen werden, der «Welt». Alle Rätsel, die sich auf Geist und Materie beziehen, muß der Mensch in dem Grundrätsel seines eigenen Wesens wiederfinden. Der *Monismus* richtet den Blick allein auf die Einheit und sucht die einmal vorhandenen Gegensätze zu leugnen oder zu verwischen. Keine von den beiden Anschauungen kann befriedigen, denn sie werden den Tatsachen nicht gerecht. Der Dualismus sieht Geist (Ich) und Materie (Welt) als zwei grundverschiedene Wesenheiten an, und kann deshalb nicht begreifen, wie beide aufeinander wirken können. Wie soll der Geist wissen, was in der Materie vorgeht, wenn ihm deren eigentümliche Natur ganz fremd ist? Oder wie soll er unter diesen Umständen auf sie wirken, so daß sich seine Absichten in Taten umsetzen? Die scharfsinnigsten und die widersinnigsten Hypothesen wurden aufgestellt, um diese Fragen zu lösen. Aber auch mit dem Monismus steht es bis heute nicht viel besser. Er hat sich bis jetzt in einer dreifachen Art zu helfen gesucht: Entweder er leugnet den Geist und wird zum Materialismus; oder er leugnet die Materie, um im Spiritualismus sein Heil zu suchen; oder aber er behauptet, daß auch schon in dem einfachsten Weltwesen Materie und Geist untrennbar verbunden seien, weswegen man gar nicht erstaunt zu sein brauchte, wenn in dem Menschen diese zwei Daseinsweisen auftreten, die ja nirgends getrennt sind.

Der *Materialismus* kann niemals eine befriedigende Welterklärung liefern. Denn jeder Versuch einer Erklärung muß damit beginnen, daß man sich *Gedanken* über die Welterscheinungen bildet. Der Materialismus macht deshalb den Anfang mit dem *Gedanken* der Materie oder der materiellen Vorgänge. Damit hat er bereits zwei verschiedene Tatsachengebiete vor sich: die materielle Welt und die Gedanken über sie. Er sucht die letzteren dadurch zu begreifen, daß er sie als einen rein materiellen Prozeß auffaßt. Er glaubt, daß das Denken im Gehirne etwa so zustande komme, wie die Verdauung in den animalischen Organen. So wie er der Materie mechanische und organische Wirkungen zuschreibt, so legt er ihr auch die Fähigkeit bei, unter bestimmten Bedingungen zu denken. Er vergißt, daß er nun das Problem nur an einen andern Ort verlegt hat. Statt sich selbst, schreibt er die Fähigkeit des Denkens der Materie zu. Und damit ist er wieder an seinem Ausgangspunkte. Wie kommt die Materie dazu, über ihr eigenes Wesen nachzudenken? Warum ist sie nicht einfach mit sich zufrieden und nimmt ihr Dasein hin? Von dem bestimmten Subjekt, von unserem eigenen Ich hat der Materialist den Blick abgewandt und auf ein unbestimmtes, nebelhaftes Gebilde ist er gekommen. Und hier tritt ihm dasselbe Rätsel entgegen. Die materialistische Anschauung vermag das Problem nicht zu lösen, sondern nur zu verschieben.

Wie steht es mit der spiritualistischen? Der reine *Spiritualist* leugnet die Materie in ihrem selbständigen Dasein und faßt sie nur als Produkt des Geistes auf. Wendet er diese Weltanschauung auf die Enträtselung der eigenen menschlichen Wesenheit an, so wird er in die Enge getrieben. Dem Ich, das auf die Seite des Geistes gestellt werden kann, steht unvermittelt gegenüber die sinnliche Welt. Zu dieser scheint ein *geistiger* Zugang sich nicht zu eröffnen, sie muß durch materielle Prozesse von dem Ich wahrgenommen und erlebt werden. Solche materielle Prozesse findet das «Ich» in sich nicht, wenn es sich nur als geistige Wesenheit gelten lassen will. Was es geistig sich erarbeitet, in dem ist nie die Sinneswelt drinnen. Es scheint das «Ich» zugeben zu müssen, daß ihm die Welt verschlossen bliebe, wenn es nicht sich auf ungeistige Art zu ihr in ein Verhältnis setzte. Ebenso müssen wir, wenn wir ans Handeln gehen, unsere Absichten mit

Hilfe der materiellen Stoffe und Kräfte in Wirklichkeit umsetzen. Wir sind also auf die Außenwelt angewiesen. Der extremste Spiritualist oder, wenn man will, der durch den absoluten Idealismus sich als extremer Spiritualist darstellende Denker ist *Johann Gottlieb Fichte.* Er versuchte das ganze Weltgebäude aus dem «Ich» abzuleiten. Was ihm dabei wirklich gelungen ist, ist ein großartiges *Gedankenbild* der Welt, ohne allen Erfahrungsinhalt. So wenig es dem Materialisten möglich ist, den Geist, ebensowenig ist es dem Spiritualisten möglich, die materielle Außenwelt wegzudekretieren.

Weil der Mensch, wenn er die Erkenntnis auf das «Ich» lenkt, zunächst das Wirken dieses «Ich» in der gedanklichen Ausgestaltung der Ideenwelt wahrnimmt, kann sich die spiritualistisch gerichtete Weltanschauung beim Hinblicke auf die eigene menschliche Wesenheit versucht fühlen, von dem Geiste nur diese Ideenwelt anzuerkennen. Der Spiritualismus wird auf diese Art zum einseitigen Idealismus. Er kommt nicht dazu, *durch* die Ideenwelt eine *geistige* Welt zu suchen; er sieht in der Ideenwelt selbst die geistige Welt. Dadurch wird er dazu getrieben, innerhalb der Wirksamkeit des «Ich» selbst, wie festgebannt, mit seiner Weltanschauung stehen bleiben zu müssen.

Eine merkwürdige Abart des Idealismus ist die Anschauung *Friedrich Albert Langes,* wie er sie in seiner vielgelesenen «Geschichte des Materialismus» vertreten hat. Er nimmt an, daß der Materialismus ganz recht habe, wenn er alle Welterscheinungen, einschließlich unseres Denkens, für das Produkt rein stofflicher Vorgänge erklärt; nur sei umgekehrt die Materie und ihre Vorgänge selbst wieder ein Produkt unseres Denkens. «Die Sinne geben uns ... *Wirkungen* der Dinge, nicht getreue Bilder, oder gar die Dinge selbst. Zu diesen bloßen Wirkungen gehören aber auch die Sinne selbst samt dem Hirn und den in ihm gedachten Molekularbewegungen.» Das heißt, unser Denken wird von den materiellen Prozessen erzeugt und diese von dem Denken des «Ich». Langes Philosophie ist somit nichts anderes, als die in Begriffe umgesetzte Geschichte des wackeren Münchhausen, der sich an seinem eigenen Haarschopf frei in der Luft festhält.

Die dritte Form des Monismus ist die, welche in dem einfachsten Wesen (Atom) bereits die beiden Wesenheiten, Materie und Geist, vereinigt sieht. Damit ist aber auch nichts erreicht, als daß die Frage, die eigentlich in unserem Bewußtsein entsteht, auf einen anderen Schauplatz versetzt wird. Wie kommt das einfache Wesen dazu, sich in einer zweifachen Weise zu äußern, wenn es eine ungetrennte Einheit ist?

Allen diesen Standpunkten gegenüber muß geltend gemacht werden, daß uns der Grund- und Urgegensatz zuerst in unserem eigenen Bewußtsein entgegentritt. Wir sind es selbst, die wir uns von dem Mutterboden der Natur loslösen, und uns als «Ich» der «Welt» gegenüberstellen. Klassisch spricht das *Goethe* in seinem Aufsatz «Die Natur» aus, wenn auch seine Art zunächst als ganz unwissenschaftlich gelten mag: «Wir leben mitten in ihr (der Natur) und sind ihr fremde. Sie spricht unaufhörlich mit uns und verrät uns ihr Geheimnis nicht.» Aber auch die Kehrseite kennt Goethe: «Die Menschen sind alle in ihr und sie in allen.»

So wahr es ist, daß wir uns der Natur entfremdet haben, so wahr ist es, daß wir fühlen: wir sind in ihr und gehören zu ihr. Es kann nur ihr eigenes Wirken sein, das auch in uns lebt.

Wir müssen den Weg zu ihr zurück wieder finden. Eine einfache Überlegung kann uns diesen Weg weisen. Wir haben uns zwar losgerissen von der Natur; aber wir müssen doch etwas mit herübergenommen haben in unser eigenes Wesen. Dieses Naturwesen in uns müssen wir aufsuchen, dann werden wir den Zusammenhang auch wieder finden. Das versäumt der Dualismus. Er hält das menschliche Innere für ein der Natur ganz fremdes Geistwesen und sucht dieses an die Natur anzukoppeln. Kein Wunder, daß er das Bindeglied nicht finden kann. Wir können die Natur außer uns nur finden, wenn wir sie *in* uns erst kennen. Das ihr Gleiche in unserem eigenen Innern wird uns der Führer sein. Damit ist uns unsere Bahn vorgezeichnet. Wir wollen keine Spekulationen anstellen über die Wechselwirkung von Natur und Geist. Wir wollen aber hinuntersteigen in die Tiefen unseres eigenen Wesens, um da jene Elemente zu finden, die wir herübergerettet haben bei unserer Flucht aus der Natur.

Die Erforschung unseres Wesens muß uns die Lösung des Rätsels bringen. Wir müssen an einen Punkt kommen, wo wir uns sagen können: Hier sind wir nicht mehr bloß «Ich», hier liegt etwas, was mehr als «Ich» ist.

Ich bin darauf gefaßt, daß mancher, der bis hierher gelesen hat, meine Ausführungen nicht «dem gegenwärtigen Stande der Wissenschaft» gemäß findet. Ich kann dem gegenüber nur erwidern, daß ich es bisher mit keinerlei wissenschaftlichen Resultaten zu tun haben wollte, sondern mit der einfachen Beschreibung dessen, was jedermann in seinem eigenen Bewußtsein erlebt. Daß dabei auch einzelne Sätze über Versöhnungsversuche des Bewußtseins mit der Welt eingeflossen sind, hat nur den Zweck, die eigentlichen Tatsachen zu verdeutlichen. Ich habe deshalb auch keinen Wert darauf gelegt, die einzelnen Ausdrücke, wie «Ich», «Geist», «Welt», «Natur» und so weiter, in der präzisen Weise zu gebrauchen, wie es in der Psychologie und Philosophie üblich ist. Das alltägliche Bewußtsein kennt die scharfen Unterschiede der Wissenschaft nicht, und um eine Aufnahme des alltäglichen Tatbestandes handelte es sich bisher bloß. Nicht wie die Wissenschaft bisher das Bewußtsein interpretiert hat, geht mich an, sondern wie sich dasselbe stündlich darlebt.

III

DAS DENKEN IM DIENSTE DER WELTAUFFASSUNG

Wenn ich beobachte, wie eine Billardkugel, die gestoßen wird, ihre Bewegung auf eine andere überträgt, so bleibe ich auf den Verlauf dieses beobachteten Vorganges ganz ohne Einfluß. Die Bewegungsrichtung und Schnelligkeit der zweiten Kugel ist durch die Richtung und Schnelligkeit der ersten bestimmt. Solange ich mich bloß als Beobachter verhalte, weiß ich über die Bewegung der zweiten Kugel erst dann etwas zu sagen, wenn dieselbe eingetreten ist. Anders ist die Sache, wenn ich über den Inhalt meiner Beobachtung nachzudenken beginne. Mein Nachdenken hat den Zweck, von dem Vorgange Begriffe zu bilden. Ich bringe den Begriff einer elastischen Kugel in Verbindung mit gewissen anderen Begriffen der Mechanik und ziehe die besonderen Umstände in Erwägung, die in dem vorkommenden Falle obwalten. Ich suche also zu dem Vorgange, der sich ohne mein Zutun abspielt, einen zweiten hinzuzufügen, der sich in der begrifflichen Sphäre vollzieht. Der letztere ist von mir abhängig. Das zeigt sich dadurch, daß ich mich mit der Beobachtung begnügen und auf alles Begriffesuchen verzichten kann, wenn ich kein Bedürfnis danach habe. Wenn dieses Bedürfnis aber vorhanden ist, dann beruhige ich mich erst, wenn ich die Begriffe: Kugel, Elastizität, Bewegung, Stoß, Geschwindigkeit usw. in eine gewisse Verbindung gebracht habe, zu welcher der beobachtete Vorgang in einem bestimmten Verhältnisse steht. So gewiß es nun ist, daß sich der Vorgang unabhängig von mir vollzieht, so gewiß ist es, daß sich der begriffliche Prozeß ohne mein Zutun nicht abspielen kann.

Ob diese meine Tätigkeit wirklich der Ausfluß meines selbständigen Wesens ist, oder ob die modernen Physiologen recht haben, welche sagen, daß wir nicht denken können, wie wir wollen, sondern denken müssen, wie es die gerade in unserem Bewußtsein vorhandenen Gedanken und Gedankenverbindungen bestimmen (vergleiche *Ziehen,* Leitfaden der physiologischen Psychologie, Jena 1893, S. 171), wird Gegenstand einer späteren Auseinandersetzung sein. Vorläufig wollen wir bloß die Tatsache feststellen, daß wir uns fortwährend gezwungen fühlen, zu den ohne unser Zutun uns gegebenen Gegenständen und Vorgängen Begriffe und Begriffsverbindungen zu suchen, die zu jenen in einer gewissen Beziehung stehen. Ob dies Tun in Wahrheit *unser* Tun ist, oder ob wir es einer unabänderlichen Notwendigkeit gemäss vollziehen, lassen wir vorläufig dahingestellt. Daß es uns zunächst als das unsrige erscheint, ist ohne Frage. Wir wissen ganz genau, daß uns mit den Gegenständen nicht zugleich deren Begriffe mitgegeben werden. Daß ich selbst der Tätige bin, mag auf einem Schein beruhen; der unmittelbaren Beobachtung stellt sich die Sache jedenfalls so dar. Die Frage ist nun: was gewinnen wir dadurch, daß wir zu einem Vorgange ein begriffliches Gegenstück hinzufinden?

Es ist ein tiefgreifender Unterschied zwischen der Art, wie sich für mich die Teile eines Vorganges zueinander verhalten vor und nach der Auffindung der entsprechenden Begriffe. Die bloße Beobachtung kann die Teile eines gegebenen Vorganges in ihrem Verlaufe verfolgen; ihr Zusammenhang bleibt aber vor der Zuhilfenahme von Begriffen dunkel. Ich sehe die erste Billardkugel in einer gewissen Richtung und mit einer bestimmten Geschwindigkeit gegen die zweite sich bewegen; was nach erfolgtem Stoß geschieht, muß ich abwarten und kann es dann auch wieder nur mit den Augen verfolgen. Nehmen wir an, es verdecke mir im Augenblicke des Stoßes jemand das Feld, auf dem der Vorgang sich abspielt, so bin ich – als bloßer Beobachter – ohne Kenntnis, was nachher geschieht. Anders ist das, wenn ich für die Konstellation der Verhältnisse vor dem Verdecken die entsprechenden Begriffe gefunden habe. In diesem Falle kann ich angeben, was geschieht, auch wenn die Möglichkeit der Beobachtung aufhört. Ein bloß beobachteter Vorgang oder Gegenstand ergibt aus sich selbst nichts über seinen Zusammenhang mit anderen Vorgängen oder Gegenständen. Dieser Zusammenhang wird erst ersichtlich, wenn sich die Beobachtung mit dem Denken verbindet.

Beobachtung und Denken sind die beiden Ausgangspunkte für

alles geistige Streben des Menschen, insoferne er sich eines solchen bewußt ist. Die Verrichtungen des gemeinen Menschenverstandes und die verwickeltesten wissenschaftlichen Forschungen ruhen auf diesen beiden Grundsäulen unseres Geistes. Die Philosophen sind von verschiedenen Urgegensätzen ausgegangen: Idee und Wirklichkeit, Subjekt und Objekt, Erscheinung und Ding an sich, Ich und Nicht-Ich, Idee und Wille, Begriff und Materie, Kraft und Stoff, Bewußtes und Unbewußtes. Es läßt sich aber leicht zeigen, daß allen diesen Gegensätzen der von *Beobachtung* und *Denken,* als der für den Menschen wichtigste, vorangehen muß.

Was für ein Prinzip wir auch aufstellen mögen: wir müssen es irgendwo als von uns beobachtet nachweisen, oder in Form eines klaren Gedankens, der von jedem anderen nachgedacht werden kann, aussprechen. Jeder Philosoph, der anfängt über seine Urprinzipien zu sprechen, muß sich der begrifflichen Form, und damit des Denkens bedienen. Er gibt damit indirekt zu, daß er zu seiner Betätigung das Denken bereits voraussetzt. Ob das Denken oder irgend etwas anderes Hauptelement der Weltentwickelung ist, darüber werde hier noch nichts ausgemacht. Daß aber der Philosoph ohne das Denken kein Wissen darüber gewinnen kann, das ist von vornherein klar. Beim Zustandekommen der Welterscheinung mag das Denken eine Nebenrolle spielen, beim Zustandekommen einer Ansicht darüber kommt ihm aber sicher eine Hauptrolle zu.

Was nun die Beobachtung betrifft, so liegt es in unserer Organisation, daß wir derselben bedürfen. Unser Denken über ein Pferd und der Gegenstand Pferd sind zwei Dinge, die für uns getrennt auftreten. Und dieser Gegenstand ist uns durch Beobachtung zugänglich. So wenig wir durch das bloße Anstarren eines Pferdes uns einen Begriff von demselben machen können, ebensowenig sind wir imstande, durch bloßes Denken einen entsprechenden Gegenstand hervorzubringen.

Zeitlich geht die Beobachtung sogar dem Denken voraus. Denn auch das Denken müssen wir erst durch Beobachtung kennenlernen. Es war wesentlich die Beschreibung einer Beobachtung, als wir am Eingang dieses Kapitels darstellten, wie sich das Denken an einem Vorgang entzündet und über das ohne sein Zutun Gegebene hinausgeht. Alles, was in den Kreis unserer Erlebnisse eintritt, werden wir durch die Beobachtung erst gewahr. Der Inhalt von Empfindungen, Wahrnehmungen, Anschauungen, die Gefühle, Willensakte, Traum- und Phantasiegebilde, Vorstellungen, Begriffe und Ideen, sämtliche Illusionen und Halluzinationen werden uns durch die *Beobachtung* gegeben.

Nur unterscheidet sich das Denken als Beobachtungsobjekt doch wesentlich von allen andern Dingen. Die Beobachtung eines Tisches, eines Baumes tritt bei mir ein, sobald diese Gegenstände auf dem Horizonte meiner Erlebnisse auftauchen. Das Denken aber über diese Gegenstände beobachte ich nicht gleichzeitig. Den Tisch beobachte ich, das Denken über den Tisch führe ich aus, aber ich beobachte es nicht in demselben Augenblicke. Ich muß mich erst auf einen Standpunkt außerhalb meiner eigenen Tätigkeit versetzen, wenn ich neben dem Tische auch mein Denken über den Tisch beobachten will. Während das Beobachten der Gegenstände und Vorgänge und das Denken darüber ganz alltägliche, mein fortlaufendes Leben ausfüllende Zustände sind, ist die Beobachtung des Denkens eine Art Ausnahmezustand. Diese Tatsache muß in entsprechender Weise berücksichtigt werden, wenn es sich darum handelt, das Verhältnis des Denkens zu allen anderen Beobachtungsinhalten zu bestimmen. Man muß sich klar darüber sein, daß man bei der Beobachtung des Denkens auf dieses ein Verfahren anwendet, das für die Betrachtung des ganzen übrigen Weltinhaltes den normalen Zustand bildet, das aber im Verfolge dieses normalen Zustandes für das Denken selbst nicht eintritt.

Es könnte jemand den Einwand machen, daß das gleiche, was ich hier von dem Denken bemerkt habe, auch von dem Fühlen und den übrigen geistigen Tätigkeiten gelte. Wenn wir zum Beispiel das Gefühl der Lust haben, so entzünde sich das auch an einem Gegenstande, und ich beobachte zwar diesen Gegenstand, nicht aber das Gefühl der Lust. Dieser Einwand beruht aber auf einem Irrtum. Die Lust steht durchaus nicht in demselben Verhältnisse zu ihrem Gegenstande wie der Begriff, den das Denken bildet. Ich bin mir auf das bestimmteste bewußt, daß der Begriff einer Sache durch meine Tätigkeit gebildet wird, während die Lust in mir auf ähnliche Art durch einen Gegenstand erzeugt wird, wie zum Beispiel die Veränderung, die ein fallender Stein in einem Gegenstande bewirkt, auf den er auffällt. Für die Beobachtung ist die Lust in genau derselben Weise gegeben, wie der sie veranlassende Vorgang. Ein gleiches gilt nicht vom Begriffe. Ich kann fragen: warum erzeugt ein bestimmter Vorgang bei mir das Gefühl der Lust? Aber ich kann durchaus nicht fragen: warum erzeugt ein Vorgang bei mir eine bestimmte Summe von Begriffen? Das hätte einfach keinen Sinn. Bei dem Nachdenken über einen Vorgang handelt es sich gar nicht um eine Wirkung auf mich. Ich kann dadurch nichts über mich erfahren, daß ich für die beobachtete Veränderung, die ein gegen eine Fensterscheibe geworfener Stein in dieser bewirkt, die entsprechenden Begriffe kenne. Aber ich erfahre sehr wohl etwas über meine Persönlichkeit, wenn ich das Gefühl kenne, das ein bestimmter Vorgang in mir erweckt. Wenn ich einem beobachteten Gegenstand gegenüber sage: dies ist eine Rose, so sage ich über mich selbst nicht das geringste aus; wenn ich aber von demselben Dinge sage: es bereitet mir das Gefühl der Lust, so habe ich nicht nur die Rose, sondern auch mich selbst in meinem Verhältnis zur Rose charakterisiert.

Von einer Gleichstellung des Denkens mit dem Fühlen der Beobachtung gegenüber kann also nicht die Rede sein. Dasselbe ließe sich leicht auch für die andern Tätigkeiten des menschlichen Geistes ableiten. Sie gehören dem Denken gegenüber in eine Reihe mit anderen beobachteten Gegenständen und Vorgängen. Es gehört eben zu der eigentümlichen Natur des Denkens, daß es eine Tätigkeit ist, die bloß auf den beobachteten Gegenstand gelenkt ist und nicht auf die denkende Persönlichkeit. Das spricht sich schon in der Art aus, wie wir unsere Gedanken über eine Sache zum Ausdruck bringen im Gegensatz zu unseren Gefühlen oder Willensakten. Wenn ich einen Gegenstand sehe und diesen als einen Tisch erkenne, werde ich im allgemeinen nicht sagen: ich denke über einen Tisch, sondern: dies ist ein Tisch. Wohl aber werde ich sagen: ich freue mich über den Tisch. Im ersteren Falle kommt es mir eben gar nicht darauf an, auszusprechen, daß ich zu dem Tisch in ein Verhältnis trete; in dem zweiten Falle handelt es sich aber gerade um dieses Verhältnis. Mit dem Ausspruch: ich denke über einen Tisch, trete ich bereits in den oben charakterisierten Ausnahmezustand ein, wo etwas zum Gegenstand der Beobachtung gemacht wird, was in unserer geistigen Tätigkeit immer mitenthalten ist, aber nicht als beobachtetes Objekt.

Das ist die eigentümliche Natur des Denkens, daß der Denkende das Denken vergißt, während er es ausübt. Nicht das Denken beschäftigt ihn, sondern der Gegenstand des Denkens, den er beobachtet.

Die erste Beobachtung, die wir über das Denken machen, ist also die, daß es das unbeobachtete Element unseres gewöhnlichen Geisteslebens ist.

Der Grund, warum wir das Denken im alltäglichen Geistesleben nicht beobachten, ist kein anderer als der, daß es auf unserer eigenen Tätigkeit beruht. Was ich nicht selbst hervorbringe, tritt als ein Gegenständliches in mein Beobachtungsfeld ein. Ich sehe mich ihm als einem ohne mich zustande Gekommenen gegenüber; es tritt an mich heran; ich muß es als die Voraussetzung meines Denkprozesses hinnehmen. Während ich über den Gegenstand nachdenke, bin ich mit diesem beschäftigt, mein Blick ist ihm zugewandt. Diese Beschäftigung ist eben die denkende Betrachtung. Nicht auf meine Tätigkeit, sondern auf das Objekt dieser Tätigkeit ist meine Aufmerksamkeit gerichtet. Mit anderen Worten: während ich denke, sehe ich nicht auf mein Denken, das ich selbst hervorbringe, sondern auf das Objekt des Denkens, das ich nicht hervorbringe.

Ich bin sogar in demselben Fall, wenn ich den Ausnahmezustand eintreten lasse, und über mein Denken selbst nachdenke. Ich kann mein gegenwärtiges Denken nie beobachten; sondern nur die Erfahrungen, die ich über meinen Denkprozeß gemacht habe, kann ich nachher zum Objekt des Denkens machen. Ich müßte mich in zwei Persönlichkeiten spalten: in eine, die denkt, und in die andere, welche sich bei diesem Denken selbst zusieht, wenn ich mein gegenwärtiges Denken beobachten wollte. Das kann ich nicht. Ich kann das nur in zwei getrennten Akten ausführen. Das Denken, das beobachtet werden soll, ist nie das dabei in Tätigkeit befindliche, sondern ein anderes. Ob ich zu diesem Zwecke meine Beobachtungen an meinem eigenen früheren Denken mache, oder ob ich den Gedankenprozeß einer anderen Person verfolge, oder endlich, ob ich, wie im obigen Falle mit der Bewegung der Billardkugeln, einen fingierten Gedankenprozeß voraussetze, darauf kommt es nicht an.

Zwei Dinge vertragen sich nicht: tätiges Hervorbringen und beschauliches Gegenüberstellen. Das weiß schon das erste Buch Moses. An den ersten sechs Welttagen läßt es Gott die Welt hervorbringen, und erst als sie da ist, ist die Möglichkeit vorhanden, sie zu beschauen: «Und Gott sahe an alles, was er gemacht hatte; und siehe da, es war sehr gut.» So ist es auch mit unserem Denken. Es muß erst da sein, wenn wir es beobachten wollen.

Der Grund, der es uns unmöglich macht, das Denken in seinem jeweilig gegenwärtigen Verlauf zu beobachten, ist der gleiche wie der, der es uns unmittelbarer und intimer erkennen läßt als jeden andern Prozeß der Welt. Eben weil wir es selbst hervorbringen, kennen wir das Charakteristische seines Verlaufs, die Art, wie sich das dabei in Betracht kommende Geschehen vollzieht. Was in den übrigen Beobachtungssphären nur auf mittelbare Weise gefunden werden kann: der sachlich-entsprechende Zusammenhang und das Verhältnis der einzelnen Gegenstände, das wissen wir beim Denken auf ganz unmittelbare Weise. Warum für meine Beobachtung der Donner auf den Blitz folgt, weiß ich nicht ohne weiteres; warum mein Denken den *Begriff* Donner mit dem des Blitzes verbindet, weiß ich unmittelbar aus den Inhalten der beiden Begriffe. Es kommt natürlich gar nicht darauf an, ob ich die richtigen Begriffe von Blitz und Donner habe. Der Zusammenhang derer, die ich habe, ist mir klar, und zwar durch sie selbst.

Diese durchsichtige Klarheit in bezug auf den Denkprozeß ist ganz unabhängig von unserer Kenntnis der physiologischen Grundlagen des Denkens. Ich spreche hier von dem Denken, insoferne es sich aus der Beobachtung unserer geistigen Tätigkeit ergibt. Wie ein materieller Vorgang meines Gehirns einen andern veranlaßt oder beeinflußt, während ich eine Gedankenoperation ausführe, kommt dabei gar nicht in Betracht. Was ich am Denken beobachte, ist nicht: welcher Vorgang in meinem Gehirne den Begriff des Blitzes mit dem des Donners verbindet, sondern, was mich veranlaßt, die beiden Begriffe in ein bestimmtes Verhältnis zu bringen. Meine Beobachtung ergibt, daß mir für meine Gedankenverbindungen nichts vorliegt, nach dem ich mich richte, als der Inhalt meiner Gedanken; nicht nach den materiellen Vorgängen in meinem Gehirn richte ich mich. Für ein weniger materialistisches Zeitalter als das unsrige wäre diese Bemerkung natürlich vollständig überflüssig. Gegenwärtig aber, wo es Leute gibt, die glauben: wenn wir wissen, was Materie ist, werden wir auch wissen, wie die Materie denkt, muß doch gesagt werden, daß man vom Denken reden kann, ohne sogleich mit der Gehirnphysiologie in Kollision zu treten. Es wird heute sehr vielen Menschen schwer, den Begriff des Denkens in seiner Reinheit zu fassen. Wer der Vorstellung, die ich hier vom Denken entwickelt habe, sogleich den Satz des *Cabanis* entgegensetzt: «Das Gehirn sondert Gedanken ab wie die Leber Galle, die Speicheldrüse Speichel usw.», der weiß einfach nicht, wovon ich rede. Er sucht das Denken durch einen bloßen Beobachtungsprozeß zu finden in derselben Art, wie wir bei anderen Gegenständen des Weltinhaltes verfahren. Er kann es aber auf diesem Wege nicht finden, weil es sich, wie ich nachgewiesen habe, gerade da der normalen Beobachtung entzieht. Wer den Materialismus nicht überwinden kann, dem fehlt die Fähigkeit, bei sich den geschilderten Ausnahmezustand herbeizuführen, der ihm zum Bewußtsein bringt, was bei aller andern Geistestätigkeit unbewußt bleibt. Wer den guten Willen nicht hat, sich in diesen Standpunkt zu versetzen, mit dem könnte man über das Denken so wenig wie mit dem Blinden über die Farbe sprechen. Er möge nur aber nicht glauben, daß wir physiologische Prozesse für Denken halten. Er erklärt das Denken nicht, weil er es überhaupt nicht sieht.

Für jeden aber, der die Fähigkeit hat, das Denken zu beobachten – und bei gutem Willen hat sie jeder normal organisierte Mensch –, ist diese Beobachtung die allerwichtigste, die er machen kann. Denn er beobachtet etwas, dessen Hervorbringer er selbst ist; er sieht sich nicht einem zunächst fremden Gegenstande, sondern seiner eigenen Tätigkeit gegenüber. Er weiß, wie das zustande kommt, was er beobachtet. Er durchschaut die Verhältnisse und Beziehungen. Es ist ein fester Punkt gewonnen, von dem aus man mit begründeter Hoffnung nach der Erklärung der übrigen Welterscheinungen suchen kann.

Das Gefühl, einen solchen festen Punkt zu haben, veranlaßte den Begründer der neueren Philosophie, Renatus Cartesius, das ganze menschliche Wissen auf den Satz zu gründen: *Ich denke, also bin ich.* Alle andern Dinge, alles andere Geschehen ist ohne mich da; ich weiß nicht, ob als Wahrheit, ob als Gaukelspiel und Traum. Nur eines weiß ich ganz unbedingt sicher, denn ich bringe es selbst zu seinem sichern Dasein: mein Denken. Mag es noch einen andern Ursprung seines Daseins haben, mag es von Gott oder anderswoher kommen; daß es in dem Sinne da ist, in dem ich es selbst hervorbringe, dessen bin ich gewiß. Einen andern Sinn seinem Satze unterzulegen hatte Cartesius zunächst keine Berechtigung. Nur daß ich mich innerhalb des Weltinhaltes in meinem Denken als in meiner ureigensten Tätigkeit erfasse, konnte er behaupten. Was das darangehängte: *also bin ich* heißen soll, darüber ist viel gestritten worden. Einen Sinn kann es aber nur unter einer einzigen Bedingung haben. Die einfachste Aussage, die ich von einem Dinge machen kann, ist die, daß es *ist,* daß es existiert. Wie dann dieses Dasein näher zu bestimmen ist, das ist bei keinem Dinge, das in den Horizont meiner Erlebnisse eintritt, sogleich im Augenblicke zu sagen. Es wird jeder Gegenstand erst in seinem Verhältnisse zu andern zu untersuchen sein, um bestimmen zu können, in welchem Sinne von ihm als einem existierenden gesprochen werden kann. Ein erlebter Vorgang kann eine Summe von Wahrnehmungen, aber auch ein Traum, eine Halluzination und so weiter sein. Kurz, ich kann nicht sagen, in welchem Sinne er existiert. Das werde ich dem Vorgange selbst nicht entnehmen können, sondern ich werde es erfahren, wenn ich ihn im Verhältnisse zu andern Dingen betrachte. Da kann ich aber wieder nicht *mehr* wissen, als wie er im Verhältnisse zu diesen Dingen steht. Mein Suchen kommt erst auf einen festen Grund, wenn ich ein Objekt finde, bei dem ich den Sinn seines

Daseins aus ihm selbst schöpfen kann. Das bin ich aber selbst als Denkender, denn ich gebe meinem Dasein den bestimmten, in sich beruhenden Inhalt der denkenden Tätigkeit. Nun kann ich von da ausgehen und fragen: Existieren die andern Dinge in dem gleichen oder in einem andern Sinne?

Wenn man das Denken zum Objekt der Beobachtung macht, fügt man zu dem übrigen beobachteten Weltinhalte etwas dazu, was sonst der Aufmerksamkeit entgeht; man ändert aber nicht die Art, wie sich der Mensch auch den andern Dingen gegenüber verhält. Man vermehrt die Zahl der Beobachtungsobjekte, aber nicht die Methode des Beobachtens. Während wir die andern Dinge beobachten, mischt sich in das Weltgeschehen – zu dem ich jetzt das Beobachten mitzähle – ein Prozeß, der übersehen wird. Es ist etwas von allem andern Geschehen Verschiedenes vorhanden, das nicht mitberücksichtigt wird. Wenn ich aber mein Denken betrachte, so ist kein solches unberücksichtigtes Element vorhanden. Denn was jetzt im Hintergrunde schwebt, ist selbst wieder nur das Denken. Der beobachtete Gegenstand ist qualitativ derselbe wie die Tätigkeit, die sich auf ihn richtet. Und das ist wieder eine charakteristische Eigentümlichkeit des Denkens. Wenn wir es zum Betrachtungsobjekt machen, sehen wir uns nicht gezwungen, dies mit Hilfe eines Qualitativ-Verschiedenen zu tun, sondern wir können in demselben Element verbleiben.

Wenn ich einen ohne mein Zutun gegebenen Gegenstand in mein Denken einspinne, so gehe ich über meine Beobachtung hinaus, und es wird sich darum handeln: was gibt mir ein Recht dazu? Warum lasse ich den Gegenstand nicht einfach auf mich einwirken? Auf welche Weise ist es möglich, daß mein Denken einen Bezug zu dem Gegenstande hat? Das sind Fragen, die sich jeder stellen muß, der über seine eigenen Gedankenprozesse nachdenkt. Sie fallen weg, wenn man über das Denken selbst nachdenkt. Wir fügen zu dem Denken nichts ihm Fremdes hinzu, haben uns also auch über ein solches Hinzufügen nicht zu rechtfertigen.

Schelling sagt: Die Natur erkennen, heißt die Natur schaffen. – Wer diese Worte des kühnen Naturphilosophen wörtlich nimmt, wird wohl zeitlebens auf alles Naturerkennen verzichten müssen.

Denn die Natur ist einmal da, und um sie ein zweites Mal zu schaffen, muß man die Prinzipien erkennen, nach denen sie entstanden ist. Für die Natur, die man erst schaffen wollte, müßte man der bereits bestehenden die Bedingungen ihres Daseins abgucken. Dieses Abgucken, das dem Schaffen vorausgehen müßte, wäre aber das Erkennen der Natur, und zwar auch dann, wenn nach erfolgtem Abgucken das Schaffen ganz unterbliebe. Nur eine noch nicht vorhandene Natur könnte man schaffen, ohne sie *vorher* zu erkennen.

Was bei der Natur unmöglich ist: das Schaffen vor dem Erkennen; beim Denken vollbringen wir es. Wollten wir mit dem Denken warten, bis wir es erkannt haben, dann kämen wir nie dazu. Wir müssen resolut darauf losdenken, um hinterher mittels der Beobachtung des Selbstgetanen zu seiner Erkenntnis zu kommen. Der Beobachtung des Denkens schaffen wir selbst erst ein Objekt. Für das Vorhandensein aller anderen Objekte ist ohne unser Zutun gesorgt worden.

Leicht könnte jemand meinem Satze: wir müssen denken, bevor wir das Denken betrachten können, den andern als gleichberechtigt entgegenstellen: wir können auch mit dem Verdauen nicht warten, bis wir den Vorgang des Verdauens beobachtet haben. Das wäre ein Einwand ähnlich dem, den Pascal dem Cartesius machte, indem er behauptete, man könne auch sagen: ich gehe spazieren, also bin ich. Ganz gewiß muß ich auch resolut verdauen, bevor ich den physiologischen Prozeß der Verdauung studiert habe. Aber mit der Betrachtung des Denkens ließe sich das nur vergleichen, wenn ich die Verdauung hinterher nicht denkend betrachten, sondern essen und verdauen wollte. Das ist doch eben auch nicht ohne Grund, daß das Verdauen zwar nicht Gegenstand des Verdauens, das Denken aber sehr wohl Gegenstand des Denkens werden kann.

Es ist also zweifellos: in dem Denken halten wir das Weltgeschehen an einem Zipfel, wo wir dabei sein müssen, wenn etwas zustandekommen soll. Und das ist doch gerade das, worauf es ankommt. Das ist gerade der Grund, warum mir die Dinge so rätselhaft gegenüberstehen: daß ich an ihrem Zustandekommen so unbeteiligt bin. Ich finde sie einfach vor; beim Denken aber weiß ich, wie es gemacht wird. Daher gibt es keinen ursprünglicheren Ausgangspunkt für das Betrachten alles Weltgeschehens als das Denken.

Ich möchte nun einen weitverbreiteten Irrtum noch erwähnen, der in bezug auf das Denken herrscht. Er besteht darin, daß man sagt: das Denken, so wie es an sich selbst ist, ist uns nirgends gegeben. Das Denken, das die Beobachtungen unserer Erfahrungen verbindet und mit einem Netz von Begriffen durchspinnt, sei durchaus nicht dasselbe, wie dasjenige, das wir hinterher wieder von den Gegenständen der Beobachtung herausschälen und zum Gegenstand unserer Betrachtung machen. Was wir erst unbewußt in die Dinge hineinweben, sei ein ganz anderes, als was wir dann mit Bewußtsein wieder herauslösen.

Wer so schließt, der begreift nicht, daß es ihm auf diese Art gar nicht möglich ist, dem Denken zu entschlüpfen. Ich kann aus dem Denken gar nicht herauskommen, wenn ich das Denken betrachten will. Wenn man das vorbewußte Denken von dem nachher bewußten Denken unterscheidet, so sollte man doch nicht vergessen, daß diese Unterscheidung eine ganz äußerliche ist, die mit der Sache selbst gar nichts zu tun hat. Ich mache eine Sache dadurch überhaupt nicht zu einer andern, daß ich sie denkend betrachte. Ich kann mir denken, daß ein Wesen mit ganz anders gearteten Sinnesorganen und mit einer anders funktionierenden Intelligenz von einem Pferde eine ganz andere Vorstellung habe als ich, aber ich kann mir nicht denken, daß mein eigenes Denken dadurch ein anderes wird, daß ich es beobachte. Ich beobachte selbst, was ich selbst vollbringe. Wie mein Denken sich für eine andere Intelligenz ausnimmt als die meine, davon ist jetzt nicht die Rede; sondern davon, wie es sich für mich ausnimmt. Jedenfalls aber kann das Bild *meines* Denkens in einer andern Intelligenz nicht ein wahreres sein als mein eigenes. Nur wenn ich nicht selbst das denkende Wesen wäre, sondern das Denken mir als Tätigkeit eines mir fremdartigen Wesens gegenüberträte, könnte ich davon sprechen, daß mein Bild des Denkens zwar auf eine bestimmte Weise auftrete; wie das Denken des Wesens aber an sich selber sei, das könne ich nicht wissen.

Mein eigenes Denken von einem anderen Standpunkte aus

anzusehen, liegt aber vorläufig für mich nicht die geringste Veranlassung vor. Ich betrachte ja die ganze übrige Welt mit Hilfe des Denkens. Wie sollte ich bei meinem Denken hiervon eine Ausnahme machen?

Damit betrachte ich für genügend gerechtfertigt, wenn ich in meiner Weltbetrachtung von dem Denken ausgehe. Als Archimedes den Hebel erfunden hatte, da glaubte er mit seiner Hilfe den ganzen Kosmos aus den Angeln heben zu können, wenn er nur einen Punkt fände, wo er sein Instrument aufstützen könnte. Er brauchte etwas, was durch sich selbst, nicht durch anderes getragen wird. Im Denken haben wir ein Prinzip, das durch sich selbst besteht. Von hier aus sei es versucht, die Welt zu begreifen. Das Denken können wir durch es selbst erfassen. Die Frage ist nur, ob wir durch dasselbe auch noch etwas anderes ergreifen können.

Ich habe bisher von dem Denken gesprochen, ohne auf seinen Träger, das menschliche Bewußtsein, Rücksicht zu nehmen. Die meisten Philosophen der Gegenwart werden mir einwenden: bevor es ein Denken gibt, muß es ein Bewußtsein geben. Deshalb sei vom Bewußtsein und nicht vom Denken auszugehen. Es gebe kein Denken ohne Bewußtsein. Ich muß dem gegenüber erwidern: Wenn ich darüber Aufklärung haben will, welches Verhältnis zwischen Denken und Bewußtsein besteht, so muß ich darüber nachdenken. Ich setze das Denken damit voraus. Nun kann man darauf allerdings antworten: Wenn der Philosoph das Bewußtsein *begreifen* will, dann bedient er sich des Denkens; er setzt es insoferne voraus; im gewöhnlichen Verlaufe des Lebens aber entsteht das Denken innerhalb des Bewußtseins und setzt also dieses voraus. Wenn diese Antwort dem Weltschöpfer gegeben würde, der das Denken schaffen will, so wäre sie ohne Zweifel berechtigt. Man kann natürlich das Denken nicht entstehen lassen, ohne vorher das Bewußtsein zustande zu bringen. Dem Philosophen aber handelt es sich nicht um die Weltschöpfung, sondern um das Begreifen derselben. Er hat daher auch nicht die Ausgangspunkte für das Schaffen, sondern für das Begreifen der Welt zu suchen. Ich finde es ganz sonderbar, wenn man dem Philosophen vorwirft, daß er sich vor allen andern Dingen um die Richtigkeit seiner Prinzipien, nicht aber sogleich um die Gegenstände bekümmert, die er begreifen will. Der Weltschöpfer mußte vor allem wissen, wie er einen Träger für das Denken findet, der Philosoph aber muß nach einer sichern Grundlage suchen, von der aus er das Vorhandene begreifen kann. Was frommt es uns, wenn wir vom Bewußtsein ausgehen und es der denkenden Betrachtung unterwerfen, wenn wir vorher über die Möglichkeit, durch *denkende* Betrachtung Aufschluß über die Dinge zu bekommen, nichts wissen?

Wir müssen erst das Denken ganz neutral, ohne Beziehung auf ein denkendes Subjekt oder ein gedachtes Objekt betrachten. Denn in Subjekt und Objekt haben wir bereits Begriffe, die durch das Denken gebildet sind. Es ist nicht zu leugnen: *Ehe anderes begriffen werden kann, muß es das Denken werden.* Wer es leugnet, der übersieht, daß er als Mensch nicht ein Anfangsglied der Schöpfung, sondern deren Endglied ist. Man kann deswegen behufs Erklärung der Welt durch Begriffe nicht von den zeitlich ersten Elementen des Daseins ausgehen, sondern von dem, was uns als das Nächste, als das Intimste gegeben ist. Wir können uns nicht mit einem Sprunge an den Anfang der Welt versetzen, um da unsere Betrachtung anzufangen, sondern wir müssen von dem gegenwärtigen Augenblick ausgehen und sehen, ob wir von dem Späteren zu dem Früheren aufsteigen können. Solange die Geologie von erdichteten Revolutionen gesprochen hat, um den gegenwärtigen Zustand der Erde zu erklären, solange tappte sie in der Finsternis. Erst als sie ihren Anfang damit machte, zu untersuchen, welche Vorgänge gegenwärtig noch auf der Erde sich abspielen, und von diesen zurückschloß auf das Vergangene, hatte sie einen sicheren Boden gewonnen. Solange die Philosophie alle möglichen Prinzipien annehmen wird, wie Atom, Bewegung, Materie, Wille, Unbewußtes, wird sie in der Luft schweben. Erst wenn der Philosoph das absolut Letzte als sein Erstes ansehen wird, kann er zum Ziele kommen. Dieses absolut Letzte, zu dem es die Weltentwickelung gebracht hat, ist aber das *Denken.*

Es gibt Leute, die sagen: ob unser Denken an sich richtig sei oder nicht, können wir aber doch nicht mit Sicherheit feststellen.

Insoferne bleibt also der Ausgangspunkt jedenfalls ein zweifelhafter. Das ist gerade so vernünftig gesprochen, wie wenn man Zweifel hegt, ob ein Baum an sich richtig sei oder nicht. Das Denken ist eine Tatsache; und über die Richtigkeit oder Falschheit einer solchen zu sprechen, ist sinnlos. Ich kann höchstens darüber Zweifel haben, ob das Denken richtig verwendet wird, wie ich zweifeln kann, ob ein gewisser Baum ein entsprechendes Holz zu einem zweckmäßigen Gerät gibt. Zu zeigen, inwieferne die Anwendung des Denkens auf die Welt eine richtige oder falsche ist, wird gerade Aufgabe dieser Schrift sein. Ich kann es verstehen, wenn jemand Zweifel hegt, daß durch das Denken über die Welt etwas ausgemacht werden kann; das aber ist mir unbegreiflich, wie jemand die Richtigkeit des Denkens an sich anzweifeln kann.

Zusatz zur Neuausgabe 1918. In den vorangehenden Ausführungen wird auf den bedeutungsvollen Unterschied zwischen dem Denken und allen andern Seelentätigkeiten hingewiesen als auf eine Tatsache, die sich einer wirklich unbefangenen Beobachtung ergibt. Wer diese unbefangene Beobachtung nicht anstrebt, der wird gegen diese Ausführungen versucht sein, Einwendungen zu machen wie diese: wenn ich über eine Rose denke, so ist damit doch auch nur ein Verhältnis meines «Ich» zur Rose ausgedrückt, wie wenn ich die Schönheit der Rose fühle. Es bestehe geradeso ein Verhältnis zwischen «Ich» und Gegenstand beim Denken, wie zum Beispiel beim Fühlen oder Wahrnehmen. Wer diesen Einwand macht, der zieht nicht in Erwägung, daß *nur* in der Betätigung des Denkens das «Ich» bis in alle Verzweigungen der Tätigkeit sich mit dem Tätigen als *ein* Wesen weiß. Bei keiner andern Seelentätigkeit ist dies restlos der Fall. Wenn zum Beispiel eine Lust gefühlt wird, kann eine feinere Beobachtung sehr wohl unterscheiden, inwieferne das «Ich» sich mit einem Tätigen eins weiß und inwiefern in ihm ein Passives vorhanden ist, so daß die Lust für das «Ich» bloß auftritt. Und so ist es auch bei den andern Seelenbetätigungen. Man sollte nur nicht verwechseln: «Gedankenbilder haben» und Gedanken durch das Denken verarbeiten. Gedankenbilder können traumhaft, wie vage Eingebungen in der Seele auftreten. Ein *Denken* ist dieses nicht. – Allerdings könnte nun jemand sagen: wenn das Denken so gemeint ist, steckt das Wollen in dem Denken drinnen, und man habe es dann nicht bloß mit dem Denken, sondern auch mit dem Wollen des Denkens zu tun. Doch würde dies nur berechtigen zu sagen: das wirkliche Denken muß immer gewollt sein. Nur hat dies mit der Kennzeichnung des Denkens, wie sie in diesen Ausführungen gemacht ist, nichts zu schaffen. Mag es das Wesen des Denkens immerhin notwendig machen, daß dieses *gewollt* wird: es kommt darauf an, daß nichts gewollt wird, was, indem es sich vollzieht, vor dem «Ich» nicht restlos als seine eigene, von ihm überschaubare Tätigkeit erscheint. Man muß sogar sagen, *wegen* der hier geltend gemachten Wesenheit des Denkens erscheint dieses dem Beobachter als durch und durch *gewollt.* Wer alles, was für die Beurteilung des Denkens in Betracht kommt, wirklich zu durchschauen sich bemüht, der wird nicht umhin können, zu bemerken, daß dieser Seelenbetätigung die Eigenheit zukommt, von der hier gesprochen ist.

Von einer Persönlichkeit, welche der Verfasser dieses Buches als Denker sehr hochschätzt, ist ihm eingewendet worden, daß so, wie es hier geschieht, nicht über das Denken gesprochen werden könne, weil es nur ein Schein sei, was man als tätiges Denken zu beobachten glaube. In Wirklichkeit beobachte man nur die Ergebnisse einer nicht bewußten Tätigkeit, die dem Denken zugrunde liegt. Nur weil diese nicht bewußte Tätigkeit eben nicht beobachtet werde, entstehe die Täuschung, es bestehe das beobachtete Denken durch sich selbst, wie wenn man bei rasch aufeinanderfolgender Beleuchtung durch elektrische Funken eine Bewegung zu sehen glaubt. Auch dieser Einwand beruht nur auf einer ungenauen Anschauung der Sachlage. Wer ihn macht, berücksichtigt nicht, daß es das «Ich» selbst ist, das *im* Denken drinnen stehend *seine* Tätigkeit beobachtet. Es müßte das «Ich» außer dem Denken stehen, wenn es so getäuscht werden könnte, wie bei rasch aufeinanderfolgender Beleuchtung durch elektrische Funken. Man könnte vielmehr sagen: wer einen solchen Vergleich macht, der täuscht sich gewaltsam etwa wie jemand, der von einem in Bewegung begriffenen Licht durchaus sagen wollte: es wird an jedem Orte, an dem es erscheint, von unbekannter Hand neu angezündet. – Nein, wer in dem Denken etwas anderes sehen will als das im «Ich» selbst als überschaubare Tätigkeit Hervorgebrachte, der muß sich erst für den einfachen, der Beobachtung vorliegenden Tatbestand blind machen, um dann eine hypothetische Tätigkeit dem Denken zugrunde legen zu können. Wer sich nicht so blind macht, der muß erkennen, daß alles, was er in dieser Art zu dem Denken «hinzudenkt», aus dem Wesen des Denkens herausführt. Die unbefangene Beobachtung ergibt, daß nichts zum Wesen des Denkens gerechnet werden kann, was nicht *im* Denken selbst gefunden wird. Man kann nicht zu etwas kommen, was das Denken *bewirkt,* wenn man den Bereich des Denkens verläßt.

IV

DIE WELT ALS WAHRNEHMUNG

Durch das Denken entstehen *Begriffe* und *Ideen*. Was ein Begriff ist, kann nicht mit Worten gesagt werden. Worte können nur den Menschen darauf aufmerksam machen, daß er Begriffe habe. Wenn jemand einen Baum sieht, so reagiert sein Denken auf seine Beobachtung; zu dem Gegenstande tritt ein ideelles Gegenstück hinzu, und er betrachtet den Gegenstand und das ideelle Gegenstück als zusammengehörig. Wenn der Gegenstand aus seinem Beobachtungsfelde verschwindet, so bleibt nur das ideelle Gegenstück davon zurück. Das letztere ist der Begriff des Gegenstandes. Je mehr sich unsere Erfahrung erweitert, desto größer wird die Summe unserer Begriffe. Die Begriffe stehen aber durchaus nicht vereinzelt da. Sie schließen sich zu einem gesetzmäßigen Ganzen zusammen. Der Begriff «Organismus» schließt sich zum Beispiel an die andern: «gesetzmäßige Entwickelung, Wachstum» an. Andere an Einzeldingen gebildete Begriffe fallen völlig in eins zusammen. Alle Begriffe, die ich mir von Löwen bilde, fallen in den Gesamtbegriff «Löwe» zusammen. Auf diese Weise verbinden sich die einzelnen Begriffe zu einem geschlossenen Begriffssystem, in dem jeder seine besondere Stelle hat. Ideen sind qualitativ von Begriffen nicht verschieden. Sie sind nur inhaltsvollere, gesättigtere und umfangreichere Begriffe. Ich muß einen besonderen Wert darauf legen, daß hier an dieser Stelle beachtet werde, daß ich als meinen Ausgangspunkt das *Denken* bezeichnet habe und nicht *Begriffe* und *Ideen*, die erst durch das Denken gewonnen werden. Diese setzen das Denken bereits voraus. Es kann daher, was ich in bezug auf die in sich selbst ruhende, durch nichts bestimmte Natur des Denkens gesagt habe, nicht einfach auf die Begriffe übertragen werden. (Ich bemerke das hier ausdrücklich, weil hier meine Differenz mit *Hegel* liegt. Dieser setzt den Begriff als Erstes und Ursprüngliches.)

Der Begriff kann nicht aus der Beobachtung gewonnen werden. Das geht schon aus dem Umstande hervor, daß der heranwachsende Mensch sich langsam und allmählich erst die Begriffe zu den Gegenständen bildet, die ihn umgeben. Die Begriffe werden zu der Beobachtung hinzugefügt.

Ein vielgelesener Philosoph der Gegenwart, *Herbert Spencer,* schildert den geistigen Prozeß, den wir gegenüber der Beobachtung vollziehen, folgendermaßen:

«Wenn wir an einem Septembertag durch die Felder wandelnd, wenige Schritte vor uns ein Geräusch hören und an der Seite des Grabens, von dem es herzukommen schien, das Gras in Bewegung sehen, so werden wir wahrscheinlich auf die Stelle losgehen, um zu erfahren, was das Geräusch und die Bewegung hervorbrachte. Bei unserer Annäherung flattert ein Rebhuhn in den Graben, und damit ist unsere Neugierde befriedigt: wir haben, was wir eine Erklärung der Erscheinungen nennen. Diese Erklärung läuft, wohlgemerkt, auf folgendes hinaus: weil wir im Leben unendlich oft erfahren haben, daß eine Störung der ruhigen Lage kleiner Körper die Bewegung anderer zwischen ihnen befindlicher Körper begleitet, und weil wir deshalb die Beziehungen zwischen solchen Störungen und solchen Bewegungen verallgemeinert haben, so halten wir diese besondere Störung für erklärt, sobald wir finden, daß sie ein Beispiel eben dieser Beziehung darbietet.» Genauer besehen stellt sich die Sache ganz anders dar, als sie hier beschrieben ist. Wenn ich ein Geräusch höre, so suche ich zunächst den Begriff für diese Beobachtung. Dieser Begriff erst weist mich über das Geräusch hinaus. Wer nicht weiter nachdenkt, der hört eben das Geräusch und gibt sich damit zufrieden. Durch mein Nachdenken aber ist mir klar, daß ich ein Geräusch als Wirkung aufzufassen habe. Also erst wenn ich den Begriff der *Wirkung* mit der Wahrnehmung des Geräusches verbinde, werde ich veranlaßt, über die Einzelbeobachtung hinauszugehen und nach der *Ursache* zu suchen. Der Begriff der Wirkung ruft den der Ursache hervor, und ich suche dann nach dem verursachenden Gegenstande, den ich in der Gestalt des Rebhuhns finde. Diese Begriffe, Ursache und Wirkung, kann ich aber niemals durch bloße Beobachtung, und erstrecke sie sich auf noch so viele Fälle, gewinnen. Die Beobachtung fordert das Denken heraus, und erst dieses ist es, das mir den Weg weist, das einzelne Erlebnis an ein anderes anzuschließen.

Wenn man von einer «streng objektiven Wissenschaft» fordert, daß sie ihren Inhalt nur der Beobachtung entnehme, so muß man zugleich fordern, daß sie auf alles Denken verzichte. Denn dieses geht seiner Natur nach über das Beobachtete hinaus.

Nun ist es am Platze, von dem Denken auf das denkende Wesen überzugehen. Denn durch dieses wird das Denken mit der Beobachtung verbunden. Das menschliche Bewußtsein ist der Schauplatz, wo Begriff und Beobachtung einander begegnen und wo sie miteinander verknüpft werden. Dadurch ist aber dieses (menschliche) Bewußtsein zugleich charakterisiert. Es ist der Vermittler zwischen Denken und Beobachtung. Insoferne der Mensch einen Gegenstand beobachtet, erscheint ihm dieser als gegeben, insoferne er denkt, erscheint er sich selbst als tätig. Er betrachtet den Gegenstand als *Objekt,* sich selbst als das denkende *Subjekt.* Weil er sein Denken auf die Beobachtung richtet, hat er Bewußtsein von den Objekten; weil er sein Denken auf sich richtet, hat er Bewußtsein seiner selbst oder *Selbstbewußtsein.* Das menschliche Bewußtsein muß notwendig zugleich Selbstbewußtsein sein, weil es *denkendes* Bewußtsein ist. Denn wenn das Denken den Blick auf seine eigene Tätigkeit richtet, dann hat es seine ureigene Wesenheit, also sein Subjekt, als Objekt zum Gegenstande.

Nun darf aber nicht übersehen werden, daß wir uns nur mit Hilfe des Denkens als Subjekt bestimmen und uns den Objekten entgegensetzen können. Deshalb darf das Denken niemals als eine bloß subjektive Tätigkeit aufgefaßt werden. Das Denken ist *jenseits* von Subjekt und Objekt. Es bildet diese beiden Begriffe ebenso wie alle anderen. Wenn wir als denkendes Subjekt also den Begriff auf ein Objekt beziehen, so dürfen wir diese Beziehung nicht als etwas bloß Subjektives auffassen. Nicht das Subjekt ist es, welches die Beziehung herbeiführt, sondern das Denken. Das Subjekt denkt nicht deshalb, weil es Subjekt ist; sondern es erscheint sich als ein Subjekt, weil es zu denken vermag. Die Tätigkeit, die der Mensch als *denkendes* Wesen ausübt, ist also keine bloß subjektive, sondern eine solche, die weder subjektiv noch objektiv ist, eine über diese beiden Begriffe hinausgehende. Ich darf niemals sagen, daß mein individuelles Subjekt denkt; dieses lebt vielmehr selbst von des Denkens Gnaden. Das Denken ist somit ein Element, das mich über mein Selbst hinausführt und mit den Objekten verbindet. Aber es trennt mich zugleich von ihnen, indem es mich ihnen als Subjekt gegenüberstellt.

Darauf beruht die Doppelnatur des Menschen: er denkt und umschließt damit sich selbst und die übrige Welt; aber er muß sich mittels des Denkens zugleich als ein den Dingen gegenüberstehendes Individuum bestimmen.

Das nächste wird nun sein, uns zu fragen: Wie kommt das andere Element, das wir bisher bloß als Beobachtungsobjekt bezeichnet haben, und das sich mit dem Denken im Bewußtsein begegnet, in das letztere?

Wir müssen, um diese Frage zu beantworten, aus unserem Beobachtungsfelde alles aussondern, was durch das Denken bereits in dasselbe hineingetragen worden ist. Denn unser jeweiliger Bewußtseinsinhalt ist immer schon mit Begriffen in der mannigfachsten Weise durchsetzt.

Wir müssen uns vorstellen, daß ein Wesen mit vollkommen entwickelter menschlicher Intelligenz aus dem Nichts entstehe und der Welt gegenübertrete. Was es da gewahr würde, bevor es das Denken in Tätigkeit bringt, das ist der reine Beobachtungsinhalt. Die Welt zeigte dann diesem Wesen nur das bloße zusammenhanglose Aggregat von *Empfindungsobjekten:* Farben, Töne, Druck-, Wärme-, Geschmacks- und Geruchsempfindungen; dann Lust- und Unlustgefühle. Dieses Aggregat ist der Inhalt der reinen, gedankenlosen Beobachtung. Ihm gegenüber steht das Denken, das bereit ist, seine Tätigkeit zu entfalten, wenn sich ein Angriffspunkt dazu findet. Die Erfahrung lehrt bald, daß er sich findet. Das Denken ist imstande, Fäden zu ziehen von einem Beobachtungselement zum andern. Es verknüpft mit diesen Elementen bestimmte Begriffe und bringt sie dadurch in ein Verhältnis. Wir haben oben bereits gesehen, wie ein uns begegnendes Geräusch mit einer anderen Beobachtung dadurch verbunden wird, daß wir das erstere als Wirkung der letzteren bezeichnen.

Wenn wir uns nun daran erinnern, daß die Tätigkeit des Denkens durchaus nicht als eine subjektive aufzufassen ist, so werden wir auch nicht versucht sein zu glauben, daß solche Beziehungen, die durch das Denken hergestellt sind, bloß eine subjektive Geltung haben.

Es wird sich jetzt darum handeln, durch denkende Überlegung die Beziehung zu suchen, die der oben angegebene unmittelbar gegebene Beobachtungsinhalt zu unserem bewußten Subjekt hat.

Bei dem Schwanken des Sprachgebrauches erscheint es mir geboten, daß ich mich mit meinem Leser über den Gebrauch eines Wortes verständige, das ich im folgenden anwenden muß. Ich werde die unmittelbaren Empfindungsobjekte, die ich oben genannt habe, insoferne das bewußte Subjekt von ihnen durch Beobachtung Kenntnis nimmt, *Wahrnehmungen* nennen. Also nicht den Vorgang der Beobachtung, sondern das *Objekt* dieser Beobachtung bezeichne ich mit diesem Namen.

Ich wähle den Ausdruck *Empfindung* nicht, weil dieser in der Physiologie eine bestimmte Bedeutung hat, die enger ist als die meines Begriffes von Wahrnehmung. Ein Gefühl in mir selbst kann ich wohl als Wahrnehmung, nicht aber als Empfindung im physiologischen Sinne bezeichnen. Auch von meinem Gefühle erhalte ich dadurch Kenntnis, daß es *Wahrnehmung* für mich wird. Und die Art, wie wir durch Beobachtung Kenntnis von unserem Denken erhalten, ist eine solche, daß wir auch das Denken in seinem ersten Auftreten für unser Bewußtsein Wahrnehmung nennen können.

Der naive Mensch betrachtet seine Wahrnehmungen in dem Sinne, wie sie ihm unmittelbar erscheinen, als Dinge, die ein von ihm ganz unabhängiges Dasein haben. Wenn er einen Baum sieht, so glaubt er zunächst, daß dieser in der Gestalt, die er sieht, mit den Farben, die seine Teile haben usw., dort an dem Orte stehe, wohin der Blick gerichtet ist. Wenn derselbe Mensch morgens die Sonne als eine Scheibe am Horizonte erscheinen sieht und den Lauf dieser Scheibe verfolgt, so ist er der Meinung, daß das alles in dieser Weise (an sich) bestehe und vorgehe, wie er es beobachtet. Er hält so lange an diesem Glauben fest, bis er anderen Wahrnehmungen begegnet, die jenen widersprechen. Das Kind, das noch keine Erfahrungen über Entfernungen hat, greift nach dem Monde und stellt das, was es nach dem ersten Augenschein für wirklich gehalten hat, erst richtig, wenn eine zweite Wahrnehmung sich mit der ersten im Widerspruch befindet. Jede Erweiterung des Kreises meiner Wahrnehmungen nötigt mich, mein Bild der Welt zu berichtigen. Das zeigt sich im täglichen Leben ebenso wie in der Geistesentwickelung der Menschheit. Das Bild, das sich die Alten von der Beziehung der Erde zu der Sonne und den andern Himmelskörpern machten, mußte von Kopernikus durch ein anderes ersetzt werden, weil es mit Wahrnehmungen, die früher unbekannt waren, nicht zusammenstimmte. Als Dr. Franz einen Blindgeborenen operierte, sagte dieser, daß er sich vor seiner Operation durch die Wahrnehmungen seines Tastsinnes ein ganz anderes Bild von der Größe der Gegenstände gemacht habe. Er mußte seine Tastwahrnehmungen durch seine Gesichtswahrnehmungen berichtigen.

Woher kommt es, daß wir zu solchen fortwährenden Richtigstellungen unserer Beobachtungen gezwungen sind?

Eine einfache Überlegung bringt die Antwort auf diese Frage. Wenn ich an dem einen Ende einer Allee stehe, so erscheinen mir die Bäume an dem andern, von mir entfernten Ende kleiner und näher aneinandergerückt als da, wo ich stehe. Mein Wahrnehmungsbild wird ein anderes, wenn ich den Ort ändere, von dem aus ich meine Beobachtungen mache. Es ist also in der Gestalt, in der es an mich herantritt, abhängig von einer Bestimmung, die nicht an dem Objekte hängt, sondern die mir, dem Wahrnehmenden, zukommt. Es ist für eine Allee ganz gleichgültig, wo ich stehe. Das Bild aber, das ich von ihr erhalte, ist wesentlich davon abhängig. Ebenso ist es für die Sonne und das Planetensystem gleichgültig, daß die Menschen sie gerade von der Erde aus ansehen. Das Wahrnehmungsbild aber, das sich diesen darbietet, ist durch diesen ihren Wohnsitz bestimmt. Diese Abhängigkeit des Wahrnehmungsbildes von unserem Beoachtungsorte ist diejenige, die am leichtesten zu durchschauen ist. Schwieriger wird die Sache schon, wenn wir die Abhängigkeit unserer Wahrnehmungswelt von unserer leiblichen und geistigen Organisation kennen lernen. Der Physiker zeigt uns, daß innerhalb des Raumes, in dem wir einen Schall hören, Schwingungen der Luft stattfinden, und daß auch der Körper, in dem wir den Ursprung des Schalles suchen, eine schwingende Bewegung seiner Teile aufweist. Wir nehmen diese Bewegung nur als Schall wahr, wenn wir ein normal organisiertes Ohr haben. Ohne ein solches bliebe uns die ganze Welt ewig stumm. Die Physiologie belehrt uns darüber, daß es Menschen gibt, die nichts wahrnehmen von der herrlichen Farbenpracht, die uns umgibt. Ihr Wahrnehmungsbild weist nur Nuancen von Hell und Dunkel auf. Andere nehmen nur eine bestimmte Farbe, zum Beispiel das Rot, nicht wahr. Ihrem Weltbilde fehlt dieser Farbenton, und es ist daher tatsächlich ein anderes als das eines Durchschnittsmenschen. Ich möchte die Abhängigkeit meines Wahrnehmungsbildes von meinem Beobachtungsorte eine mathematische, die von meiner Organisation eine qualitative nennen. Durch jene werden die Größenverhältnisse und gegenseitigen Entfernungen meiner Wahrnehmungen bestimmt, durch diese die Qualität derselben. Daß ich eine rote Fläche rot sehe – diese qualitative Bestimmung – hängt von der Organisation meines Auges ab.

Meine Wahrnehmungsbilder sind also zunächst subjektiv. Die Erkenntnis von dem subjektiven Charakter unserer Wahrnehmungen kann leicht zu Zweifeln darüber führen, ob überhaupt etwas Objektives denselben zum Grunde liegt. Wenn wir wissen, daß eine Wahrnehmung, zum Beispiel die der roten Farbe, oder eines bestimmten Tones nicht möglich ist ohne eine bestimmte Einrichtung unseres Organismus, so kann man zu dem Glauben kommen, daß dieselbe, abgesehen von unserem subjektiven Organismus, keinen Bestand habe, daß sie ohne den Akt des Wahrnehmens, dessen Objekt sie ist, keine Art des Daseins hat. Diese Ansicht hat in *George Berkeley* einen klassischen Vertreter gefunden, der der Meinung war, daß der Mensch von dem Augenblicke an, wo er sich der Bedeutung des Subjekts für die Wahrnehmung bewußt geworden ist, nicht mehr an eine ohne den bewußten Geist vorhandene Welt glauben könne. Er sagt: «Einige Wahrheiten liegen so nahe und sind so einleuchtend, daß man nur die Augen zu öffnen braucht, um sie zu sehen. Für eine solche halte ich den wichtigen Satz, daß der ganze Chor am Himmel und alles, was zur Erde gehört, mit einem Worte alle die Körper, die den gewaltigen Bau der Welt zusammensetzen, keine Subsistenz außerhalb des Geistes haben, daß ihr Sein in ihrem Wahrgenommen- oder Erkanntwerden besteht, daß sie folglich, solange sie nicht wirklich von mir wahrgenommen werden oder in meinem Bewußtsein oder dem eines anderen geschaffenen Geistes existieren, entweder überhaupt keine Existenz haben oder in dem Bewußtsein eines ewigen Geistes existieren.» Für diese Ansicht bleibt von der Wahrnehmung nichts mehr übrig, wenn man von dem Wahrgenommenwerden absieht. Es gibt keine Farbe, wenn keine gesehen, keinen Ton, wenn keiner gehört wird. Ebensowenig wie Farbe und Ton existieren Ausdehnung, Gestalt und Bewegung außerhalb des Wahrnehmungsaktes. Wir sehen nirgends bloße Ausdehnung oder Gestalt, sondern diese immer mit Farbe oder andern unbestreitbar von unserer Subjektivität abhängigen Eigenschaften verknüpft. Wenn die letzteren mit unserer Wahrnehmung verschwinden, so muß das auch bei den ersteren der Fall sein, die an sie gebunden sind.

Dem Einwand, daß, wenn auch Figur, Farbe, Ton, usw. keine andere Existenz als die innerhalb des Wahrnehmungsaktes haben, es doch Dinge geben müsse, die ohne das Bewußtsein da sind und denen die bewußten Wahrnehmungsbilder ähnlich seien, begegnet die geschilderte Ansicht damit, daß sie sagt: eine Farbe kann nur ähnlich einer Farbe, eine Figur ähnlich einer Figur sein. Unsere Wahrnehmungen können nur unseren Wahrnehmungen, aber keinerlei anderen Dingen ähnlich sein. Auch was wir einen Gegenstand nennen, ist nichts anderes als eine Gruppe von Wahrnehmungen, die in einer bestimmten Weise verbunden sind. Nehme ich von einem Tische Gestalt, Ausdehnung, Farbe usw., kurz alles, was nur meine Wahrnehmung ist, weg, so bleibt nichts mehr übrig. Diese Ansicht führt, konsequent verfolgt, zu der Behauptung: Die Objekte meiner Wahrnehmungen sind nur durch mich vorhanden, und zwar nur insoferne und solange ich sie wahrnehme; sie verschwinden mit dem Wahrnehmen und haben keinen Sinn ohne dieses. Außer meinen Wahrnehmungen weiß ich aber von keinen Gegenständen und kann von keinen wissen.

Gegen diese Behauptung ist so lange nichts einzuwenden, als ich bloß im allgemeinen den Umstand in Betracht ziehe, daß die Wahrnehmung von der Organisation meines Subjektes mitbestimmt wird. Wesentlich anders stellte sich die Sache aber, wenn wir imstande wären, anzugeben, welches die Funktion unseres Wahrnehmens beim Zustandekommen einer Wahrnehmung ist. Wir wüßten dann, was an der Wahrnehmung während des Wahrnehmens geschieht, und könnten auch bestimmen, was an ihr schon sein muß, bevor sie wahrgenommen wird.

Damit wird unsere Betrachtung von dem Objekt der Wahrnehmung auf das Subjekt derselben abgeleitet. Ich nehme nicht nur andere Dinge wahr, sondern ich nehme mich selbst wahr. Die Wahrnehmung meiner selbst hat zunächst den Inhalt, daß ich das Bleibende bin gegenüber den immer kommenden und gehenden Wahrnehmungsbildern. Die Wahrnehmung des Ich kann in meinem Bewußtsein stets auftreten, während ich andere Wahrnehmungen habe. Wenn ich in die Wahrnehmung eines gegebenen Gegenstandes vertieft bin, so habe ich vorläufig nur von diesem ein Bewußtsein. Dazu kann dann die Wahrnehmung meines Selbst treten. Ich bin mir nunmehr nicht bloß des Gegenstandes bewußt, sondern auch meiner Persönlichkeit, die dem Gegenstand gegenüber steht und ihn beobachtet. Ich sehe nicht bloß einen Baum, sondern ich weiß auch, daß *ich es bin,* der ihn sieht. Ich erkenne auch, daß in mir etwas vorgeht, während ich den Baum beobachte. Wenn der Baum aus meinem Gesichtskreise verschwindet, bleibt für mein Bewußtsein ein Rückstand von diesem Vorgange: ein Bild des Baumes. Dieses Bild hat sich während meiner Beobachtung mit meinem Selbst verbunden. Mein Selbst hat sich bereichert; sein Inhalt hat ein neues Element in sich aufgenommen. Dieses Element nenne ich meine *Vorstellung* von dem Baume. Ich käme nie in die Lage, von *Vorstellungen* zu sprechen, wenn ich diese nicht in der Wahrnehmung meines Selbst erlebte. Wahrnehmungen würden kommen und gehen; ich ließe sie vorüberziehen. Nur dadurch, daß ich mein Selbst wahrnehme und merke, daß mit jeder Wahrnehmung sich auch *dessen* Inhalt ändert, sehe ich mich gezwungen, die Beobachtung des Gegenstandes mit meiner eigenen Zustandsveränderung in Zusammenhang zu bringen und von meiner Vorstellung zu sprechen.

Die Vorstellung nehme ich an meinem Selbst wahr, in dem Sinne, wie Farbe, Ton usw. an andern Gegenständen. Ich kann jetzt auch den Unterschied machen, daß ich diese andern Gegenstände, die sich mir gegenüberstellen, *Außenwelt* nenne, während ich den Inhalt meiner Selbstwahrnehmung als *Innenwelt* bezeichne. Die Verkennung des Verhältnisses von Vorstellung und Gegenstand hat die größten Mißverständnisse in der neueren Philosophie herbeigeführt. Die Wahrnehmung einer Veränderung in uns, die Modifikation, die mein Selbst erfährt, wurde in den Vordergrund gedrängt und das diese Modifikation veranlassende Objekt ganz aus dem Auge verloren. Man hat gesagt: wir nehmen nicht die Gegenstände wahr, sondern nur unsere Vorstellungen. Ich soll nichts wissen von dem Tische an sich, der Gegenstand meiner Beobachtung ist, sondern nur von der Veränderung, die mit mir selbst vorgeht, während ich den Tisch wahrnehme. Diese Anschauung darf nicht mit der vorhin erwähnten Berkeleyschen verwechselt werden. Berkeley behauptet die subjektive Natur meines Wahrnehmungsinhaltes, aber er sagt nicht, daß ich nur von meinen Vorstellungen wissen kann. Er schränkt mein Wissen auf meine Vorstellungen ein, weil er der Meinung ist, daß es keine Gegenstände außerhalb des Vorstellens gibt. Was ich als Tisch ansehe, das ist im Sinne Berkeleys nicht mehr vorhanden, sobald ich meinen Blick nicht mehr darauf richte. Deshalb läßt Berkeley meine Wahrnehmungen unmittelbar durch die Macht Gottes entstehen. Ich sehe einen Tisch, weil Gott diese Wahrnehmung in mir hervorruft. Berkeley kennt daher keine anderen realen Wesen als Gott und die menschlichen Geister. Was wir Welt nennen, ist nur innerhalb der Geister vorhanden. Was der naive Mensch Außenwelt, körperliche Natur nennt, ist für Berkeley nicht vorhanden. Dieser Ansicht steht die jetzt herrschende Kantsche gegenüber, welche unsere Erkenntnis von der Welt nicht deshalb auf unsere Vorstellungen einschränkt, weil sie überzeugt ist, daß es außer diesen Vorstellungen keine Dinge geben kann, sondern weil sie uns so organisiert glaubt, daß wir nur von den Veränderungen unseres eigenen Selbst, nicht von den diese Veränderungen veranlassenden Dingen an sich erfahren können. Sie folgert aus dem Umstande, daß ich nur meine Vorstellungen kenne, nicht, daß es keine von diesen Vorstellungen unabhängige Existenz gibt, sondern nur, daß das Subjekt eine solche nicht unmittelbar in sich aufnehmen, sie nicht anders als durch das «Medium seiner subjektiven Gedanken imaginieren, fingieren, denken, erkennen, vielleicht auch nicht erkennen kann» (O. *Liebmann,* Zur Analysis der Wirklichkeit, Seite 28). Diese Anschauung glaubt etwas unbedingt Gewisses zu sagen, etwas, was ohne alle Beweise unmittelbar einleuchtet. «Der erste Fundamentalsatz, den sich der Philosoph zu deutlichem Bewußtsein zu bringen hat, besteht in der Erkenntnis, daß unser Wissen sich *zunächst* auf nichts weiter als auf unsere Vorstellungen erstreckt. Unsere Vorstellungen sind das Einzige, was wir unmittelbar erfahren, unmittelbar erleben; und eben weil wir sie unmittelbar erfahren, deswegen vermag uns auch der radikalste Zweifel das Wissen von denselben nicht zu entreißen. Dagegen ist das Wissen, das über unser Vorstellen – ich nehme diesen Ausdruck hier überall im weitesten Sinne, so daß alles psychische Geschehen darunter fällt – hinausgeht, vor dem Zweifel nicht geschützt. Daher muß *zu Beginn des Philosophierens* alles über die Vorstellungen hinausgehende Wissen ausdrücklich als bezweifelbar hingestellt werden», so beginnt *Volkelt* sein Buch über «Immanuel Kants Erkenntnistheorie». Was hiermit so hingestellt wird, als ob es eine unmittelbare und selbstverständliche Wahrheit sei, ist aber in Wirklichkeit das Resultat einer Gedankenoperation, die folgendermaßen verläuft: Der naive Mensch glaubt, daß die Gegenstände, so wie er sie wahrnimmt, auch außerhalb seines Bewußtseins vorhanden sind. Die Physik, Physiologie und Psychologie scheinen aber zu lehren, daß zu unseren Wahrnehmungen unsere Organisation notwendig ist, daß wir folglich von nichts wissen können, als von dem, was unsere Organisation uns von den Dingen überliefert. Unsere Wahrnehmungen sind somit Modifikationen unserer Organisation, nicht Dinge an sich. Den hier angedeuteten Gedankengang hat *Eduard von Hartmann* in der Tat als denjenigen charakterisiert, der zur Überzeugung von dem Satze führen muß, daß wir ein direktes Wissen nur von unseren Vorstellungen haben können (vergleiche dessen «Grundproblem der Erkenntnistheorie», S. 16–40). Weil wir außerhalb unseres Organismus Schwingungen der Körper und der Luft finden, die sich uns als Schall darstellen, so wird gefolgert, daß das, was wir Schall nennen, nichts weiter sei als eine subjektive Reaktion unseres Organismus auf jene Bewegungen in der Außenwelt. In derselben Weise findet man, daß Farbe und Wärme nur Modifikationen unseres Organismus seien. Und zwar ist man der Ansicht, daß diese beiden Wahrnehmungsarten in uns hervorgerufen werden durch die Wirkung von Vorgängen in der Außenwelt, die von dem, was Wärmeerlebnis oder Farbenerlebnis ist, durchaus verschieden sind. Wenn solche Vorgänge die Hautnerven meines Körpers erregen, so habe ich die subjektive Wahrnehmung der Wärme, wenn solche Vorgänge den Sehnerv treffen, nehme ich Licht und Farbe wahr. Licht, Farbe und Wärme sind also das, womit meine Sinnesnerven auf den Reiz von außen antworten. Auch der Tastsinn liefert mir nicht die Gegenstände der Außenwelt, sondern nur meine eigenen Zustände. Im Sinne der modernen Physik könnte man etwa denken, daß die Körper aus unendlich kleinen Teilen, den Molekülen, bestehen und daß diese Moleküle nicht unmittelbar aneinandergrenzen, sondern gewisse Entfernungen voneinander haben. Es ist also zwischen ihnen der leere Raum. Durch diese wirken sie aufeinander mittelst anziehender und abstoßender Kräfte. Wenn ich meine Hand einem Körper nähere, so berühren die Moleküle meiner Hand keineswegs unmittelbar diejenigen des Körpers, sondern es bleibt eine gewisse Entfernung zwischen Körper und Hand, und was ich als Widerstand des Körpers empfinde, das ist nichts weiter als die Wirkung der abstoßenden Kraft, die seine Moleküle auf meine Hand ausüben. Ich bin schlechthin außerhalb des Körpers und nehme nur seine Wirkung auf meinen Organismus wahr.

Ergänzend zu diesen Überlegungen tritt die Lehre von den sogenannten spezifischen Sinnesenergien, die *J. Müller* (1801 bis 1858) aufgestellt hat. Sie besteht darin, daß jeder Sinn die Eigentümlichkeit hat, auf alle äußeren Reize nur in einer bestimmten Weise zu antworten. Wird auf den Sehnerv eine Wirkung ausgeübt, so entsteht Lichtwahrnehmung, gleichgültig ob die Erregung durch das geschieht, was wir Licht nennen, oder ob ein mechanischer Druck oder ein elektrischer Strom auf den Nerv einwirkt. Andrerseits werden in verschiedenen Sinnen durch die gleichen äußeren Reize verschiedene Wahrnehmungen hervorgerufen. Daraus scheint hervorzugehen, daß unsere Sinne nur das überliefern können, was in ihnen selbst vorgeht, nichts aber von der Außenwelt. Sie bestimmen die Wahrnehmungen je nach ihrer Natur.

Die Physiologie zeigt, daß auch von einem direkten Wissen dessen keine Rede sein kann, was die Gegenstände in unseren Sinnesorganen bewirken. Indem der Physiologe die Vorgänge in unserem eigenen Leibe verfolgt, findet er, daß schon in den Sinnesorganen die Wirkungen der äußeren Bewegung in der mannigfaltigsten Weise umgeändert werden. Wir sehen das am deutlichsten an Auge und Ohr. Beide sind sehr komplizierte Organe, die den äußeren Reiz wesentlich verändern, ehe sie ihn zum entsprechenden Nerv bringen. Von dem peripherischen Ende des Nervs wird nun der schon veränderte Reiz weiter zum Gehirn geleitet. Hier erst müssen wieder die Zentralorgane erregt werden. Daraus wird geschlossen, daß der äußere Vorgang eine Reihe von Umwandlungen erfahren hat, ehe er zum Bewußtsein kommt. Was da im Gehirne sich abspielt, ist durch so viele Zwischenvorgänge mit dem äußeren Vorgang verbunden, daß an eine Ähnlichkeit mit demselben nicht mehr gedacht werden kann. Was das Gehirn der Seele zuletzt vermittelt, sind weder äußere Vorgänge, noch Vorgänge in den Sinnesorganen, sondern nur solche innerhalb des Gehirnes. Aber auch die letzteren nimmt die Seele noch nicht unmittelbar wahr. Was wir im Bewußtsein zuletzt haben, sind gar keine Gehirnvorgänge, sondern *Empfindungen.* Meine Empfindung des *Rot* hat gar keine Ähnlichkeit mit dem Vorgange, der sich im Gehirn abspielt, wenn ich das Rot empfinde. Das letztere tritt erst wieder als Wirkung in der Seele auf und wird nur verursacht durch den Hirnvorgang. Deshalb sagt *Hartmann* (Grundproblem der Erkenntnistheorie, S. 37): «Was das Subjekt wahrnimmt, sind also immer nur Modifikationen seiner eigenen psychischen Zustände und nichts anderes.» Wenn ich die Empfindungen habe, dann sind diese aber noch lange nicht zu dem gruppiert, was ich als Dinge wahrnehme. Es können mir ja nur einzelne Empfindungen durch das Gehirn vermittelt werden. Die Empfindungen der Härte und Weichheit werden mir durch den Tast-, die Farben- und Lichtempfindungen durch den Gesichtssinn vermittelt. Doch finden sich dieselben an einem und demselben Gegenstande vereinigt. Diese Vereinigung muß also erst von der Seele selbst bewirkt werden. Das heißt, die Seele setzt die einzelnen durch das Gehirn vermittelten Empfindungen zu Körpern zusammen. Mein Gehirn überliefert mir einzeln die Gesichts-, Tast- und Gehörempfindungen, und zwar auf ganz verschiedenen Wegen, die dann die Seele zu der Vorstellung Trompete zusammensetzt. Dieses Endglied (Vorstellung der Trompete) eines Prozesses ist es, was für mein Bewußtsein zu allererst gegeben ist. Es ist in demselben nichts mehr von dem zu finden, was außer mir ist und ursprünglich einen Eindruck auf meine Sinne gemacht hat. Der äußere Gegenstand ist auf dem Wege zum Gehirn und durch das Gehirn zur Seele vollständig verlorengegangen.

Es wird schwer sein, ein zweites Gedankengebäude in der Geschichte des menschlichen Geisteslebens zu finden, das mit größerem Scharfsinn zusammengetragen ist, und das bei genauerer Prüfung doch in nichts zerfällt. Sehen wir einmal näher zu, wie es zustande kommt. Man geht zunächst von dem aus, was dem naiven Bewußtsein gegeben ist, von dem wahrgenommenen Dinge. Dann zeigt man, daß alles, was an diesem Dinge sich findet, für uns nicht da wäre, wenn wir keine Sinne hätten. Kein Auge: keine Farbe. Also ist die Farbe in dem noch nicht vorhanden, was auf das Auge wirkt. Sie entsteht erst durch die Wechselwirkung des Auges mit dem Gegenstande. Dieser ist also farblos. Aber auch im Auge ist die Farbe nicht vorhanden; denn da ist ein chemischer oder physikalischer Vorgang vorhanden, der erst durch den Nerv zum Gehirn geleitet wird, und da einen andern auslöst. Dieser ist noch immer nicht die Farbe. Sie wird erst durch den Hirnprozeß in der Seele hervorgerufen. Da tritt sie mir noch immer nicht ins Bewußtsein, sondern wird erst durch die Seele nach außen an einen Körper verlegt. An diesem glaube ich sie endlich wahrzunehmen. Wir haben einen vollständigen Kreisgang durchgemacht. Wir sind uns eines farbigen Körpers bewußt geworden. Das ist das Erste. Nun hebt die Gedankenoperation an. Wenn ich keine Augen hätte, wäre der Körper für mich farblos. Ich kann die Farbe also nicht in den Körper verlegen. Ich gehe auf die Suche nach ihr. Ich suche sie im Auge: vergebens; im Nerv: vergebens; im Gehirne: ebenso vergebens; in der Seele: hier finde ich sie zwar, aber nicht mit dem Körper verbunden. Den farbigen Körper finde ich erst wieder da, wo ich ausgegangen bin. Der Kreis ist geschlossen. Ich glaube das als Erzeugnis meiner Seele zu erkennen, was der naive Mensch sich als draußen im Raume vorhanden denkt.

So lange man dabei stehen bleibt, scheint alles in schönster Ordnung. Aber die Sache muß noch einmal von vorne angefangen werden. Ich habe ja bis jetzt mit einem Dinge gewirtschaftet: mit der äußeren Wahrnehmung, von dem ich früher, als naiver Mensch, eine ganz falsche Ansicht gehabt habe. Ich war der Meinung: sie hätte so, wie ich sie wahrnehme, einen objektiven Bestand. Nun merke ich, daß sie mit meinem Vorstellen verschwindet, daß sie nur eine Modifikation meiner seelischen Zustände ist. Habe ich nun überhaupt noch ein Recht, in meinen Betrachtungen von ihr auszugehen? Kann ich von ihr sagen, daß sie auf meine Seele wirkt? Ich muß von jetzt ab den Tisch, von dem ich früher geglaubt habe, daß er auf mich wirkt und in mir eine Vorstellung von sich hervorbringt, selbst als Vorstellung behandeln. Konsequenterweise sind dann aber auch meine Sinnesorgane und die Vorgänge in ihnen bloß subjektiv. Ich habe kein Recht, von einem wirklichen Auge zu sprechen, sondern nur von meiner Vorstellung des Auges. Ebenso ist es mit der Nervenleitung und dem Gehirnprozeß und nicht weniger mit dem Vorgange in der Seele selbst, durch den aus dem Chaos der mannigfaltigen Empfindungen Dinge aufgebaut werden sollen. Durchlaufe ich unter Voraussetzung der Richtigkeit des ersten Gedankenkreisganges die Glieder meines Erkenntnisaktes nochmals, so zeigt sich der letztere als ein Gespinst von Vorstellungen, die doch als solche nicht aufeinander wirken können. Ich kann nicht sagen: meine Vorstellung des Gegenstandes wirkt auf meine Vorstellung des Auges, und aus dieser Wechselwirkung geht die Vorstellung der Farbe hervor. Aber ich habe es auch nicht nötig. Denn sobald mir klar ist, daß mir meine Sinnesorgane und deren Tätigkeiten, mein Nerven- und Seelenprozeß auch nur durch die Wahrnehmung gegeben werden können, zeigt sich der geschilderte Gedankengang in seiner vollen Unmöglichkeit. Es ist richtig: für mich ist keine Wahrnehmung ohne das entsprechende Sinnesorgan gegeben. Aber ebensowenig ein Sinnesorgan ohne Wahrnehmung. Ich kann von meiner Wahrnehmung des Tisches auf das Auge übergehen, das ihn sieht, auf die Hautnerven, die ihn tasten; aber was in diesen vorgeht, kann ich wieder nur aus der Wahrnehmung erfahren. Und da bemerke ich denn bald, daß in dem Prozeß, der sich im Auge vollzieht, nicht eine Spur von Ähnlichkeit ist mit dem, was ich als Farbe wahrnehme. Ich kann meine Farbenwahrnehmung nicht dadurch vernichten, daß ich den Prozeß im Auge aufzeige, der sich während dieser Wahrnehmung darin abspielt. Ebensowenig finde ich in den Nerven- und Gehirnprozessen die Farbe wieder; ich verbinde nur neue Wahrnehmungen innerhalb meines Organismus mit der ersten, die der naive Mensch außerhalb seines Organismus verlegt. Ich gehe nur von einer Wahrnehmung zur andern über.

Außerdem enthält die ganze Schlußfolgerung einen Sprung. Ich bin in der Lage, die Vorgänge in meinem Organismus bis zu den Prozessen in meinem Gehirne zu verfolgen, wenn auch meine Annahmen immer hypothetischer werden, je mehr ich mich den zentralen Vorgängen des Gehirnes nähere. Der Weg der *äußeren* Beobachtung hört mit dem Vorgange in meinem Gehirne auf, und zwar mit jenem, den ich wahrnehmen würde, wenn ich mit physikalischen, chemischen usw. Hilfsmitteln und Methoden das Gehirn behandeln könnte. Der Weg der *inneren* Beobachtung fängt mit der Empfindung an und reicht bis zum

Aufbau der Dinge aus dem Empfindungsmaterial. Beim Übergang von dem Hirnprozeß zur Empfindung ist der Beobachtungsweg unterbrochen.

Die charakterisierte Denkart, die sich im Gegensatz zum Standpunkte des naiven Bewußtseins, den sie naiven Realismus nennt, als kritischen Idealismus bezeichnet, macht den Fehler, daß sie die *eine* Wahrnehmung als Vorstellung charakterisiert, aber die andere gerade in dem Sinne hinnimmt, wie es der von ihr scheinbar widerlegte naive Realismus tut. Sie will den Vorstellungscharakter der Wahrnehmungen beweisen, indem sie in naiver Weise die Wahrnehmungen am eigenen Organismus als objektiv gültige Tatsachen hinnimmt und zu alledem noch übersieht, daß sie zwei Beobachtungsgebiete durcheinander wirft, zwischen denen sie keine Vermittlung finden kann.

Der kritische Idealismus kann den naiven Realismus nur widerlegen, wenn er selbst in naiv-realistischer Weise seinen eigenen Organismus als objektiv existierend annimmt. In demselben Augenblicke, wo er sich der vollständigen Gleichartigkeit der Wahrnehmungen am eigenen Organismus mit den vom naiven Realismus als objektiv existierend angenommenen Wahrnehmungen bewußt wird, kann er sich nicht mehr auf die ersteren als auf eine sichere Grundlage stützen. Er müßte auch seine subjektive Organisation als bloßen Vorstellungskomplex ansehen. Damit geht aber die Möglichkeit verloren, den Inhalt der wahrgenommenen Welt durch die geistige Organisation bewirkt zu denken. Man müßte annehmen, daß die Vorstellung «Farbe» nur eine Modifikation der Vorstellung «Auge» sei. Der sogenannte kritische Idealismus kann nicht bewiesen werden, ohne eine Anleihe beim naiven Realismus zu machen. Der letztere wird nur dadurch widerlegt, daß man dessen eigene Voraussetzungen auf einem anderen Gebiete ungeprüft gelten läßt.

Soviel ist hieraus gewiß: durch Untersuchungen innerhalb des Wahrnehmungsgebietes kann der kritische Idealismus nicht bewiesen, somit die Wahrnehmung ihres objektiven Charakters nicht entkleidet werden.

Noch weniger aber darf der Satz: «*Die wahrgenommene Welt ist meine Vorstellung*» als durch sich selbst einleuchtend und keines Beweises bedürftig hingestellt werden. *Schopenhauer* beginnt sein Hauptwerk «Die Welt als Wille und Vorstellung» mit den Worten: «Die Welt ist meine Vorstellung: – dies ist die Wahrheit, welche in Beziehung auf jedes lebende und erkennende Wesen gilt; wiewohl der Mensch allein sie in das reflektierte abstrakte Bewußtsein bringen kann: und tut er dies wirklich, so ist die philosophische Besonnenheit bei ihm eingetreten. Es wird ihm dann deutlich und gewiß, daß er keine Sonne kennt und keine Erde; sondern immer nur ein Auge, das eine Sonne sieht, eine Hand, die eine Erde fühlt; daß die Welt, welche ihn umgibt, nur als Vorstellung da ist, das heißt durchweg nur in Beziehung auf ein Anderes, das Vorstellende, welches er selbst ist. – Wenn irgend eine Wahrheit a priori ausgesprochen werden kann, so ist es diese: denn sie ist die Aussage derjenigen Form aller möglichen und erdenklichen Erfahrung, welche allgemeiner als alle andern, als Zeit, Raum und Kausalität ist: denn alle diese setzen jene eben schon voraus...» Der ganze Satz scheitert an dem oben bereits von mir angeführten Umstande, daß das Auge und die Hand nicht weniger Wahrnehmungen sind als die Sonne und die Erde. Und man könnte im Sinne Schopenhauers und mit Anlehnung an seine Ausdrucksweise seinen Sätzen entgegenhalten: Mein Auge, das die Sonne sieht, und meine Hand, die die Erde fühlt, sind meine Vorstellungen gerade so wie die Sonne und die Erde selbst. Daß ich damit aber den Satz wieder aufhebe, ist ohne weiteres klar. Denn nur mein wirkliches Auge und meine wirkliche Hand könnten die Vorstellungen Sonne und Erde als ihre Modifikationen an sich haben, nicht aber meine Vorstellungen Auge und Hand. Nur von *diesen* aber darf der kritische Idealismus sprechen.

Der kritische Idealismus ist völlig ungeeignet, eine Ansicht über das Verhältnis von Wahrnehmung und Vorstellung zu gewinnen. Die auf Seite 54f. angedeutete Scheidung dessen, was an der Wahrnehmung während des Wahrnehmens geschieht und was an ihr schon sein muß, bevor sie wahrgenommen wird, kann er nicht vornehmen. Dazu muß also ein anderer Weg eingeschlagen werden.

V

DAS ERKENNEN DER WELT

Aus den vorhergehenden Betrachtungen folgt die Unmöglichkeit, durch Untersuchung unseres Beobachtungsinhalts den Beweis zu erbringen, daß unsere Wahrnehmungen Vorstellungen sind. Dieser Beweis soll nämlich dadurch erbracht werden, daß man zeigt: wenn der Wahrnehmungsprozeß in der Art erfolgt, wie man ihn gemäß den naiv-realistischen Annahmen über die psychologische und physiologische Konstitution unsereres Individuums sich vorstellt, dann haben wir es nicht mit Dingen an sich, sondern bloß mit unseren Vorstellungen von den Dingen zu tun. Wenn nun der naive Realismus, konsequent verfolgt, zu Resultaten führt, die das gerade Gegenteil seiner Voraussetzungen darstellen, so müssen diese Voraussetzungen als ungeeignet zur Begründung einer Weltanschauung bezeichnet und fallen gelassen werden. Jedenfalls ist es unstatthaft, die Voraussetzungen zu verwerfen und die Folgerungen gelten zu lassen, wie es der kritische Idealist tut, der seiner Behauptung: die Welt ist meine Vorstellung, den obigen Beweisgang zugrunde legt. (Eduard von Hartmann gibt in seiner Schrift «Das Grundproblem der Erkenntnistheorie» eine ausführliche Darstellung dieses Beweisganges.)

Ein anderes ist die Richtigkeit des kritischen Idealismus, ein anderes die Überzeugungskraft seiner Beweise. Wie es mit der ersteren steht, wird sich später im Zusammenhange unserer Ausführungen ergeben. Die Überzeugungskraft seines Beweises ist aber gleich Null. Wenn man ein Haus baut, und bei Herstellung des ersten Stockwerkes bricht das Erdgeschoß in sich zusammen, so stürzt das erste Stockwerk mit. Der naive Realismus und der kritische Idealismus verhalten sich wie dies Erdgeschoß zum ersten Stockwerk.

Wer der Ansicht ist, daß die ganze wahrgenommene Welt nur eine vorgestellte ist, und zwar die Wirkung der mir unbekannten Dinge auf meine Seele, für den geht die eigentliche Erkenntnisfrage natürlich nicht auf die nur in der Seele vorhandenen Vorstellungen, sondern auf die jenseits unseres Bewußtseins liegenden, von uns unabhängigen Dinge. Er fragt: Wieviel können wir von den letzteren *mittelbar* erkennen, da sie unserer Beobachtung *unmittelbar* nicht zugänglich sind? Der auf diesem Standpunkt Stehende kümmert sich nicht um den inneren Zusammenhang seiner bewußten Wahrnehmungen, sondern um deren nicht mehr bewußte Ursachen, die ein von ihm unabhängiges Dasein haben, während, nach seiner Ansicht, die Wahrnehmungen verschwinden, sobald er seine Sinne von den Dingen abwendet. Unser Bewußtsein wirkt, von diesem Gesichtspunkte aus, wie ein Spiegel, dessen Bilder von bestimmten Dingen auch in dem Augenblicke verschwinden, in dem seine spiegelnde Fläche ihnen nicht zugewandt ist. Wer aber die Dinge selbst nicht sieht, sondern nur ihre Spiegelbilder, der muß aus dem Verhalten der letzteren über die Beschaffenheit der ersteren durch Schlüsse indirekt sich unterrichten. Auf diesem Standpunkte steht die neuere Naturwissenschaft, welche die Wahrnehmungen nur als letztes Mittel benutzt, um Aufschluß über die hinter denselben stehenden und allein wahrhaft seienden Vorgänge des Stoffes zu gewinnen. Wenn der Philosoph als kritischer Idealist überhaupt ein Sein gelten läßt, dann geht sein Erkenntnisstreben mit mittelbarer Benutzung der Vorstellungen allein auf dieses Sein. Sein Interesse überspringt die subjektive Welt der Vorstellungen und geht auf das Erzeugende dieser Vorstellungen los.

Der kritische Idealist kann aber so weit gehen, daß er sagt: ich bin in meine Vorstellungswelt eingeschlossen und kann aus ihr nicht hinaus. Wenn ich ein Ding hinter meinen Vorstellungen denke, so ist dieser Gedanke doch auch weiter nichts als meine Vorstellung. Ein solcher Idealist wird dann das Ding an sich entweder ganz leugnen oder wenigstens davon erklären, daß es für uns Menschen gar keine Bedeutung habe, das ist, so gut wie nicht da sei, weil wir nichts von ihm wissen können.

Einem kritischen Idealisten dieser Art erscheint die ganze Welt als ein Traum, dem gegenüber jeder Erkenntnisdrang einfach sinnlos wäre. Für ihn kann es nur zwei Gattungen von Menschen geben: Befangene, die ihre eigenen Traumgespinste für wirkliche Dinge halten, und Weise, die die Nichtigkeit dieser Traumwelt durchschauen, und die nach und nach alle Lust verlieren müssen, sich weiter darum zu bekümmern. Für diesen Standpunkt kann auch die eigene Persönlichkeit zum bloßen Traumbild werden. Gerade so wie unter den Bildern des Schlaftraumes unser eigenes Traumbild erscheint, so tritt im wachen Bewußtsein die Vorstellung des eigenen Ich zu der Vorstellung der Außenwelt hinzu. Wir haben im Bewußtsein dann nicht unser wirkliches Ich, sondern nur unsere Ichvorstellung gegeben. Wer nun leugnet, daß es Dinge gibt, oder wenigstens, daß wir von ihnen etwas wissen können: der muß auch das Dasein beziehungsweise die Erkenntnis der eigenen Persönlichkeit leugnen. Der kritische Idealist kommt dann zu der Behauptung: «Alle Realität verwandelt sich in einen wunderbaren Traum, ohne ein Leben, von welchem geträumt wird, und ohne einen Geist, dem da träumt; in einen Traum, der in einem Traume von sich selbst zusammenhängt» (vergleiche *Fichte,* Die Bestimmung des Menschen).

Gleichgültig, ob derjenige, der das unmittelbare Leben als Traum zu erkennen glaubt, hinter diesem Traum nichts mehr vermutet, oder ob er seine Vorstellungen auf wirkliche Dinge bezieht: das Leben selbst muß für ihn alles wissenschaftliche Interesse verlieren. Während aber für denjenigen, der mit dem Traume das uns zugängliche All erschöpft glaubt, alle Wissenschaft ein Unding ist, wird für den andern, der sich befugt glaubt, von den Vorstellungen auf die Dinge zu schließen, die Wissenschaft in der Erforschung dieser «Dinge an sich» bestehen. Die erstere Weltansicht kann mit dem Namen absoluter *Illusionismus* bezeichnet werden, die zweite nennt ihr konsequentester Vertreter, Eduard von Hartmann, *transzendentalen Realismus**.

* *Transzendental* wird im Sinne dieser Weltanschauung eine Erkenntnis genannt, welche sich bewußt glaubt, daß über die Dinge an sich nicht direkt etwas ausgesagt werden könne, sondern welche indirekt Schlüsse von dem bekannten Subjektiven auf das Unbekannte, jenseits des Subjektiven Liegende (Transzendente) macht. Das Ding an sich ist nach dieser Ansicht jenseits des Gebietes der uns *unmittelbar* erkennbaren Welt, d. i. transzendent. Unsere Welt kann aber auf das Transzendente transzendental bezogen werden. Realismus heißt Hartmanns Anschauung, weil sie über das Subjektive, Ideale hinaus, auf das Transzendente, Reale geht.

Diese beiden Ansichten haben mit dem naiven Realismus das gemein, daß sie Fuß in der Welt zu fassen suchen durch eine Untersuchung der Wahrnehmungen. Sie können aber innerhalb dieses Gebietes nirgends einen festen Punkt finden.

Eine Hauptfrage für den Bekenner des transzendentalen Realismus müßte sein: wie bringt das Ich aus sich selbst die Vorstellungswelt zustande? Für eine uns gegebene Welt von Vorstellungen, die verschwindet, sobald wir unsere Sinne der Außenwelt verschließen, kann ein ernstes Erkenntnisstreben sich insofern erwärmen, als sie das Mittel ist, die Welt des an sich seienden Ich mittelbar zu erforschen. Wenn die Dinge unserer Erfahrung Vorstellungen wären, dann gliche unser alltägliches Leben einem Traume und die Erkenntnis des wahren Tatbestandes dem Erwachen. Auch unsere Traumbilder interessieren uns so lange, als wir träumen, folglich die Traumnatur nicht durchschauen. In dem Augenblicke des Erwachens fragen wir nicht mehr nach dem inneren Zusammenhange unserer Traumbilder, sondern nach den physikalischen, physiologischen und psychologischen Vorgängen, die ihnen zum Grunde liegen. Ebensowenig kann sich der Philosoph, der die Welt für seine Vorstellung hält, für den inneren Zusammenhang der Einzelheiten in derselben interessieren. Falls er überhaupt ein seiendes Ich gelten läßt, dann wird er nicht fragen, wie hängt eine seiner Vorstellungen mit einer anderen zusammen, sondern was geht in der von ihm unabhängigen Seele vor, während sein Bewußtsein einen bestimmten Vorstellungsablauf enthält. Wenn ich träume, daß ich Wein trinke, der mir ein Brennen im Kehlkopf verursache, und dann mit Hustenreiz aufwache (vergleiche *Weygandt,* Entstehung der Träume, 1893), so hört im Augenblicke des Erwachens die Traumhandlung auf, für mich ein Interesse zu haben. Mein Augenmerk ist nur noch auf die physiologischen und psychologischen Prozesse gerichtet, durch die der Hustenreiz sich symbolisch in dem Traumbilde zum Ausdruck bringt. In ähnlicher Weise muß der Philosoph, sobald er von dem Vorstellungscharakter der gegebenen Welt überzeugt ist, von dieser sofort auf die dahinter steckende wirkliche Seele überspringen. Schlimmer steht die Sache allerdings, wenn der Illusionismus das Ich an sich hinter den Vorstellungen ganz leugnet, oder es wenigstens für unerkennbar hält. Zu einer solchen Ansicht kann sehr leicht die Beobachtung führen, daß es dem Träumen gegenüber zwar den Zustand des Wachens gibt, in dem wir Gelegenheit haben, die Träume zu durchschauen und auf reale Verhältnisse zu beziehen, daß wir aber keinen zu dem wachen Bewußtseinsleben in einem ähnlichen Verhältnisse stehenden Zustand haben. Wer zu dieser Ansicht sich bekennt, dem geht die Einsicht ab, daß es etwas gibt, das sich in der Tat zum bloßen Wahrnehmen verhält wie das Erfahren im wachen Zustande zum Träumen. Dieses Etwas ist das *Denken.*

Dem naiven Menschen kann der Mangel an Einsicht, auf den hier gedeutet wird, nicht angerechnet werden. Er gibt sich dem Leben hin und hält die Dinge so für wirklich, wie sie sich ihm in der Erfahrung darbieten. Der erste Schritt aber, der über diesen Standpunkt hinaus unternommen wird, kann nur in der Frage bestehen: wie verhält sich das Denken zur Wahrnehmung? Ganz einerlei, ob die Wahrnehmung in der mir gegebenen Gestalt vor und nach meinem Vorstellen weiterbesteht oder nicht: wenn ich irgend etwas über sie aussagen will, so kann es nur mit Hilfe des Denkens geschehen. Wenn ich sage: die Welt ist meine Vorstellung, so habe ich das Ergebnis eines Denkprozesses ausgesprochen, und wenn mein Denken auf die Welt nicht anwendbar ist, so ist dieses Ergebnis ein Irrtum. Zwischen die Wahrnehmung und jede Art von Aussage über dieselbe schiebt sich das Denken ein.

Den Grund, warum das Denken bei der Betrachtung der Dinge zumeist übersehen wird, haben wir bereits angegeben (vergleiche Seite 34f.). Er liegt in dem Umstande, daß wir nur auf den Gegenstand, über den wir denken, nicht aber zugleich auf das Denken unsere Aufmerksamkeit richten. Das naive Bewußtsein behandelt daher das Denken wie etwas, das mit den Dingen nichts zu tun hat, sondern ganz abseits von denselben steht und seine Betrachtungen über die Welt anstellt. Das Bild, das der Denker von den Erscheinungen der Welt entwirft, gilt nicht als etwas, was zu den Dingen gehört, sondern als ein nur im Kopfe des Menschen existierendes; die Welt ist auch fertig ohne dieses Bild.

Die Welt ist fix und fertig in allen ihren Substanzen und Kräften; und von dieser fertigen Welt entwirft der Mensch ein Bild. Die so denken, muß man nur fragen: mit welchem Rechte erklärt ihr die Welt für fertig, ohne das Denken? Bringt nicht mit der gleichen Notwendigkeit die Welt das Denken im Kopfe des Menschen hervor, wie die Blüte an der Pflanze? Pflanzet ein Samenkorn in den Boden. Es treibt Wurzel und Stengel. Es entfaltet sich zu Blättern und Blüten. Stellet die Pflanze euch selbst gegenüber. Sie verbindet sich in eurer Seele mit einem bestimmten Begriffe. Warum gehört dieser Begriff weniger zur ganzen Pflanze als Blatt und Blüte? Ihr saget: die Blätter und Blüten sind ohne ein wahrnehmendes Subjekt da; der Begriff erscheint erst, wenn sich der Mensch der Pflanze gegenüberstellt. Ganz wohl. Aber auch Blüten und Blätter entstehen an der Pflanze nur, wenn Erde da ist, in die der Keim gelegt werden kann, wenn Licht und Luft da sind, in denen sich Blätter und Blüten entfalten können. Gerade so entsteht der Begriff der Pflanze, wenn ein denkendes Bewußtsein an die Pflanze herantritt.

Es ist ganz willkürlich, die Summe dessen, was wir von einem Dinge durch die bloße Wahrnehmung erfahren, für eine Totalität, für ein Ganzes zu halten, und dasjenige, was sich durch die *denkende* Betrachtung ergibt, als ein solches Hinzugekommenes, das mit der Sache selbst nichts zu tun habe. Wenn ich heute eine Rosenknospe erhalte, so ist das Bild, das sich meiner Wahrnehmung darbietet, nur zunächst ein abgeschlossenes. Wenn ich die Knospe in Wasser setze, so werde ich morgen ein ganz anderes Bild meines Objektes erhalten. Wenn ich mein Auge von der Rosenknospe nicht abwende, so sehe ich den heutigen Zustand in den morgigen durch unzählige Zwischenstufen kontinuierlich übergehen. Das Bild, das sich mir in einem bestimmten Augenblicke darbietet, ist nur ein zufälliger Ausschnitt aus dem in einem fortwährenden Werden begriffenen Gegenstande. Setze ich die Knospe nicht in Wasser, so bringt sie eine ganze Reihe von Zuständen nicht zur Entwickelung, die der Möglichkeit nach in ihr lagen. Ebenso kann ich morgen verhindert sein, die Blüte weiter zu beobachten und dadurch ein unvollständiges Bild haben.

Es ist eine ganz unsachliche, an Zufälligkeiten sich heftende Meinung, die von dem in einer gewissen Zeit sich darbietenden Bilde erklärte: *das* ist die Sache.

Ebensowenig ist es statthaft, die Summe der Wahrnehmungsmerkmale für die Sache zu erklären. Es wäre sehr wohl möglich, daß ein Geist zugleich und ungetrennt von der Wahrnehmung den Begriff mitempfangen könnte. Ein solcher Geist würde gar nicht auf den Einfall kommen, den Begriff als etwas nicht zur Sache Gehöriges zu betrachten. Er müßte ihm ein mit der Sache unzertrennlich verbundenes Dasein zuschreiben.

Ich will mich noch durch ein Beispiel deutlicher machen. Wenn ich einen Stein in horizontaler Richtung durch die Luft werfe, so sehe ich ihn nacheinander an verschiedenen Orten. Ich verbinde diese Orte zu einer Linie. In der Mathematik lerne ich verschiedene Linienformen kennen, darunter auch die Parabel. Ich kenne die Parabel als eine Linie, die entsteht, wenn sich ein Punkt in einer gewissen gesetzmäßigen Art bewegt. Wenn ich die Bedingungen untersuche, unter denen sich der geworfene Stein bewegt, so finde ich, daß die Linie seiner Bewegung mit der identisch ist, die ich als Parabel kenne. Daß sich der Stein gerade in einer Parabel bewegt, das ist eine Folge der gegebenen Bedingungen und folgt mit Notwendigkeit aus diesen. Die Form der Parabel gehört zur ganzen Erscheinung, wie alles andere, was an derselben in Betracht kommt. Dem oben beschriebenen Geist, der nicht den Umweg des Denkens nehmen müßte, wäre nicht nur eine Summe von Gesichtsempfindungen an verschiedenen Orten gegeben, sondern ungetrennt von der Erscheinung auch die parabolische Form der Wurflinie, die *wir* erst durch Denken zu der Erscheinung hinzufügen.

Nicht an den Gegenständen liegt es, daß sie uns zunächst ohne die entsprechenden Begriffe gegeben werden, sondern an unserer geistigen Organisation. Unsere totale Wesenheit funktioniert in der Weise, daß ihr bei jedem Dinge der Wirklichkeit von zwei Seiten her die Elemente zufließen, die für die Sache in Betracht kommen: von seiten des *Wahrnehmens* und des *Denkens*.

Es hat mit der Natur der Dinge nichts zu tun, wie ich organisiert bin, sie zu erfassen. Der Schnitt zwischen Wahrnehmen und

Denken ist erst in dem Augenblicke vorhanden, wo ich, der Betrachtende, den Dingen gegenübertrete. Welche Elemente dem Dinge angehören und welche nicht, kann aber durchaus nicht davon abhängen, auf welche Weise ich zur Kenntnis dieser Elemente gelange.

Der Mensch ist ein eingeschränktes Wesen. Zunächst ist er ein Wesen unter anderen Wesen. Sein Dasein gehört dem Raum und der Zeit an. Dadurch kann ihm auch immer nur ein beschränkter Teil des gesamten Universums gegeben sein. Dieser beschränkte Teil schließt sich aber ringsherum sowohl zeitlich wie räumlich an anderes an. Wäre unser Dasein so mit den Dingen verknüpft, daß jedes Weltgeschehen zugleich *unser* Geschehen wäre, dann gäbe es den Unterschied zwischen uns und den Dingen nicht. Dann aber gäbe es für uns auch keine Einzeldinge. Da ginge alles Geschehen kontinuierlich ineinander über. Der Kosmos wäre eine Einheit und eine in sich beschlossene Ganzheit. Der Strom des Geschehens hätte nirgends eine Unterbrechung. Wegen unserer Beschränkung erscheint uns als Einzelheit, was in Wahrheit nicht Einzelheit ist. Nirgends ist zum Beispiel die Einzelqualität des Rot abgesondert für sich vorhanden. Sie ist allseitig von anderen Qualitäten umgeben, zu denen sie gehört, und ohne die sie nicht bestehen könnte. Für uns aber ist es eine Notwendigkeit, gewisse Ausschnitte aus der Welt herauszuheben, und sie für sich zu betrachten. Unser Auge kann nur einzelne Farben nacheinander aus einem vielgliedrigen Farbenganzen, unser Verstand nur einzelne Begriffe aus einem zusammenhängenden Begriffssysteme erfassen. Diese Absonderung ist ein subjektiver Akt, bedingt durch den Umstand, daß wir nicht identisch sind mit dem Weltprozeß, sondern ein Wesen unter anderen Wesen.

Es kommt nun alles darauf an, die Stellung des Wesens, das wir selbst sind, zu den anderen Wesen zu bestimmen. Diese Bestimmung muß unterschieden werden von dem bloßen Bewußtwerden unseres Selbst. Das letztere beruht auf dem Wahrnehmen wie das Bewußtwerden jedes anderen Dinges. Die Selbstwahrnehmung zeigt mir eine Summe von Eigenschaften, die ich ebenso zu dem Ganzen meiner Persönlichkeit zusammenfasse, wie ich die Eigenschaften: gelb, metallglänzend, hart usw. zu der Einheit «Gold» zusammenfasse. Die Selbstwahrnehmung führt mich nicht aus dem Bereiche dessen hinaus, was zu mir gehört. Dieses Selbstwahrnehmen ist zu unterscheiden von dem *denkenden* Selbstbestimmen. Wie ich eine einzelne Wahrnehmung der Außenwelt durch das Denken eingliedere in den Zusammenhang der Welt, so gliedere ich die an mir selbst gemachten Wahrnehmungen in den Weltprozeß durch das Denken ein. Mein Selbstwahrnehmen schließt mich innerhalb bestimmter Grenzen ein; mein Denken hat nichts zu tun mit diesen Grenzen. In diesem Sinne bin ich ein Doppelwesen. Ich bin eingeschlossen in das Gebiet, das ich als das meiner Persönlichkeit wahrnehme, aber ich bin Träger einer Tätigkeit, die von einer höheren Sphäre aus mein begrenztes Dasein bestimmt. Unser Denken ist nicht individuell wie unser Empfinden und Fühlen. Es ist universell. Es erhält ein individuelles Gepräge in jedem einzelnen Menschen nur dadurch, daß es auf sein individuelles Fühlen und Empfinden bezogen ist. Durch diese besonderen Färbungen des universellen Denkens unterscheiden sich die einzelnen Menschen voneinander. Ein Dreieck hat nur einen einzigen Begriff. Für den Inhalt dieses Begriffes ist es gleichgültig, ob ihn der menschliche Bewußtseinsträger A oder B faßt. Er wird aber von jedem der zwei Bewußtseinsträger in individueller Weise erfaßt werden.

Diesem Gedanken steht ein schwer zu überwindendes Vorurteil der Menschen gegenüber. Die Befangenheit kommt nicht bis zu der Einsicht, daß der Begriff des Dreieckes, den mein Kopf erfaßt, derselbe ist, wie der durch den Kopf meines Nebenmenschen ergriffene. Der naive Mensch hält sich für den Bildner seiner Begriffe. Er glaubt deshalb, jede Person habe ihre eigenen Begriffe. Es ist eine Grundforderung des philosophischen Denkens, dieses Vorurteil zu überwinden. Der eine einheitliche Begriff des Dreiecks wird nicht dadurch zu einer Vielheit, daß er von vielen gedacht wird. Denn das Denken der Vielen selbst ist eine Einheit.

In dem Denken haben wir das Element gegeben, das unsere besondere Individualität mit dem Kosmos zu einem Ganzen zusammenschließt. Indem wir empfinden und fühlen (auch wahrnehmen), sind wir einzelne, indem wir denken, sind wir das all-eine Wesen, das alles durchdringt. Dies ist der tiefere Grund unserer Doppelnatur: Wir sehen in uns eine schlechthin absolute Kraft zum Dasein kommen, eine Kraft, die universell ist, aber wir lernen sie nicht bei ihrem Ausströmen aus dem Zentrum der Welt kennen, sondern in einem Punkte der Peripherie. Wäre das erstere der Fall, dann wüßten wir in dem Augenblicke, in dem wir zum Bewußtsein kommen, das ganze Welträtsel. Da wir aber in einem Punkte der Peripherie stehen und unser eigenes Dasein in bestimmte Grenzen eingeschlossen finden, müssen wir das außerhalb unseres eigenen Wesens gelegene Gebiet mit Hilfe des aus dem allgemeinen Weltensein in uns hereinragenden Denkens kennen lernen.

Dadurch, daß das Denken in uns übergreift über unser Sondersein und auf das allgemeine Weltensein sich bezieht, entsteht in uns der Trieb der Erkenntnis. Wesen ohne Denken haben diesen Trieb nicht. Wenn sich ihnen andere Dinge gegenüberstellen, so sind dadurch keine Fragen gegeben. Diese anderen Dinge bleiben solchen Wesen äußerlich. Bei denkenden Wesen stößt dem Außendinge gegenüber der Begriff auf. Er ist dasjenige, was wir von dem Dinge nicht von außen, sondern von innen empfangen. Den Ausgleich, die Vereinigung der beiden Elemente, des inneren und des äußeren, soll die *Erkenntnis* liefern.

Die Wahrnehmung ist also nichts Fertiges, Abgeschlossenes, sondern die eine Seite der totalen Wirklichkeit. Die andere Seite ist der Begriff. Der Erkenntnisakt ist die Synthese von Wahrnehmung und Begriff. Wahrnehmung und Begriff eines Dinges machen aber erst das ganze Ding aus.

Die vorangehenden Ausführungen liefern den Beweis, daß es ein Unding ist, etwas anderes Gemeinsames in den Einzelwesen der Welt zu suchen, als den ideellen Inhalt, den uns das Denken darbietet. Alle Versuche müssen scheitern, die nach einer anderen Welteinheit streben als nach diesem in sich zusammenhängenden ideellen Inhalt, welchen wir uns durch denkende Betrachtung unserer Wahrnehmungen erwerben. Nicht ein menschlich-persönlicher Gott, nicht Kraft oder Stoff, noch der ideenlose Wille (Schopenhauers) können uns als eine universelle Welteinheit gelten. Diese Wesenheiten gehören sämtlich nur einem beschränkten Gebiet unserer Beobachtung an. Menschlich begrenzte Persönlichkeit nehmen wir nur an uns, Kraft und Stoff an den Außendingen wahr. Was den Willen betrifft, so kann er nur als die Tätigkeitsäußerung unserer beschränkten Persönlichkeit gelten. *Schopenhauer* will es vermeiden, das «abstrakte» Denken zum Träger der Welteinheit zu machen, und sucht statt dessen etwas, das sich ihm unmittelbar als ein Reales darbietet. Dieser Philosoph glaubt, daß wir der Welt nimmermehr beikommen, wenn wir sie als Außenwelt ansehen. «In der Tat würde die nachgeforschte Bedeutung der mir lediglich als meine Vorstellung gegenüberstehenden Welt, oder der Übergang von ihr, als bloßer Vorstellung des erkennenden Subjekts, zu dem, was sie noch außerdem sein mag, nimmermehr zu finden sein, wenn der Forscher selbst nichts weiter als das rein erkennende Subjekt (geflügelter Engelskopf ohne Leib) wäre. Nun aber wurzelt er selbst in jener Welt, findet sich nämlich in ihr als *Individuum,* das heißt sein Erkennen, welches der bedingende Träger der ganzen Welt als Vorstellung ist, ist dennoch durchaus vermittelt durch einen Leib, dessen Affektionen, wie gezeigt, dem Verstande der Ausgangspunkt der Anschauung jener Welt sind. Dieser Leib ist dem rein erkennenden Subjekt als solchem eine Vorstellung wie jede andere, ein Objekt unter Objekten: die Bewegungen, die Aktionen desselben sind ihm insoweit nicht anders als wie die Veränderungen aller anderen anschaulichen Objekte bekannt, und wären ihm ebenso fremd und unverständlich, wenn die Bedeutung derselben ihm nicht etwa auf eine ganz andere Art enträtselt wäre. ... Dem Subjekt des Erkennens, welches durch seine Identität mit dem Leibe als Individuum auftritt, ist dieser Leib auf zwei ganz verschiedene Weisen gegeben: einmal als Vorstellung in verständiger Anschauung, als Objekt unter Objekten, und den Gesetzen dieser unterworfen; sodann aber auch zugleich auf eine ganz andere Weise, nämlich als jenes jedem unmittelbar Bekannte, welches das Wort *Wille* bezeichnet. Jeder wahre Akt seines Willens ist sofort und unausbleiblich auch eine Bewegung seines Leibes: er kann den Akt nicht wirklich wollen, ohne zugleich wahrzunehmen, daß er als Bewegung des Leibes erscheint. Der Willensakt und die Aktion des Leibes sind nicht zwei objektiv erkannte verschiedene Zustände, die das Band der Kausalität verknüpft, stehen nicht im Verhältnis der Ursache und Wirkung; sondern sie sind eines und dasselbe, nur auf zwei gänzlich verschiedene Weisen gegeben: einmal ganz unmittelbar und einmal in der Anschauung für den Verstand.» Durch diese Auseinandersetzungen glaubt sich *Schopenhauer* berechtigt, in dem Leibe des Menschen die «Objektität» des Willens zu finden. Er ist der Meinung, in den Aktionen des Leibes *unmittelbar* eine Realität, das Ding an sich in concreto zu fühlen. Gegen diese Ausführungen muß eingewendet werden, daß uns die Aktionen unseres Leibes nur durch Selbstwahrnehmungen zum Bewußtsein kommen und als solche nichts voraus haben vor anderen Wahrnehmungen. Wenn wir ihre Wesenheit *erkennen* wollen, so können wir dies nur durch *denkende* Betrachtung, das heißt durch Eingliederung derselben in das ideelle System unserer Begriffe und Ideen.

Am tiefsten eingewurzelt in das naive Menschheitsbewußtsein ist die Meinung: das Denken sei abstrakt, ohne allen konkreten Inhalt. Es könne höchstens ein «ideelles» Gegenbild der Welteinheit liefern, nicht etwa diese selbst. Wer so urteilt, hat sich niemals klar gemacht, was die Wahrnehmung ohne den Begriff ist. Sehen wir uns nur diese Welt der Wahrnehmung an: als ein bloßes Nebeneinander im Raum und Nacheinander in der Zeit, ein Aggregat zusammenhangloser Einzelheiten erscheint sie. Keines der Dinge, die da auftreten und abgehen auf der Wahrnehmungsbühne, hat mit dem andern unmittelbar etwas zu tun, was sich wahrnehmen läßt. Die Welt ist da eine Mannigfaltigkeit von gleichwertigen Gegenständen. Keiner spielt eine größere Rolle als der andere im Getriebe der Welt. Soll uns klar werden, daß diese oder jene Tatsache größere Bedeutung hat als die andere, so müssen wir unser Denken befragen. Ohne das funktionierende Denken erscheint uns das rudimentäre Organ des Tieres, das ohne Bedeutung für dessen Leben ist, gleichwertig mit dem wichtigsten Körpergliede. Die einzelnen Tatsachen treten in ihrer Bedeutung in sich und für die übrigen Teile der

Welt erst hervor, wenn das Denken seine Fäden zieht von Wesen zu Wesen. Diese Tätigkeit des Denkens ist eine *inhaltvolle.* Denn nur durch einen ganz bestimmten konkreten Inhalt kann ich wissen, warum die Schnecke auf einer niedrigeren Organisationsstufe steht als der Löwe. Der bloße Anblick, die Wahrnehmung gibt mir keinen Inhalt, der mich über die Vollkommenheit der Organisation belehren könnte.

Diesen Inhalt bringt das Denken der Wahrnehmung aus der Begriffs- und Ideenwelt des Menschen entgegen. Im Gegensatz zum Wahrnehmungsinhalte, der uns von außen gegeben ist, erscheint der Gedankeninhalt im Innern. Die Form, in der er zunächst auftritt, wollen wir als *Intuition* bezeichnen. Sie ist für das Denken, was die *Beobachtung* für die Wahrnehmung ist. Intuition und Beobachtung sind die Quellen unserer Erkenntnis. Wir stehen einem beobachteten Dinge der Welt so lange fremd gegenüber, so lange wir in unserem Innern nicht die entsprechende Intuition haben, die uns das in der Wahrnehmung fehlende Stück der Wirklichkeit ergänzt. Wer nicht die Fähigkeit hat, die den Dingen entsprechenden Intuitionen zu finden, dem bleibt die volle Wirklichkeit verschlossen. Wie der Farbenblinde nur Helligkeitsunterschiede ohne Farbenqualitäten sieht, so kann der Intuitionslose nur unzusammenhängende Wahrnehmungsfragmente beobachten.

Ein Ding *erklären, verständlich machen* heißt nichts anderes, als es in den Zusammenhang hinein versetzen, aus dem es durch die oben geschilderte Einrichtung unserer Organisation herausgerissen ist. Ein von dem Weltganzen abgetrenntes Ding gibt es nicht. Alle Sonderung hat bloß subjektive Geltung für unsere Organisation. Für uns legt sich das Weltganze auseinander in: oben und unten, vor und nach, Ursache und Wirkung, Gegenstand und Vorstellung, Stoff und Kraft, Objekt und Subjekt usw. Was uns in der Beobachtung an Einzelheiten gegenübertritt, das verbindet sich durch die zusammenhängende, einheitliche Welt unserer Intuitionen Glied für Glied; und wir fügen durch das Denken alles wieder in eins zusammen, was wir durch das Wahrnehmen getrennt haben.

Die Rätselhaftigkeit eines Gegenstandes liegt in seinem Sonderdasein. Diese ist aber von uns hervorgerufen und kann, innerhalb der Begriffswelt, auch wieder aufgehoben werden.

Außer durch Denken und Wahrnehmen ist uns direkt nichts gegeben. Es entsteht nun die Frage: wie steht es gemäß unseren Ausführungen mit der Bedeutung der Wahrnehmung? Wir haben zwar erkannt, daß der Beweis, den der kritische Idealismus für die subjektive Natur der Wahrnehmungen vorbringt, in sich zerfällt; aber mit der Einsicht in die Unrichtigkeit des Beweises ist noch nicht ausgemacht, daß die Sache selbst auf einem Irrtume beruht. Der kritische Idealismus geht in seiner Beweisführung nicht von der absoluten Natur des Denkens aus, sondern stützt sich darauf, daß der naive Realismus, konsequent verfolgt, sich selbst aufhebe. Wie stellt sich die Sache, wenn die Absolutheit des Denkens erkannt ist?

Nehmen wir an, es trete eine bestimmte Wahrnehmung, zum Beispiel Rot, in meinem Bewußtsein auf. Die Wahrnehmung erweist sich bei fortgehender Betrachtung in Zusammenhang stehend mit anderen Wahrnehmungen, zum Beispiel einer bestimmten Figur, mit gewissen Temperatur- und Tastwahrnehmungen. Diesen Zusammenhang bezeichne ich als einen Gegenstand der Sinnenwelt. Ich kann mich nun fragen: was findet sich außer dem angeführten noch in jenem Raumausschnitte, in dem mir obige Wahrnehmungen erscheinen? Ich werde mechanische, chemische und andere Vorgänge innerhalb des Raumteiles finden. Nun gehe ich weiter und untersuche die Vorgänge, die ich auf dem Wege von dem Gegenstande zu meinem Sinnesorgane finde. Ich kann Bewegungsvorgänge in einem elastischen Mittel finden, die ihrer Wesenheit nach nicht das geringste mit den ursprünglichen Wahrnehmungen gemein haben. Das gleiche Resultat erhalte ich, wenn ich die weitere Vermittelung vom Sinnesorgane zum Gehirn untersuche. Auf jeden dieser Gebiete mache ich neue Wahrnehmungen; aber was als bindendes Mittel sich durch alle diese räumlich und zeitlich auseinanderliegenden Wahrnehmungen hindurchwebt, das ist das Denken. Die den Schall vermittelnden Schwingungen der Luft sind mir gerade so als Wahrnehmungen gegeben wie der Schall selbst. Nur das Denken gliedert alle diese Wahrnehmungen aneinander und zeigt sie in ihren gegenseitigen Beziehungen. Wir können nicht davon sprechen, daß es außer dem unmittelbar Wahrgenommenen noch anderes gibt, als dasjenige, was durch die ideellen (durch das Denken aufzudeckenden) Zusammenhänge der Wahrnehmungen erkannt wird. Die über das bloß Wahrgenommene hinausgehende Beziehung der Wahrnehmungsobjekte zum Wahrnehmungssubjekte ist also eine bloß ideelle, das heißt nur durch Begriffe ausdrückbare. Nur in dem Falle, wenn ich wahrnehmen könnte, wie das Wahrnehmungsobjekt das Wahrnehmungssubjekt affiziert, oder umgekehrt, wenn ich den Aufbau des Wahrnehmungsgebildes durch das Subjekt beobachten könnte, wäre es möglich, so zu sprechen, wie es die moderne Physiologie und der auf sie gebaute kritische Idealismus tun. Diese Ansicht verwechselt einen ideellen Bezug (des Objekts auf das Subjekt) mit einem Prozeß, von dem nur gesprochen werden könnte, wenn er wahrzunehmen wäre. Der Satz «Keine Farbe ohne farbenempfindendes Auge» kann daher nicht die Bedeutung haben, daß das Auge die Farbe hervorbringt, sondern nur die, daß ein durch das Denken erkennbarer ideeller Zusammenhang besteht zwischen der Wahrnehmung Farbe und der Wahrnehmung Auge. Die empirische Wissenschaft wird festzustellen haben, wie sich die Eigenschaften des Auges und die der Farben zueinander verhalten; durch welche Einrichtungen das Sehorgan die Wahrnehmung der Farben vermittelt usw. Ich kann verfolgen, wie eine Wahrnehmung auf die andere folgt, wie sie räumlich mit andern in Beziehung steht; und dies dann in einen begrifflichen Ausdruck bringen; aber ich kann nicht wahrnehmen, wie eine Wahrnehmung aus dem Unwahrnehmbaren hervorgeht. Alle Bemühungen, zwischen den Wahrnehmungen andere als Gedankenbezüge zu suchen, müssen notwendig scheitern.

Was ist also die Wahrnehmung? Diese Frage ist, im allgemeinen gestellt, absurd. Die Wahrnehmung tritt immer als eine ganz bestimmte, als konkreter Inhalt auf. Dieser Inhalt ist unmittelbar gegeben, und erschöpft sich in dem Gegebenen. Man kann in bezug auf dieses Gegebene nur fragen, was es außerhalb der Wahrnehmung, das ist: für das Denken ist. Die Frage nach dem «Was» einer Wahrnehmung kann also nur auf die begriffliche

Intuition gehen, die ihr entspricht. Unter diesem Gesichtspunkte kann die Frage nach der Subjektivität der Wahrnehmung im Sinne des kritischen Idealismus gar nicht aufgeworfen werden. Als subjektiv darf nur bezeichnet werden, was als zum Subjekte gehörig wahrgenommen wird. Das Band zu bilden zwischen Subjektivem und Objektivem kommt keinem im naiven Sinn realen Prozeß, das heißt einem wahrnehmbaren Geschehen zu, sondern allein dem Denken. Es ist also für uns objektiv, was sich für die Wahrnehmung als außerhalb des Wahrnehmungssubjektes gelegen darstellt. Mein Wahrnehmungssubjekt bleibt für mich wahrnehmbar, wenn der Tisch, der soeben vor mir steht, aus dem Kreise meiner Beobachtung verschwunden sein wird. Die Beobachtung des Tisches hat eine, ebenfalls bleibende, Veränderung in mir hervorgerufen. Ich behalte die Fähigkeit zurück, ein Bild des Tisches später wieder zu erzeugen. Diese Fähigkeit der Hervorbringung eines Bildes bleibt mit mir verbunden. Die Psychologie bezeichnet dieses Bild als Erinnerungsvorstellung. Es ist aber dasjenige, was allein mit Recht *Vorstellung* des Tisches genannt werden kann. Es entspricht dies nämlich der wahrnehmbaren Veränderung meines eigenen Zustandes durch die Anwesenheit des Tisches in meinem Gesichtsfelde. Und zwar bedeutet sie nicht die Veränderung irgendeines hinter dem Wahrnehmungssubjekte stehenden «Ich an sich», sondern die Veränderung des wahrnehmbaren Subjektes selbst. Die Vorstellung ist also eine subjektive Wahrnehmung im Gegensatz zur objektiven Wahrnehmung bei Anwesenheit des Gegenstandes im Wahrnehmungshorizonte. Das Zusammenwerfen jener subjektiven mit dieser objektiven Wahrnehmung führt zu dem Mißverständnisse des Idealismus: die Welt ist meine Vorstellung.

Es wird sich nun zunächst darum handeln, den Begriff der Vorstellung näher zu bestimmen. Was wir bisher über sie vorgebracht haben, ist nicht der Begriff derselben, sondern weist nur den Weg, wo sie im Wahrnehmungsfelde zu finden ist. Der genaue Begriff der Vorstellung wird es uns dann auch möglich machen, einen befriedigenden Aufschluß über das Verhältnis von Vorstellung und Gegenstand zu gewinnen. Dies wird uns dann auch über die Grenze führen, wo das Verhältnis zwischen menschlichem Subjekt und der Welt angehörigem Objekt von dem rein begrifflichen Felde des Erkennens hinabgeführt wird in das konkrete individuelle *Leben.* Wissen wir erst, was wir von der Welt zu halten haben, dann wird es ein leichtes sein, auch uns danach einzurichten. Wir können erst mit voller Kraft tätig sein, wenn wir das der Welt angehörige Objekt kennen, dem wir unsere Tätigkeit widmen.

Zusatz zur Neuausgabe 1918. Die Anschauung, die hier gekennzeichnet ist, kann als eine solche angesehen werden, zu welcher der Mensch wie naturgemäß zunächst getrieben wird, wenn er beginnt, über sein Verhältnis zur Welt nachzudenken. Er sieht sich da in eine Gedankengestaltung verstrickt, die sich ihm auflöst, indem er sie bildet. Diese Gedankengestaltung ist eine solche, mit deren bloßer theoretischer Widerlegung nicht alles für sie Notwendige getan ist. Man muß sie *durchleben,* um aus der Einsicht in die Verirrung, in die sie führt, den Ausweg zu finden. Sie muß in einer Auseinandersetzung über das Verhältnis des Menschen zur Welt erscheinen nicht darum, weil man andere widerlegen will, von denen man glaubt, daß sie über dieses Verhältnis eine unrichtige Ansicht haben, sondern weil man kennen muß, in welche Verwirrung sich jedes erste Nachdenken über ein solches Verhältnis bringen kann. Man muß *die* Einsicht gewinnen, wie man *sich selbst* in bezug auf dieses erste Nachdenken widerlegt. Von einem solchen Gesichtspunkte aus sind die obigen Ausführungen gemeint.

Wer sich eine Anschauung über das Verhältnis des Menschen zur Welt erarbeiten will, wird sich bewußt, daß er mindestens einen Teil dieses Verhältnisses dadurch herstellt, daß er sich über die Weltdinge und Weltvorgänge Vorstellungen macht. Dadurch wird sein Blick von dem, was *draußen* in der Welt ist, abgezogen und auf seine Innenwelt, auf sein Vorstellungsleben gelenkt. Er beginnt sich zu sagen: ich kann zu keinem Ding und zu keinem Vorgang eine Beziehung haben, wenn nicht in mir eine Vorstellung auftritt. Von dem Bemerken dieses Tatbestandes ist dann nur ein Schritt zu der Meinung: ich erlebe aber doch nur meine Vorstellungen; von einer Welt draußen weiß ich nur, insofern sie Vorstellung *in mir* ist. Mit dieser Meinung ist der naive Wirklichkeitsstandpunkt verlassen, den der Mensch vor allem Nachsinnen über sein Verhältnis zur Welt einnimmt. Von diesem Standpunkt aus glaubt er, er habe es mit den wirklichen Dingen zu tun. Von diesem Standpunkt drängt die Selbstbesinnung ab. Sie läßt den Menschen gar nicht hinblicken auf eine Wirklichkeit, wie sie das naive Bewußtsein vor sich zu haben meint. Sie läßt ihn bloß auf seine Vorstellungen blicken; *diese* schieben sich ein zwischen die eigene Wesenheit und eine etwa wirkliche Welt, wie sie der naive Standpunkt glaubt behaupten zu dürfen. Der Mensch kann nicht mehr durch die eingeschobene Vorstellungswelt auf eine solche Wirklichkeit schauen. Er muß annehmen: er sei blind für diese Wirklichkeit. So entsteht der Gedanke von einem für die Erkenntnis unerreichbaren «Ding an sich». – Solange man bei der Betrachtung des Verhältnisses stehenbleibt, in das der Mensch durch sein Vorstellungsleben mit der Welt zu treten scheint, wird man dieser Gedankengestaltung nicht entgehen können. Auf dem naiven Wirklichkeitsstandpunkt kann man nicht bleiben, wenn man sich dem Drang nach Erkenntnis nicht künstlich verschließen will. Daß dieser Drang nach Erkenntnis des Verhältnisses von Mensch und Welt vorhanden ist, zeigt, daß dieser naive Standpunkt verlassen werden muß. Gäbe der naive Standpunkt etwas, was man als Wahrheit anerkennen kann, so könnte man diesen Drang nicht empfinden. – Aber man kommt nun nicht zu etwas anderem, das man als Wahrheit ansehen könnte, wenn man bloß den naiven Standpunkt verläßt, aber – ohne es zu bemerken – die Gedankenart beibehält, die er aufnötigt. Man verfällt in einen solchen Fehler, wenn man sich sagt: ich erlebe nur meine Vorstellungen, und während ich glaube, ich habe es mit Wirklichkeiten zu tun, sind mir nur meine Vorstellungen von Wirklichkeiten bewußt; ich muß deshalb annehmen, daß außerhalb des Umkreises meines Bewußtseins erst wahre Wirklichkeiten, «Dinge an sich» liegen, von denen ich unmittelbar gar nichts weiß, die irgendwie an mich herankommen und mich so beeinflussen, daß in mir meine Vorstellungswelt auflebt. Wer so denkt, der setzt in Gedanken zu der ihm vorliegenden Welt nur eine andere hinzu; aber er müßte bezüglich dieser Welt eigentlich mit seiner Gedankenarbeit wieder von vorne beginnen. Denn das unbekannte «Ding an sich» wird dabei gar nicht anders gedacht in seinem Verhältnisse zur Eigenwesenheit des Menschen als das bekannte des naiven Wirklichkeitsstandpunktes. – Man entgeht der Verwirrung, in die man durch die kritische Besonnenheit in bezug auf diesen Standpunkt gerät, nur, wenn man bemerkt, daß es *innerhalb* dessen, was man innen in sich und außen in der Welt wahrnehmend erleben kann, etwas gibt, das dem Verhängnis gar nicht verfallen kann, daß sich zwischen Vorgang und betrachtenden Menschen die Vorstellung einschiebt. Und *dieses* ist das *Denken.* Dem Denken gegenüber *kann* der Mensch auf dem naiven Wirklichkeitsstandpunkt verbleiben. Tut er es nicht, so geschieht das nur deshalb, weil er bemerkt hat, daß er für anderes diesen Standpunkt verlassen muß, aber nicht gewahr wird, daß die so gewonnene Einsicht nicht anwendbar auf das Denken ist. Wird er dies gewahr, dann eröffnet er sich den Zugang zu der anderen Einsicht, daß *im* Denken und *durch* das Denken dasjenige erkannt werden muß, wofür sich der Mensch blind zu machen scheint, indem er zwischen der Welt und sich das Vorstellungsleben einschieben muß. – Von durch den Verfasser dieses Buches sehr geschätzter Seite ist diesem der Vorwurf gemacht worden, daß er mit seiner Ausführung über das Denken bei einem naiven Realismus des Denkens stehenbleibe, wie ein solcher vorliege, wenn man die wirkliche Welt und die vorgestellte Welt für eines hält. Doch der Verfasser dieser Ausführungen glaubt eben in ihnen erwiesen zu haben, daß die Geltung dieses «naiven Realismus» *für das Denken* sich aus einer unbefangenen Beobachtung desselben notwendig ergibt; und daß der für anderes nicht geltende naive Realismus durch die Erkenntnis der wahren Wesenheit des Denkens überwunden wird.

VI

DIE MENSCHLICHE INDIVIDUALITÄT

Die Hauptschwierigkeit bei der Erklärung der Vorstellungen wird von den Philosophen in dem Umstande gefunden, daß wir die äußeren Dinge nicht selbst sind, und unsere Vorstellungen doch eine den Dingen entsprechende Gestalt haben sollen. Bei genauerem Zusehen stellt sich aber heraus, daß diese Schwierigkeit gar nicht besteht. Die äußeren Dinge sind wir allerdings nicht, aber wir gehören mit den äußeren Dingen zu ein und derselben Welt. Der Ausschnitt aus der Welt, den ich als mein Subjekt wahrnehme, wird von dem Strome des allgemeinen Weltgeschehens durchzogen. Für mein Wahrnehmen bin ich zunächst innerhalb der Grenzen meiner Leibeshaut eingeschlossen. Aber was da drinnen steckt in dieser Leibeshaut, gehört zu dem Kosmos als einem Ganzen. Damit also eine Beziehung bestehe zwischen meinem Organismus und dem Gegenstande außer mir, ist es gar nicht nötig, daß etwas von dem Gegenstande in mich hereinschlüpfe oder in meinen Geist einen Eindruck mache, wie ein Siegelring in Wachs. Die Frage: wie bekomme ich Kunde von dem Baume, der zehn Schritte von mir entfernt steht, ist völlig schief gestellt. Sie entspringt aus der Anschauung, daß meine Leibesgrenzen absolute Scheidewände seien, durch die die Nachrichten von den Dingen in mich hereinwandern. Die Kräfte, welche innerhalb meiner Leibeshaut wirken, sind die gleichen wie die außerhalb bestehenden. Ich bin also wirklich die Dinge; allerdings nicht Ich, insoferne ich Wahrnehmungssubjekt bin, aber ich, insofern ich ein Teil innerhalb des allgemeinen Weltgeschehens bin. Die Wahrnehmung des Baumes liegt mit meinem Ich in demselben Ganzen. Dieses allgemeine Weltgeschehen ruft in gleichem Maße dort die Wahrnehmung des Baumes hervor, wie hier die Wahrnehmung meines Ich. Wäre ich nicht Welterkenner, sondern Weltschöpfer, so entstünde Objekt und Subjekt (Wahrnehmung und Ich) in einem Akte. Denn sie bedingen einander gegenseitig. Als Welterkenner kann ich das Gemeinsame der beiden als zusammengehöriger Wesenseiten nur durch Denken finden, das durch Begriffe beide aufeinander bezieht.

Am schwierigsten aus dem Felde zu schlagen werden die sogenannten physiologischen Beweise für die Subjektivität unserer Wahrnehmungen sein. Wenn ich einen Druck auf die Haut meines Körpers ausführe, so nehme ich ihn als Druckempfindung wahr. Denselben Druck kann ich durch das Auge als Licht, durch das Ohr als Ton wahrnehmen. Einen elektrischen Schlag nehme ich durch das Auge als Licht, durch das Ohr als Schall, durch die Hautnerven als Stoß, durch das Geruchsorgan als Phosphorgeruch wahr. Was folgt aus dieser Tatsache? Nur dieses: Ich nehme einen elektrischen Schlag wahr (respektive einen Druck) und darauf eine Lichtqualität, oder einen Ton beziehungsweise einen gewissen Geruch und so weiter. Wenn kein Auge da wäre, so gesellte sich zu der Wahrnehmung der mechanischen Erschütterung in der Umgebung nicht die Wahrnehmung einer Lichtqualität, ohne die Anwesenheit eines Gehörorgans keine Tonwahrnehmung usw. Mit welchem Rechte kann man sagen, ohne Wahrnehmungsorgane wäre der ganze Vorgang nicht vorhanden? Wer von dem Umstande, daß ein elektrischer Vorgang im Auge Licht hervorruft, zurückschließt: also ist das, was wir als Licht empfinden, außer unserem Organismus nur ein mechanischer Bewegungsvorgang, – der vergißt, daß er nur von einer Wahrnehmung auf die andere übergeht und durchaus nicht auf etwas außerhalb der Wahrnehmung. Ebensogut wie man sagen kann: das Auge nimmt einen mechanischen Bewegungsvorgang seiner Umgebung als Licht wahr, ebenso gut kann man behaupten: eine gesetzmäßige Veränderung eines Gegenstandes wird von uns als Bewegungsvorgang wahrgenommen. Wenn ich auf den Umfang einer rotierenden Scheibe ein Pferd zwölfmal male, und zwar genau in den Gestalten, die sein Körper im fortgehenden Laufe annimmt, so kann ich durch Rotieren der Scheibe den Schein der Bewegung hervorrufen. Ich brauche nur durch eine Öffnung zu blicken, und zwar so, daß ich in den entsprechenden Zwischenzeiten die aufeinanderfolgenden Stellungen des Pferdes sehe. Ich sehe nicht zwölf Pferdebilder, sondern das Bild eines dahineilendes Pferdes.

Die erwähnte physiologische Tatsache kann also kein Licht auf das Verhältnis von Wahrnehmung und Vorstellung werfen. Wir müssen uns auf andere Weise zurechtfinden.

In dem Augenblicke, wo eine Wahrnehmung in meinem Beobachtungshorizonte auftaucht, betätigt sich durch mich auch das Denken. Ein Glied in meinem Gedankensysteme, eine bestimmte Intuition, ein Begriff verbindet sich mit der Wahrnehmung. Wenn dann die Wahrnehmung aus meinem Gesichtskreise verschwindet: was bleibt zurück? Meine Intuition mit der Beziehung auf die bestimmte Wahrnehmung, die sich im Momente des Wahrnehmens gebildet hat. Mit welcher Lebhaftigkeit ich dann später diese Beziehung mir wieder vergegenwärtigen kann, das hängt von der Art ab, in der mein geistiger und körperlicher Organismus funktioniert. Die *Vorstellung* ist nichts anderes als eine auf eine bestimmte Wahrnehmung bezogene Intuition, ein Begriff, der einmal mit einer Wahrnehmung verknüpft war, und dem der Bezug auf diese Wahrnehmung geblieben ist. Mein Begriff eines Löwen ist nicht *aus* meinen Wahrnehmungen von Löwen gebildet. Wohl aber ist meine Vorstellung vom Löwen *an* der Wahrnehmung gebildet. Ich kann jemandem den Begriff eines Löwen beibringen, der nie einen Löwen gesehen hat. Eine lebendige Vorstellung ihm beizubringen, wird mir ohne sein eigenes Wahrnehmen nicht gelingen.

Die *Vorstellung* ist also ein individualisierter Begriff. Und nun ist es uns erklärlich, daß für uns die Dinge der Wirklichkeit durch Vorstellungen repräsentiert werden können. Die volle Wirklichkeit eines Dinges ergibt sich uns im Augenblicke der Beobachtung aus dem Zusammengehen von Begriff und Wahrnehmung. Der Begriff erhält durch eine Wahrnehmung eine individuelle Gestalt, einen Bezug zu dieser bestimmten Wahrnehmung. In dieser individuellen Gestalt, die den Bezug auf die Wahrnehmung als eine Eigentümlichkeit in sich trägt, lebt er in uns fort und bildet die Vorstellung des betreffenden Dinges. Treffen wir auf ein zweites Ding, mit dem sich derselbe Begriff verbindet, so erkennen wir es mit dem ersten als zu derselben Art gehörig; treffen wir dasselbe Ding ein zweites Mal wieder, so finden wir in unserem Begriffssysteme nicht nur überhaupt einen entsprechenden Begriff, sondern den individualisierten Begriff mit dem ihm eigentümlichen Bezug auf denselben Gegenstand, und wir erkennen den Gegenstand wieder.

Die Vorstellung steht also zwischen Wahrnehmung und Begriff. Sie ist der bestimmte, auf die Wahrnehmung deutende Begriff.

Die Summe desjenigen, worüber ich Vorstellungen bilden kann, darf ich meine Erfahrung nennen. Derjenige Mensch wird die reichere Erfahrung haben, der eine größere Zahl individualisierter Begriffe hat. Ein Mensch, dem jedes Intuitionsvermögen fehlt, ist nicht geeignet, sich Erfahrung zu erwerben. Er verliert die Gegenstände wieder aus seinem Gesichtskreise, weil ihm die Begriffe fehlen, die er zu ihnen in Beziehung setzen soll. Ein Mensch mit gut entwickeltem Denkvermögen, aber mit einem infolge grober Sinneswerkzeuge schlecht funktionierenden Wahrnehmen, wird ebensowenig Erfahrung sammeln können. Er kann sich zwar auf irgendeine Weise Begriffe erwerben; aber seinen Intuitionen fehlt der lebendige Bezug auf bestimmte Dinge. Der gedankenlose Reisende und der in abstrakten Begriffssystemen lebende Gelehrte sind gleich unfähig, sich eine reiche Erfahrung zu erwerben.

Als Wahrnehmung und Begriff stellt sich uns die Wirklichkeit, als Vorstellung die subjektive Repräsentation dieser Wirklichkeit dar.

Wenn sich unsere Persönlichkeit bloß als erkennend äußerte, so wäre die Summe alles Objektiven in Wahrnehmung, Begriff und Vorstellung gegeben.

Wir begnügen uns aber nicht damit, die Wahrnehmung mit Hilfe des Denkens auf den Begriff zu beziehen, sondern wir beziehen sie auch auf unsere besondere Subjektivität, auf unser individuelles Ich. Der Ausdruck dieses individuellen Bezuges ist das Gefühl, das sich als Lust oder Unlust auslebt.

Denken und *Fühlen* entsprechen der Doppelnatur unseres Wesens, der wir schon gedacht haben. Das *Denken* ist das Element, durch das wir das allgemeine Geschehen des Kosmos mitmachen; das *Fühlen* das, wodurch wir uns in die Enge des eigenen Wesens zurückziehen können.

Unser Denken verbindet uns mit der Welt; unser Fühlen führt uns in uns selbst zurück, macht uns erst zum Individuum. Wären wir bloß denkende und wahrnehmende Wesen, so müßte unser ganzes Leben in unterschiedloser Gleichgültigkeit dahinfließen. Wenn wir uns bloß als Selbst *erkennen* könnten, so wären wir uns vollständig gleichgültig. Erst dadurch, daß wir mit der Selbsterkenntnis das Selbstgefühl, mit der Wahrnehmung der Dinge Lust und Schmerz empfinden, leben wir als individuelle Wesen, deren Dasein nicht mit dem Begriffsverhältnis erschöpft ist, in dem sie zu der übrigen Welt stehen, sondern die noch einen besonderen Wert für sich haben.

Man könnte versucht sein, in dem Gefühlsleben ein Element zu sehen, das reicher mit Wirklichkeit gesättigt ist als das denkende Betrachten der Welt. Darauf ist zu erwidern, daß das Gefühlsleben eben doch nur für mein Individuum diese reichere Bedeutung hat. Für das Weltganze kann mein Gefühlsleben nur einen Wert erhalten, wenn das Gefühl, als Wahrnehmung an meinem Selbst, mit einem Begriffe in Verbindung tritt und sich auf diesem Umwege dem Kosmos eingliedert.

Unser Leben ist ein fortwährendes Hin- und Herpendeln zwischen dem Mitleben des allgemeinen Weltgeschehens und unserem individuellen Sein. Je weiter wir hinaufsteigen in die allgemeine Natur des Denkens, wo uns das Individuelle zuletzt nur mehr als Beispiel, als Exemplar des Begriffes interessiert, desto mehr verliert sich in uns der Charakter des besonderen Wesens, der ganz bestimmten einzelnen Persönlichkeit. Je weiter wir herabsteigen in die Tiefen des Eigenlebens und unsere Gefühle mitklingen lassen mit den Erfahrungen der Außenwelt, desto mehr sondern wir uns ab von dem universellen Sein. Eine wahrhafte Individualität wird derjenige sein, der am weitesten hinaufreicht mit seinen Gefühlen in die Region des Ideellen. Es gibt Menschen, bei denen auch die allgemeinsten Ideen, die in ihrem Kopfe sich festsetzen, noch jene besondere Färbung tragen, die sie unverkennbar als mit ihrem Träger im Zusammenhange zeigt. Andere existieren, deren Begriffe so ohne jede Spur einer Eigentümlichkeit an uns herankommen, als wären sie gar nicht aus einem Menschen entsprungen, der Fleisch und Blut hat.

Das Vorstellen gibt unserem Begriffsleben bereits ein individuelles Gepräge. Jedermann hat ja einen eigenen Standort, von dem aus er die Welt betrachtet. An seine Wahrnehmungen schließen sich seine Begriffe an. Er wird auf seine besondere Art die allgemeinen Begriffe denken. Diese besondere Bestimmtheit ist ein Ergebnis unseres Standortes in der Welt, der an unseren Lebensplatz sich anschließenden Wahrnehmungssphäre.

Dieser Bestimmtheit steht entgegen eine andere, von unserer besonderen Organisation abhängige. Unsere Organisation ist ja eine spezielle, vollbestimmte Einzelheit. Wir verbinden jeder besondere Gefühle, und zwar in den verschiedensten Stärkegraden mit unseren Wahrnehmungen. Dies ist das Individuelle unserer Eigenpersönlichkeit. Es bleibt als Rest zurück, wenn wir die Bestimmtheiten des Lebensschauplatzes alle in Rechnung gebracht haben.

Ein völlig gedankenleeres Gefühlsleben müßte allmählich allen Zusammenhang mit der Welt verlieren. Die Erkenntnis der Dinge wird bei dem auf Totalität angelegten Menschen Hand in Hand gehen mit der Ausbildung und Entwickelung des Gefühlslebens.

Das Gefühl ist das Mittel, wodurch die Begriffe zunächst konkretes *Leben* gewinnen.

VII

GIBT ES GRENZEN DES ERKENNENS?

Wir haben festgestellt, daß die Elemente zur Erklärung der Wirklichkeit den beiden Sphären: dem Wahrnehmen und dem Denken zu entnehmen sind. Unsere Organisation bedingt es, wie wir gesehen haben, daß uns die volle, totale Wirklichkeit, einschließlich unseres eigenen Subjektes, zunächst als Zweiheit erscheint. Das Erkennen überwindet diese Zweiheit, indem es aus den beiden Elementen der Wirklichkeit: der Wahrnehmung und dem durch das Denken erarbeiteten Begriff das ganze Ding zusammenfügt. Nennen wir die Weise, in der uns die Welt entgegentritt, bevor sie durch das Erkennen ihre rechte Gestalt gewonnen hat, die Welt der Erscheinung im Gegensatz zu der aus Wahrnehmung und Begriff einheitlich zusammengesetzten Wesenheit. Dann können wir sagen: Die Welt ist uns als Zweiheit (dualistisch) gegeben, und das Erkennen verarbeitet sie zur Einheit (monistisch). Eine Philosophie, welche von diesem Grundprinzip ausgeht, kann als monistische Philosophie oder *Monismus* bezeichnet werden. Ihr steht gegenüber die Zweiweltentheorie oder der *Dualismus*. Der letztere nimmt nicht etwa zwei bloß durch unsere Organisation auseinandergehaltene Seiten der einheitlichen Wirklichkeit an, sondern zwei voneinander absolut verschiedene Welten. Er sucht dann Erklärungsprinzipien für die eine Welt in der andern.

Der Dualismus beruht auf einer falschen Auffassung dessen, was wir Erkenntnis nennen. Er trennt das gesamte Sein in zwei Gebiete, von denen jedes seine eigenen Gesetze hat, und läßt diese Gebiete einander äußerlich gegenüberstehen.

Einem solchen Dualismus entspringt die durch Kant in die Wissenschaft eingeführte und bis heute nicht wieder herausgebrachte Unterscheidung von Wahrnehmungsobjekt und «Ding an sich». Unseren Ausführungen gemäß liegt es in der Natur unserer geistigen Organisation, daß ein besonderes Ding nur als Wahrnehmung gegeben sein kann. Das Denken überwindet dann die Besonderung, indem es jeder Wahrnehmung ihre gesetzmäßige Stelle im Weltganzen anweist. Solange die gesonderten Teile des Weltganzen als Wahrnehmungen bestimmt werden, folgen wir einfach in der Aussonderung einem Gesetze unserer Subjektivität. Betrachten wir aber die Summe aller Wahrnehmungen als den einen Teil und stellen diesem dann einen zweiten in den «Dingen an sich» gegenüber, so philosophieren wir ins Blaue hinein. Wir haben es dann mit einem bloßen Begriffsspiel zu tun. Wir konstruieren einen künstlichen Gegensatz, können aber für das zweite Glied desselben keinen Inhalt gewinnen, denn ein solcher kann für ein besonderes Ding nur aus der Wahrnehmung geschöpft werden.

Jede Art des Seins, das außerhalb des Gebietes von Wahrnehmung und Begriff angenommen wird, ist in die Sphäre der unberechtigten Hypothesen zu verweisen. In diese Kategorie gehört das «Ding an sich». Es ist nur ganz natürlich, daß der dualistische Denker den Zusammenhang des hypothetisch angenommenen Weltprinzipes und des erfahrungsmäßig Gegebenen nicht finden kann. Für das hypothetische Weltprinzip läßt sich nur ein Inhalt gewinnen, wenn man ihn aus der Erfahrungswelt entlehnt und sich über diese Tatsache hinwegtäuscht. Sonst bleibt es ein inhaltsleerer Begriff, ein Unbegriff, der nur die Form des Begriffes hat. Der dualistische Denker behauptet dann gewöhnlich: der Inhalt dieses Begriffes sei unserer Erkenntnis unzugänglich; wir könnten nur wissen, *daß* ein solcher Inhalt vorhanden ist, nicht *was* vorhanden ist. In beiden Fällen ist die Überwindung des Dualismus unmöglich. Bringt man ein paar abstrakte Elemente der Erfahrungswelt in den Begriff des Dinges an sich hinein, dann bleibt es doch unmöglich, das reiche konkrete Leben der Erfahrung auf ein paar Eigenschaften zurückzuführen, die selbst nur aus dieser Wahrnehmung entnommen sind. *Du Bois-Reymond* denkt, daß die unwahrnehmbaren Atome der Materie durch ihre Lage und Bewegung Empfindung und Gefühl erzeugen, um dann zu dem Schlusse zu kommen: Wir können niemals zu einer befriedigenden Erklärung darüber kommen, wie Materie und Bewegung Empfindung und Gefühl erzeugen, denn «es ist eben durchaus und für immer unbegreiflich, daß es einer Anzahl von Kohlenstoff-, Wasserstoff-, Stickstoff-, Sauerstoff- usw. Atomen nicht sollte gleichgültig sein, wie sie liegen und sich bewegen, wie sie lagen und sich bewegten, wie sie liegen und sich bewegen werden. Es ist in keiner Weise einzusehen, wie aus ihrem Zusammenwirken Bewußtsein entstehen könne». Diese Schlußfolgerung ist charakteristisch für die ganze Denkrichtung. Aus der reichen Welt der Wahrnehmungen wird abgesondert: Lage und Bewegung. Diese werden auf die erdachte Welt der Atome übertragen. Dann tritt die Verwunderung darüber ein, daß man aus diesem selbstgemachten und aus der Wahrnehmungswelt entlehnten Prinzip das konkrete Leben nicht herauswickeln kann.

Daß der Dualist, der mit einem vollständig inhaltleeren Begriff vom An-sich arbeitet, zu keiner Welterklärung kommen kann, folgt schon aus der oben angegebenen Definition seines Prinzipes.

In jedem Falle sieht sich der Dualist gezwungen, unserem Erkenntnisvermögen unübersteigliche Schranken zu setzen. Der Anhänger einer monistischen Weltanschauung weiß, daß alles, was er zur Erklärung einer ihm gegebenen Erscheinung der Welt braucht, im Bereiche der letztern liegen müsse. Was ihn hindert, dazu zu gelangen, können nur zufällige zeitliche oder räumliche Schranken oder Mängel seiner Organisation sein. Und zwar nicht der menschlichen Organisation im allgemeinen, sondern nur seiner besonderen individuellen.

Es folgt aus dem Begriffe des Erkennens, wie wir ihn bestimmt haben, daß von Erkenntnisgrenzen nicht gesprochen werden kann. Das Erkennen ist keine allgemeine Weltangelegenheit, sondern ein Geschäft, das der Mensch mit sich selbst abzumachen hat. Die Dinge verlangen keine Erklärung. Sie existieren und wirken aufeinander nach den Gesetzen, die durch das Denken auffindbar sind. Sie existieren in unzertrennlicher Einheit mit diesen Gesetzen. Da tritt ihnen unsere Ichheit gegenüber und erfaßt von ihnen zunächst nur das, was wir als Wahrnehmung bezeichnet haben. Aber in dem Innern dieser Ichheit findet sich die Kraft, um auch den andern Teil der Wirklichkeit zu finden. Erst wenn die Ichheit die beiden Elemente der Wirklichkeit, die in der Welt unzertrennlich verbunden sind, auch für sich vereinigt hat, dann ist die Erkenntnisbefriedigung eingetreten: das Ich ist wieder bei der Wirklichkeit angelangt.

Die Vorbedingungen zum Entstehen des Erkennens sind also *durch* und *für* das Ich. Das letztere gibt sich selbst die Fragen des Erkennens auf. Und zwar entnimmt es sie aus dem in sich vollständig klaren und durchsichtigen Elemente des Denkens. Stellen wir uns Fragen, die wir nicht beantworten können, so kann der Inhalt der Frage nicht in allen seinen Teilen klar und deutlich sein. Nicht die Welt stellt an uns die Fragen, sondern wir selbst stellen sie.

Ich kann mir denken, daß mir jede Möglichkeit fehlt, eine Frage zu beantworten, die ich irgendwo aufgeschrieben finde, ohne daß ich die Sphäre kenne, aus der der Inhalt der Frage genommen ist.

Bei unserer Erkenntnis handelt es sich um Fragen, die uns dadurch aufgegeben werden, daß einer durch Ort, Zeit und subjektive Organisation bedingten Wahrnehmungssphäre eine auf die Allheit der Welt weisende Begriffssphäre gegenübersteht. Meine Aufgabe besteht in dem Ausgleich dieser beiden mir wohlbekannten Sphären. Von einer Grenze der Erkenntnis kann da nicht gesprochen werden. Es kann zu irgendeiner Zeit dieses oder jenes unaufgeklärt bleiben, weil wir durch den Lebensschauplatz verhindert sind, die Dinge wahrzunehmen, die dabei im Spiele sind. Was aber heute nicht gefunden ist, kann es morgen werden. Die hierdurch bedingten Schranken sind nur vergängliche, die mit dem Fortschreiten von Wahrnehmung und Denken überwunden werden können.

Der Dualismus begeht den Fehler, daß er den Gegensatz von Objekt und Subjekt, der nur innerhalb des Wahrnehmungsgebietes eine Bedeutung hat, auf rein erdachte Wesenheiten außerhalb desselben überträgt. Da aber die innerhalb des Wahrnehmungshorizontes gesonderten Dinge nur solange gesondert sind, als der Wahrnehmende sich des Denkens enthält, das alle Sonderung aufhebt und als eine bloß subjektiv bedingte erkennen läßt, so überträgt der Dualist Bestimmungen auf Wesenheiten hinter den Wahrnehmungen, die selbst für diese keine absolute, sondern nur eine relative Geltung haben. Er zerlegt dadurch die zwei für den Erkenntnisprozeß in Betracht kommenden Faktoren, Wahrnehmung und Begriff, in vier: 1. Das Objekt an sich; 2. die Wahrnehmung, die das Subjekt von dem Objekt hat; 3. das Subjekt; 4. den Begriff, der die Wahrnehmung auf das Objekt an sich bezieht. Die Beziehung zwischen dem Objekt und Subjekt ist eine *reale;* das Subjekt wird wirklich (dynamisch) durch das Objekt beeinflußt. Dieser reale Prozeß soll nicht in unser Bewußtsein fallen. Aber er soll im Subjekt eine Gegenwirkung auf die vom Objekt ausgehende Wirkung hervorrufen. Das Resultat dieser Gegenwirkung soll die Wahrnehmung sein. Diese falle erst ins Bewußtsein. Das Objekt habe eine objektive (vom Subjekt unabhängige), die Wahrnehmung eine subjektive Realität. Diese subjektive Realität beziehe das Subjekt auf das Objekt. Die letztere Beziehung sei eine ideelle. Der Dualismus spaltet somit den Erkenntnisprozeß in zwei Teile. Den einen, Erzeugung des Wahrnehmungsobjektes aus dem «Ding an sich», läßt er *außerhalb,* den andern, Verbindung der Wahrnehmung mit dem Begriff und Beziehung desselben auf das Objekt, *innerhalb des Bewußtseins* sich abspielen. Unter diesen Voraussetzungen ist es klar, daß der Dualist in seinen Begriffen nur subjektive Repräsentanten dessen zu gewinnen glaubt, was *vor* seinem Bewußtsein liegt. Der objektiv-reale Vorgang im Subjekte, durch den die Wahrnehmung zustande kommt, und um so mehr die objektiven Beziehungen der «Dinge an sich» bleiben für einen solchen Dualisten direkt unerkennbar; seiner Meinung nach kann sich der Mensch nur begriffliche Repräsentanten für das objektiv Reale verschaffen. Das Einheitsband der Dinge, das diese unter sich und objektiv mit unserem Individualgeist (als «Ding an sich») verbindet, liegt jenseits des Bewußtseins in einem Wesen an sich, von dem wir in unserem Bewußtsein ebenfalls nur einen begrifflichen Repräsentanten haben könnten.

Der Dualismus glaubt die ganze Welt zu einem abstrakten Begriffsschema zu verflüchtigen, wenn er nicht neben den begrifflichen Zusammenhängen der Gegenstände noch reale Zusammenhänge statuiert. Mit andern Worten: dem Dualisten erscheinen die durch das Denken auffindbaren Idealprinzipien zu luftig, und er sucht noch Realprinzipien, von denen sie gestützt werden können.

Wir wollen uns diese Realprinzipien einmal näher anschauen. Der naive Mensch (naive Realist) betrachtet die Gegenstände der äußeren Erfahrung als Realitäten. Der Umstand, daß er diese Dinge mit seinen Händen greifen, mit seinen Augen sehen kann, gilt ihm als Zeugnis der Realität. «Nichts existiert, was man nicht wahrnehmen kann», ist geradezu als das erste Axiom des naiven Menschen anzusehen, das ebensogut in seiner Umkehrung anerkannt wird: «Alles, was wahrgenommen werden kann, existiert.» Der beste Beweis für diese Behauptung ist der Unsterblichkeits- und Geisterglaube des naiven Menschen. Er stellt sich die Seele als feine sinnliche Materie vor, die unter besonderen Bedingungen sogar für den gewöhnlichen Menschen sichtbar werden kann (naiver Gespensterglaube).

Dieser seiner realen Welt gegenüber ist für den naiven Realisten alles andere, namentlich die Welt der Ideen, unreal, «bloß ideell». Was wir zu den Gegenständen hinzudenken, das ist bloßer Gedanke *über* die Dinge. Der Gedanke fügt nichts Reales zu der Wahrnehmung hinzu.

Aber nicht nur in bezug auf das Sein der Dinge hält der naive Mensch die Sinneswahrnehmung für das einzige Zeugnis der Realität, sondern auch in bezug auf das Geschehen. Ein Ding kann, nach seiner Ansicht, nur dann auf ein anderes wirken, wenn eine für die Sinneswahrnehmung vorhandene Kraft von dem einen ausgeht und das andere ergreift. Die ältere Physik glaubte, daß sehr feine Stoffe von den Körpern ausströmen und durch unsere Sinnesorgane in die Seele eindringen. Das wirkliche Sehen dieser Stoffe ist nur durch die Grobheit unserer Sinne im Verhältnis zu der Feinheit dieser Stoffe unmöglich. Prinzipiell gestand man diesen Stoffen aus demselben Grunde Realität zu, warum man es den Gegenständen der Sinnenwelt zugesteht, nämlich wegen ihrer Seinsform, die derjenigen der sinnenfälligen Realität analog gedacht wurde.

Die in sich beruhende Wesenheit des ideell Erlebbaren gilt dem naiven Bewußtsein nicht in gleichem Sinne als real wie das sinnlich Erlebbare. Ein in der «bloßen Idee» gefaßter Gegenstand gilt so lange als bloße Schimäre, bis durch die Sinneswahrnehmung die Überzeugung von der Realität geliefert werden kann. Der naive Mensch verlangt, um es kurz zu sagen, zum ideellen Zeugnis seines Denkens noch das reale der Sinne. In diesem Bedürfnisse des naiven Menschen liegt der Grund zur Entstehung der primitiven Formen des Offenbarungsglaubens. Der Gott, der durch das Denken gegeben ist, bleibt dem naiven Bewußtsein immer nur ein «*gedachter*» Gott. Das naive Bewußtsein verlangt die Kundgebung durch Mittel, die der sinnlichen Wahrnehmung zugänglich sind. Der Gott muß leibhaftig erscheinen, und man will auf das Zeugnis des Denkens wenig geben, nur etwa darauf, daß die Göttlichkeit durch sinnenfällig konstatierbares Verwandeln von Wasser in Wein erwiesen wird.

Auch das Erkennen selbst stellt sich der naive Mensch als einen den Sinnesprozessen analogen Vorgang vor. Die Dinge machen einen *Eindruck* in der Seele, oder sie senden Bilder aus, die durch die Sinne eindringen und so weiter.

Dasjenige, was der naive Mensch mit den Sinnen wahrnehmen kann, das hält er für wirklich, und dasjenige, wovon er keine solche Wahrnehmung hat (Gott, Seele, das Erkennen usw.), das stellt er sich analog dem Wahrgenommenen vor.

Will der naive Realismus eine Wissenschaft begründen, so kann er eine solche nur in einer genauen *Beschreibung* des Wahrnehmungsinhaltes sehen. Die Begriffe sind ihm nur Mittel zum Zweck. Sie sind da, um ideelle Gegenbilder für die Wahrnehmungen zu schaffen. Für die Dinge selbst bedeuten sie nichts. Als real gelten dem naiven Realisten nur die Tulpenindividuen, die gesehen werden, oder gesehen werden können; die eine Idee der Tulpe gilt ihm als Abstraktum, als das unreale Gedankenbild, das sich die Seele aus den allen Tulpen gemeinsamen Merkmalen zusammengefügt hat.

Den naiven Realismus mit seinem Grundsatz von der Wirklichkeit alles Wahrgenommenen widerlegt die Erfahrung, welche lehrt, daß der Inhalt der Wahrnehmungen vergänglicher Natur ist. Die Tulpe, die ich sehe, ist heute wirklich; nach einem Jahr wird sie in Nichts verschwunden sein. Was sich behauptet hat, ist die *Gattung* Tulpe. Diese Gattung ist aber für den naiven

Realismus «*nur*» eine *Idee,* keine Wirklichkeit. So sieht sich denn diese Weltanschauung in der Lage, ihre Wirklichkeiten kommen und verschwinden zu sehen, während sich das nach ihrer Meinung Unwirkliche dem Wirklichen gegenüber behauptet. Der naive Realismus muß also neben den Wahrnehmungen auch noch etwas Ideelles gelten lassen. Er muß Wesenheiten in sich aufnehmen, die er nicht mit den Sinnen wahrnehmen kann. Er findet sich dadurch mit sich selbst ab, daß er deren Daseinsform analog mit derjenigen der Sinnesobjekte denkt. Solche hypothetisch angenommenen Realitäten sind die unsichtbaren Kräfte, durch die die sinnlich wahrzunehmenden Dinge aufeinander wirken. Ein solches Ding ist die Vererbung, die über das Individuum hinaus fortwirkt, und die der Grund ist, daß sich aus dem Individuum ein neues entwickelt, das ihm ähnlich ist, wodurch sich die Gattung erhält. Ein solches Ding ist das den organischen Leib durchdringende Lebensprinzip, die Seele, für die man im naiven Bewußtsein stets einen nach Analogie mit Sinnesrealitäten gebildeten Begriff findet, und ist endlich das göttliche Wesen des naiven Menschen. Dieses göttliche Wesen wird in einer Weise wirksam gedacht, die ganz dem entspricht, was als Wirkungsart des Menschen selbst *wahrgenommen* werden kann: anthropomorphisch.

Die moderne Physik führt die Sinnesempfindungen auf Vorgänge der kleinsten Teile der Körper und eines unendlich feinen Stoffes, des Äthers, oder auf Ähnliches zurück. Was wir zum Beispiel als Wärme empfinden, ist innerhalb des Raumes, den der wärmeverursachende Körper einnimmt, Bewegung seiner Teile. Auch hier wird wieder ein Unwahrnehmbares in Analogie mit dem Wahrnehmbaren gedacht. Das sinnliche Analogon des Begriffs «Körper» ist in diesem Sinne etwa das Innere eines allseitig geschlossenen Raumes, in dem sich nach allen Richtungen elastische Kugeln bewegen, die einander stoßen, an die Wände an- und von ihnen abprallen und so weiter.

Ohne solche Annahmen zerfiele dem naiven Realismus die Welt in ein unzusammenhängendes Aggregat von Wahrnehmungen ohne gegenseitige Beziehungen, das sich zu keiner Einheit zusammenschließt. Es ist aber klar, daß der naive Realismus nur durch eine Inkonsequenz zu dieser Annahme kommen kann. Wenn er seinem Grundsatz: nur das Wahrgenommene ist wirklich, treu bleiben will, dann darf er doch, wo er nichts wahrnimmt, kein Wirkliches annehmen. Die unwahrnehmbaren Kräfte, die von den wahrnehmbaren Dingen aus wirken, sind eigentlich unberechtigte Hypothesen vom Standpunkte des naiven Realismus. Und weil er keine anderen Realitäten kennt, so stattet er seine hypothetischen Kräfte mit Wahrnehmungsinhalt aus. Er wendet also eine Seinsform (das Wahrnehmungsdasein) auf ein Gebiet an, wo ihm das Mittel fehlt, das allein über diese Seinsform eine Aussage zu machen hat: das sinnliche Wahrnehmen.

Diese in sich widerspruchsvolle Weltanschauung führt zum metaphysischen Realismus. Der konstruiert neben der wahrnehmbaren Realität noch eine unwahrnehmbare, die er der erstern analog denkt. Der metaphysische Realismus ist deshalb notwendig Dualismus.

Wo der metaphysische Realismus eine Beziehung zwischen wahrnehmbaren Dingen bemerkt (Annäherung durch Bewegung, Bewußtwerden eines Objektiven usw.), da setzt er eine Realität hin. Die Beziehung, die er bemerkt, kann er jedoch nur durch das Denken ausdrücken, nicht aber wahrnehmen. Die ideelle Beziehung wird willkürlich zu einem dem Wahrnehmbaren Ähnlichen gemacht. So ist für diese Denkrichtung die wirkliche Welt zusammengesetzt aus den Wahrnehmungsobjekten, die im ewigen Werden sind, kommen und verschwinden, und aus den unwahrnehmbaren Kräften, von denen die Wahrnehmungsobjekte hervorgebracht werden, und die das Bleibende sind.

Der metaphysische Realismus ist eine widerspruchsvolle Mischung des naiven Realismus mit dem Idealismus. Seine hypothetischen Kräfte sind unwahrnehmbare Wesenheiten mit Wahrnehmungsqualitäten. Er hat sich entschlossen, außer dem Weltgebiete, für dessen Daseinsform er in dem Wahrnehmen ein Erkenntnismittel hat, noch ein Gebiet gelten zu lassen, bei dem dieses Mittel versagt, und das nur durch das Denken zu ermitteln ist. Er kann sich aber nicht zu gleicher Zeit auch entschließen, die Form des Seins, die ihm das Denken vermittelt, den Begriff (die Idee), auch als gleichberechtigten Faktor neben der Wahrnehmung anzuerkennen. Will man den Widerspruch der unwahrnehmbaren Wahrnehmung vermeiden, so muß man zugestehen, daß es für die durch das Denken vermittelten Beziehungen zwischen den Wahrnehmungen für uns keine andere Existenzform als die des Begriffes gibt. Als die Summe von Wahrnehmungen und ihrer begrifflichen (ideellen) Bezüge stellt sich die Welt dar, wenn man aus dem metaphysischen Realismus den unberechtigten Bestandteil hinauswirft. So läuft der metaphysische Realismus in eine Weltanschauung ein, welche für die Wahrnehmung das Prinzip der Wahrnehmbarkeit, für die Beziehungen unter den Wahrnehmungen die Denkbarkeit fordert. Diese Weltanschauung kann kein drittes Weltgebiet neben der Wahrnehmungs- und Begriffswelt gelten lassen, für das beide Prinzipien, das sogenannte Realprinzip und das Idealprinzip, zugleich Geltung haben.

Wenn der metaphysische Realismus behauptet, daß neben der ideellen Beziehung zwischen dem Wahrnehmungsobjekt und seinem Wahrnehmungssubjekt noch eine reale Beziehung zwischen dem «Ding an sich» der Wahrnehmung und dem «Ding an sich» des wahrnehmbaren Subjektes (des sogenannten Individualgeistes) bestehen muß, so beruht diese Behauptung auf der falschen Annahme eines den Prozessen der Sinnenwelt analogen, nicht wahrnehmbaren Seinsprozesses. Wenn ferner der metaphysische Realismus sagt: Mit meiner Wahrnehmungswelt komme ich in ein bewußt-ideelles Verhältnis; mit der wirklichen Welt kann ich aber nur in ein dynamisches (Kräfte-)Verhältnis kommen, – so begeht er nicht weniger den schon gerügten Fehler. Von einem Kräfteverhältnis kann nur innerhalb der Wahrnehmungswelt (dem Gebiete des Tastsinnes), nicht aber außerhalb desselben die Rede sein.

Wir wollen die oben charakterisierte Weltanschauung, in die der metaphysische Realismus zuletzt einmündet, wenn er seine widerspruchsvollen Elemente abstreift, *Monismus* nennen, weil sie den einseitigen Realismus mit dem Idealismus zu einer höheren Einheit vereinigt.

Für den naiven Realismus ist die wirkliche Welt eine Summe von Wahrnehmungsobjekten; für den metaphysischen Realismus kommt außer den Wahrnehmungen auch noch den unwahrnehmbaren Kräften Realität zu; der Monismus setzt an die Stelle von Kräften die ideellen Zusammenhänge, die er durch sein Denken gewinnt. Solche Zusammenhänge aber sind die *Naturgesetze.* Ein Naturgesetz ist ja nichts anderes als der begriffliche Ausdruck für den Zusammenhang gewisser Wahrnehmungen.

Der Monismus kommt gar nicht in die Lage, außer Wahrnehmung und Begriff nach anderen Erklärungsprinzipien der Wirklichkeit zu fragen. Er weiß, daß sich im ganzen Bereiche der Wirklichkeit *kein Anlaß* dazu findet. Er sieht in der Wahrnehmungswelt, wie sie unmittelbar dem Wahrnehmen vorliegt, ein halbes Wirkliches; in der Vereinigung derselben mit der Begriffswelt findet er die volle Wirklichkeit. Der metaphysische Realist kann dem Anhänger des Monismus einwenden: Es mag sein, daß für deine Organisation deine Erkenntnis in sich vollkommen ist, daß kein Glied fehlt; du weißt aber nicht, wie sich die Welt in einer Intelligenz abspiegelt, die anders organisiert ist als die deinige. Die Antwort des Monismus wird sein: Wenn es andere Intelligenzen gibt als die menschlichen, wenn ihre Wahrnehmungen eine andere Gestalt haben als die unsrigen, so hat für mich Bedeutung nur dasjenige, was von ihnen zu mir durch Wahrnehmen und Begriff gelangt. Ich bin durch mein Wahrnehmen, und zwar durch dieses spezifische menschliche Wahrnehmen, als Subjekt dem Objekt gegenübergestellt. Der Zusammenhang der Dinge ist damit unterbrochen. Das Subjekt stellt durch das Denken diesen Zusammenhang wieder her. Damit hat es sich dem Weltganzen wieder eingefügt. Da nur durch unser Subjekt dieses Ganze an der Stelle zwischen unserer Wahrnehmung und unserem Begriff zerschnitten erscheint, so ist in der Vereinigung dieser beiden auch eine wahre Erkenntnis gegeben. Für Wesen mit einer andern Wahrnehmungswelt (zum Beispiel mit der doppelten Anzahl von Sinnesorganen) erschiene der Zusammenhang an einer andern Stelle unterbrochen, und die Wiederherstellung müßte demnach auch eine diesen Wesen spezifische Gestalt haben. Nur für den naiven und den metaphysischen Realismus, die beide in dem Inhalte der Seele nur eine ideelle Repräsentation der Welt sehen, besteht die Frage nach der Grenze des Erkennens. Für sie ist nämlich das außerhalb des Subjektes Befindliche ein Absolutes, ein in sich Beruhendes, und der Inhalt des Subjektes ein Bild desselben, das schlechthin außerhalb dieses Absoluten steht. Die Vollkommenheit der Erkenntnis beruht auf der größeren oder geringeren Ähnlichkeit des Bildes mit dem absoluten Objekte. Ein Wesen, bei dem die Zahl der Sinne kleiner ist als beim Menschen, wird weniger, eines, bei dem sie größer ist, mehr von der Welt wahrnehmen. Das erstere wird demnach eine unvollkommenere Erkenntnis haben als das letztere.

Für den Monismus liegt die Sache anders. Durch die Organisation des wahrnehmenden Wesens wird die Gestalt bestimmt, wo der Weltzusammenhang in Subjekt und Objekt auseinandergerissen erscheint. Das Objekt ist kein absolutes, sondern nur ein relatives, in bezug auf dieses bestimmte Subjekt. Die Überbrückung des Gegensatzes kann demnach auch nur wieder in der ganz spezifischen, gerade dem menschlichen Subjekt eigenen Weise geschehen. Sobald das Ich, das in dem Wahrnehmen von der Welt abgetrennt ist, in der denkenden Betrachtung wieder in den Weltzusammenhang sich einfügt, dann hört alles weitere Fragen, das nur eine Folge der Trennung war, auf.

Ein anders geartetes Wesen hätte eine anders geartete Erkenntnis. Die unsrige ist ausreichend, um die durch unser eigenes Wesen aufgestellten Fragen zu beantworten.

Der metaphysische Realismus muß fragen: Wodurch ist das als Wahrnehmung Gegebene gegeben; wodurch wird das Subjekt affiziert?

Für den Monismus ist die Wahrnehmung durch das Subjekt bestimmt. Dieses hat aber in dem Denken zugleich das Mittel, die durch es selbst hervorgerufene Bestimmtheit wieder aufzuheben.

Der metaphysische Realismus steht vor einer weiteren Schwierigkeit, wenn er die Ähnlichkeit der Weltbilder verschiedener menschlicher Individuen erklären will. Er muß sich fragen: Wie kommt es, daß das Weltbild, das ich aus meiner subjektiv bestimmten Wahrnehmung und meinen Begriffen aufbaue, gleichkommt dem, das ein anderes menschliches Individuum aus denselben beiden subjektiven Faktoren aufbaut? Wie kann ich überhaupt aus meinem subjektiven Weltbilde auf das eines andern Menschen schließen? Daraus, daß die Menschen sich miteinander praktisch abfinden, glaubt der metaphysische Realist die Ähnlichkeit ihrer subjektiven Weltbilder erschließen zu können. Aus der Ähnlichkeit dieser Weltbilder schließt er dann weiter auf die Gleichheit der den einzelnen menschlichen Wahrnehmungssubjekten zugrunde liegenden Individualgeister oder der den Subjekten zugrunde liegenden «Ich an sich».

Dieser Schluß ist also ein solcher aus einer Summe von Wirkungen auf den Charakter der ihnen zugrunde liegenden Ursachen. Wir glauben aus einer hinreichend großen Anzahl von Fällen den Sachverhalt so zu erkennen, daß wir wissen, wie sich die erschlossenen Ursachen in andern Fällen verhalten werden. Einen solchen Schluß nennen wir einen Induktionsschluß. Wir werden uns genötigt sehen, die Resultate desselben zu modifizieren, wenn in einer weitern Beobachtung etwas Unerwartetes sich ergibt, weil der Charakter des Resultates doch nur durch die individuelle Gestalt der geschehenen Beobachtungen bestimmt ist. Diese bedingte Erkenntnis der Ursachen reiche aber für das praktische Leben vollständig aus, behauptet der metaphysische Realist.

Der Induktionsschluß ist die methodische Grundlage des modernen metaphysischen Realismus. Es gab eine Zeit, in der man aus Begriffen glaubte etwas herauswickeln zu können, was nicht mehr Begriff ist. Man glaubte aus den Begriffen die metaphysischen Realwesen, deren der metaphysische Realismus einmal bedarf, erkennen zu können. Diese Art des Philosophierens gehört heute zu den überwundenen Dingen. Dafür aber glaubt man, aus einer genügend großen Anzahl von Wahrnehmungstatsachen auf den Charakter des Dinges an sich schließen zu können, das diesen Tatsachen zugrunde liegt. Wie früher aus dem Begriffe, so sucht man heute das Metaphysische aus den Wahrnehmungen herauswickeln zu können. Da man die Begriffe in durchsichtiger Klarheit vor sich hat, so glaubte man aus ihnen auch das Metaphysische mit absoluter Sicherheit ableiten zu können. Die Wahrnehmungen liegen nicht mit gleich durchsichtiger Klarheit vor. Jede folgende stellt sich wieder etwas anders dar, als die gleichartigen vorhergehenden. Im Grunde wird daher das aus den vorhergehenden Erschlossene durch jede folgende etwas modifiziert. Die Gestalt, die man auf diese Weise für das Metaphysische gewinnt, ist also nur eine relativ richtige zu nennen; sie unterliegt der Korrektur durch künftige Fälle. Einen durch diesen methodischen Grundsatz bestimmten Charakter trägt die Metaphysik Eduard von Hartmanns, der als Motto auf das Titelblatt seines ersten Hauptwerkes gesetzt hat: «Spekulative Resultate nach induktiv naturwissenschaftlicher Methode.»

Die Gestalt, die der metaphysische Realist gegenwärtig seinen Dingen an sich gibt, ist eine durch Induktionsschlüsse gewonnene. Von dem Vorhandensein eines objektiv-realen Zusammenhanges der Welt neben dem «subjektiven» durch Wahrnehmung und Begriff erkennbaren, ist er durch Erwägungen über den Erkenntnisprozeß überzeugt. Wie diese objektive Realität beschaffen ist, das glaubt er durch Induktionsschlüsse aus seinen Wahrnehmungen heraus bestimmen zu können.

Zusatz zur Neuausgabe 1918. Für die unbefangene Beobachtung des Erlebens in Wahrnehmung und Begriff, wie sie in den vorangehenden Ausführungen zu schildern versucht worden ist, werden gewisse Vorstellungen immer wieder störend sein, die auf dem Boden der Naturbetrachtung entstehen. Man sagt sich, auf diesem Boden stehend, durch das Auge werden im Lichtspektrum Farben wahrgenommen vom Rot bis zum Violett. Aber über das Violett hinaus liegen im Strahlungsraum des Spektrums Kräfte, welchen keine Farbwahrnehmung des Auges, wohl aber eine chemische Wirkung entspricht; ebenso liegen über die Grenze der Rotwirksamkeit hinaus Strahlungen, die nur Wärmewirkungen haben. Man kommt durch Überlegungen, die auf solche und ähnliche Erscheinungen gerichtet sind, zu der Ansicht: der Umfang der menschlichen Wahrnehmungswelt ist durch den Umfang der Sinne des Menschen bestimmt, und dieser würde eine ganz andere Welt vor sich haben, wenn er zu den seinigen noch andere, oder wenn er überhaupt andere Sinne hätte. Wer sich ergehen mag in den ausschweifenden Phantasien, zu denen, nach dieser Richtung hin, namentlich die glänzenden Entdeckungen der neueren Naturforschung eine recht verführerische Veranlassung bieten, der kann wohl zu dem Bekenntnisse kommen: In des Menschen Beobachtungsfeld fällt doch nur dasjenige herein, was auf die aus seiner Organisation heraus gestalteten Sinne zu wirken vermag. Er hat kein Recht, dieses von ihm durch seine Organisation begrenzte Wahrgenommene als irgendwie maßgeblich für die Wirklichkeit anzusehen. Jeder neue Sinn müßte ihn vor ein anderes Bild der Wirklichkeit stellen. – Dies alles ist, in den entsprechenden Grenzen gedacht, eine durchaus berechtigte Meinung. Wenn aber jemand sich durch diese Meinung in der unbefangenen Beobachtung des in diesen Ausführungen geltend gemachten Verhältnisses von Wahrnehmung und Begriff beirren läßt, so verbaut er sich den Weg zu einer in der Wirklichkeit wurzelnden Welt- und Menschenerkenntnis. Das Erleben der Wesenheit des Denkens, also die tätige Erarbeitung der Begriffswelt ist etwas durchaus anderes als das Erleben eines Wahrnehmbaren durch die Sinne. Welche Sinne immer der Mensch noch haben könnte: keiner gäbe ihm eine Wirklichkeit, wenn er nicht das durch ihn vermittelte Wahrgenommene denkend mit Begriffen durchsetzte; und jeder wie immer geartete Sinn gibt, so durchsetzt, dem Menschen die Möglichkeit, in der Wirklichkeit drinnen zu leben. Mit der Frage: wie der Mensch in der wirklichen Welt steht, hat die Phantasie von dem möglichen ganz anderen Wahrnehmungsbild bei anderen Sinnen nichts zu tun. Man muß eben einsehen, daß *jedes* Wahrnehmungsbild seine Gestalt erhält von der Organisation des wahrnehmenden Wesens, daß aber das von der erlebten denkenden Betrachtung durchsetzte Wahrnehmungsbild den Menschen in die Wirklichkeit führt. Nicht die phantastische Ausmalung, wie anders eine Welt für andere als die menschlichen Sinne aussehen müßte, kann den Menschen veranlassen, Erkenntnis zu suchen über sein Verhältnis zur Welt, sondern die Einsicht, daß *jede* Wahrnehmung nur einen Teil der in ihr steckenden Wirklichkeit gibt, daß sie also von ihrer *eigenen Wirklichkeit* hinwegführt. Dieser Einsicht tritt dann die andere zur Seite, daß das Denken in den durch die Wahrnehmung an ihr selbst verborgenen Teil der Wirklichkeit hineinführt. Störend für die unbefangene Beobachtung des hier dargestellten Verhältnisses zwischen Wahrnehmung und denkend erarbeitetem Begriff kann auch werden, wenn im Gebiete der physikalischen Erfahrung sich die Nötigung ergibt, gar nicht von unmittelbar anschaulich-wahrnehmbaren Elementen, sondern von unanschaulichen Größen wie elektrischen oder magnetischen Kraftlinien und so weiter zu sprechen. Es kann *scheinen,* als ob die Wirklichkeitselemente, von denen die Physik spricht, weder mit dem Wahrnehmbaren, noch mit dem im tätigen Denken erarbeiteten Begriff etwas zu tun hätten. Doch beruhte eine solche Meinung auf einer Selbsttäuschung. Zunächst kommt es darauf an, daß *alles* in der Physik Erarbeitete, insofern es nicht unberechtigte Hypothesen darstellt, die ausgeschlossen bleiben sollten, durch Wahrnehmung und Begriff gewonnen ist. Was scheinbar unanschaulicher Inhalt ist, das wird aus einem richtigen Erkenntnisinstinkt des Physikers heraus durchaus in das Feld versetzt, auf dem die Wahrnehmungen liegen, und es wird in Begriffen gedacht, mit denen man sich auf diesem Felde betätigt. Die Kraftstärken im elektrischen und magnetischen Felde und so weiter werden, *dem Wesen nach,* nicht durch einen andern Erkenntnisvorgang gewonnen als durch denjenigen, der sich zwischen Wahrnehmung und Begriff abspielt. – Eine Vermehrung oder Andersgestaltung der menschlichen Sinne würde ein anderes Wahrnehmungsbild ergeben, eine Bereicherung oder Andersgestaltung der menschlichen Erfahrung; aber eine wirkliche Erkenntnis müßte auch *dieser* Erfahrung gegenüber durch die Wechselwirkung von Begriff und Wahrnehmung gewonnen werden. Die *Vertiefung* der Erkenntnis hängt von den im Denken sich auslebenden Kräften der Intuition (vergleiche Seite 76) ab. Diese Intuition kann in demjenigen *Erleben,* das im Denken sich ausgestaltet, in tiefere oder weniger tiefe Untergründe der Wirklichkeit tauchen. Durch die Erweiterung des Wahrnehmungsbildes kann dieses Untertauchen Anregungen empfangen und auf diese Art mittelbar gefördert werden. Allein *niemals* sollte das Tauchen in die Tiefe, als das Erreichen der Wirklichkeit, verwechselt werden mit dem Gegenüberstehen von weiterem oder engerem Wahrnehmungsbild, in dem *stets* nur eine halbe Wirklichkeit, wie sie von der erkennenden Organisation bedingt wird, vorliegt. Wer nicht in *Abstraktionen* sich verliert, der wird einsehen, wie auch die Tatsache für die Erkenntnis des Menschenwesens in Betracht kommt, daß für die Physik im Wahrnehmungsfelde Elemente *erschlossen* werden müssen, für welche nicht ein Sinn wie für Farbe oder Ton unmittelbar abgestimmt ist. Das *konkrete* Wesen des Menschen ist nicht nur durch dasjenige bestimmt, was er durch seine Organisation sich als unmittelbare Wahrnehmung gegenüberstellt, sondern auch dadurch, daß er anderes von dieser unmittelbaren Wahrnehmung ausschließt. Wie dem Leben neben dem bewußten Wachzustande der unbewußte Schlafzustand notwendig ist, so ist dem Sich-Erleben des Menschen neben dem Umkreis seiner Sinneswahrnehmung notwendig ein – viel größerer sogar – Umkreis von nicht sinnlich wahrnehmbaren Elementen in dem Felde, aus dem die Sinneswahrnehmungen stammen. Dies alles ist mittelbar schon ausgesprochen in der ursprünglichen Darstellung dieser Schrift. Deren Verfasser fügt hier diese Erweiterung des Inhaltes an, weil er die Erfahrung gemacht hat, daß mancher Leser nicht genau genug gelesen hat. – Bedacht sollte auch werden, daß die Idee von der *Wahrnehmung,* wie sie in dieser Schrift entwickelt wird, nicht verwechselt werden darf mit derjenigen von äußerer Sinneswahrnehmung, die nur ein Spezialfall von ihr ist. Man wird aus dem schon Vorangehenden, aber noch mehr aus dem später Ausgeführten ersehen, daß hier alles sinnlich *und geistig* an den Menschen Herantretende als Wahrnehmung aufgefaßt wird, bevor es von dem tätig erarbeiteten Begriff erfaßt ist. Um Wahrnehmungen seelischer oder geistiger Art zu haben, sind nicht Sinne von gewöhnlich gemeinter Art nötig. Man könnte sagen, solche Erweiterung des üblichen Sprachgebrauches sei unstatthaft. Allein sie ist *unbedingt notwendig,* wenn man sich nicht auf gewissen Gebieten eben durch den Sprachgebrauch in der Erkenntniserweiterung fesseln lassen will. Wer von Wahrnehmung *nur* im Sinne von sinnlicher Wahrnehmung spricht, der kommt auch über *diese* sinnliche Wahrnehmung nicht zu einem für die Erkenntnis brauchbaren Begriff. Man *muß* manchmal einen Begriff erweitern, damit er auf einem engeren Gebiete seinen ihm angemessenen Sinn erhält. Man muß auch zuweilen zu dem, was in einem Begriffe zunächst gedacht wird, anderes hinzufügen, damit das so Gedachte seine Rechtfertigung oder auch Zurechtrückung findet. So findet man auf Seite 85 dieses Buches gesagt: «Die Vorstellung ist also ein individualisierter Begriff.» Demgegenüber wurde mir eingewendet, das sei ein ungewöhnlicher Wortgebrauch. Aber dieser Wortgebrauch ist notwendig, wenn man dahinterkommen will, was Vorstellung eigentlich ist. Was sollte aus dem Fortgang der Erkenntnis werden, wenn man jedem, der in die Notwendigkeit versetzt ist, Begriffe zurechtzurücken, den Einwand machte: «Das ist ein ungewöhnlicher Wortgebrauch.»

DIE WIRKLICHKEIT DER FREIHEIT

VIII

DIE FAKTOREN DES LEBENS

Rekapitulieren wir das in den vorangehenden Kapiteln Gewonnene. Die Welt tritt dem Menschen als eine Vielheit gegenüber, als eine Summe von Einzelheiten. Eine von diesen Einzelheiten, ein Wesen unter Wesen, ist er selbst. Diese Gestalt der Welt bezeichnen wir schlechthin als *gegeben,* und insofern wir sie nicht durch bewußte Tätigkeit entwickeln, sondern vorfinden, als *Wahrnehmung.* Innerhalb der Welt der Wahrnehmungen nehmen wir uns selbst wahr. Diese Selbstwahrnehmung bliebe einfach als eine unter den vielen anderen Wahrnehmungen stehen, wenn nicht aus der Mitte dieser Selbstwahrnehmung etwas auftauchte, das sich geeignet erweist, die Wahrnehmungen überhaupt, also auch die Summe aller anderen Wahrnehmungen mit der unseres Selbst zu verbinden. Dieses auftauchende Etwas ist nicht mehr bloße Wahrnehmung; es wird auch nicht gleich den Wahrnehmungen einfach vorgefunden. Es wird durch Tätigkeit hervorgebracht. Es erscheint zunächst an das gebunden, was wir als unser Selbst wahrnehmen. Seiner inneren Bedeutung nach greift es aber über das Selbst hinaus. Es fügt den einzelnen Wahrnehmungen ideelle Bestimmtheiten bei, die sich aber aufeinander beziehen, die in einem Ganzen gegründet sind. Das durch Selbstwahrnehmung Gewonnene bestimmt es auf gleiche Weise ideell wie alle andern Wahrnehmungen und stellt es als Subjekt oder «Ich» den Objekten gegenüber. Dieses Etwas ist das Denken, und die ideellen Bestimmtheiten sind die Begriffe und Ideen. Das Denken äußert sich daher zunächst an der Wahrnehmung des Selbst; ist aber nicht bloß subjektiv; denn das Selbst bezeichnet sich erst mit Hilfe des Denkens als Subjekt. Diese gedankliche Beziehung auf sich selbst ist eine Lebensbestimmung unserer Persönlichkeit. Durch sie führen wir ein rein ideelles Dasein. Wir fühlen uns durch sie als denkende Wesen. Diese Lebensbestimmung bliebe eine rein begriffliche (logische), wenn keine anderen Bestimmungen unseres Selbst hinzuträten.

Wir wären dann Wesen, deren Leben sich in der Herstellung rein ideeller Beziehungen zwischen den Wahrnehmungen untereinander und den letztern und uns selbst erschöpfte. Nennt man die Herstellung eines solchen gedanklichen Verhältnisses ein Erkennen, und den durch dieselbe gewonnenen Zustand unseres Selbst Wissen, so müßten wir uns beim Eintreffen der obigen Voraussetzung als bloß erkennende oder wissende Wesen ansehen.

Die Voraussetzung trifft aber nicht zu. Wir beziehen die Wahrnehmungen nicht bloß ideell auf uns, durch den Begriff, sondern auch noch durch das Gefühl, wie wir gesehen haben. Wir sind also nicht Wesen mit bloß begrifflichem Lebensinhalt. Der naive Realist sieht sogar in dem Gefühlsleben ein wirklicheres Leben der Persönlichkeit als in dem rein ideellen Element des Wissens. Und er hat von seinem Standpunkte aus ganz recht, wenn er in dieser Weise sich die Sache zurechtlegt. Das Gefühl ist auf subjektiver Seite zunächst genau dasselbe, was die Wahrnehmung auf objektiver Seite ist. Nach dem Grundsatz des naiven Realismus: Alles ist wirklich, was wahrgenommen werden kann, ist daher das Gefühl die Bürgschaft der Realität der eigenen Persönlichkeit. Der hier gemeinte Monismus muß aber dem Gefühle die gleiche Ergänzung angedeihen lassen, die er für die Wahrnehmung notwendig erachtet, wenn sie als vollkommene Wirklichkeit sich darstellen soll. Für diesen Monismus ist das Gefühl ein unvollständiges Wirkliches, das in der ersten Form, in der es uns gegeben ist, seinen zweiten Faktor, den Begriff oder die Idee, noch nicht mitenthält. Deshalb tritt im Leben auch überall das Fühlen gleich wie das Wahrnehmen *vor* dem Erkennen auf. Wir fühlen uns zuerst als Daseiende; und im Laufe der allmählichen Entwickelung ringen wir uns erst zu dem Punkte durch, wo uns in dem dumpf gefühlten eigenen Dasein der Begriff unseres Selbst aufgeht. Was *für uns* erst später hervortritt, ist aber ursprünglich mit dem Gefühle unzertrennlich verbunden. Der naive Mensch gerät durch diesen Umstand auf den Glauben: in dem Fühlen stelle sich ihm das Dasein unmittelbar, in dem Wissen nur mittelbar dar. Die Ausbildung des Gefühlslebens wird ihm daher vor allen andern Dingen wichtig erscheinen. Er wird den Zusammenhang der Welt erst erfaßt zu haben glauben, wenn er ihn in sein Fühlen aufgenommen hat. Er sucht nicht das Wissen, sondern das Fühlen zum Mittel der Erkenntnis zu machen. Da das Gefühl etwas ganz Individuelles ist, etwas der Wahrnehmung Gleichkommendes, so macht der Gefühlsphilosoph ein Prinzip, das nur innerhalb seiner Persönlichkeit eine Bedeutung hat, zum Weltprinzipe. Er sucht die ganze Welt mit seinem eigenen Selbst zu durchdringen. Was der hier gemeinte Monismus im Begriffe zu erfassen strebt, das sucht der Gefühlsphilosoph mit dem Gefühle zu erreichen, und sieht dieses sein Zusammensein mit den Objekten als das unmittelbarere an.

Die hiermit gekennzeichnete Richtung, die Philosophie des Gefühls, wird oft als *Mystik* bezeichnet. Der Irrtum einer bloß auf das Gefühl gebauten mystischen Anschauungsweise besteht darinnen, daß sie *erleben* will, was sie wissen soll, daß sie ein Individuelles, das Gefühl, zu einem Universellen erziehen will.

Das Fühlen ist ein rein individueller Akt, die Beziehung der Außenwelt auf unser Subjekt, insofern diese Beziehung ihren Ausdruck findet in einem bloß subjektiven Erleben.

Es gibt noch eine andere Äußerung der menschlichen Persönlichkeit. Das Ich lebt durch sein Denken das allgemeine Weltleben mit; es bezieht durch dasselbe rein ideell (begrifflich) die Wahrnehmungen auf sich, sich auf die Wahrnehmungen. Im Gefühl erlebt es einen Bezug der Objekte auf sein Subjekt; im *Willen* ist das Umgekehrte der Fall. Im Wollen haben wir ebenfalls eine Wahrnehmung vor uns, nämlich die des individuellen Bezugs unseres Selbstes auf das Objektive. Was am Wollen nicht rein ideeller Faktor ist, das ist ebenso bloß Gegenstand des Wahrnehmens, wie das bei irgendeinem Dinge der Außenwelt der Fall ist.

Dennoch wird der naive Realismus auch hier wieder ein weit wirklicheres Sein vor sich zu haben glauben, als durch das Denken erlangt werden kann. Er wird in dem Willen ein Element erblicken, in dem er ein Geschehen, ein Verursachen *unmittelbar* gewahr wird, im Gegensatz zum Denken, das das Geschehen erst in Begriffe faßt. Was das Ich durch seinen Willen vollbringt, stellt für eine solche Anschauungsweise einen Prozeß dar, der unmittelbar erlebt wird. In dem Wollen glaubt der Bekenner dieser Philosophie das Weltgeschehen wirklich an einem Zipfel erfaßt zu haben. Während er die anderen Geschehnisse nur durch Wahrnehmen von außen verfolgen kann, glaubt er in seinem Wollen ein reales Geschehen ganz unmittelbar zu erleben. Die Seinsform, in der ihm der Wille innerhalb des Selbst erscheint, wird für ihn zu einem Realprinzip der Wirklichkeit. Sein eigenes Wollen erscheint ihm als Spezialfall des allgemeinen Weltgeschehens; dieses letztere somit als allgemeines Wollen. Der Wille wird zum Weltprinzip wie in der Gefühlsmystik das Gefühl zum Erkenntnisprinzip. Diese Anschauungsweise ist *Willensphilosophie* (Thelismus). Was sich nur individuell erleben läßt, das wird durch sie zum konstituierenden Faktor der Welt gemacht.

So wenig die Gefühlsmystik Wissenschaft genannt werden kann, so wenig kann es die Willensphilosophie. Denn beide behaupten mit dem begrifflichen Durchdringen der Welt nicht auskommen zu können. Beide fordern neben dem Idealprinzip des Seins noch ein Realprinzip. Das mit einem gewissen Recht. Da wir aber für diese sogenannten Realprinzipien nur das Wahrnehmen als Auffassungsmittel haben, so ist die Behauptung der Gefühlsmystik und der Willensphilosophie identisch mit der Ansicht: Wir haben zwei Quellen der Erkenntnis: die des Denkens und die des Wahrnehmens, welches letztere sich im Gefühl und Willen als individuelles Erleben darstellt. Da die Ausflüsse der einen Quelle, die Erlebnisse, von diesen Weltanschauungen nicht direkt in die der andern, des Denkens, aufgenommen werden können, so bleiben die beiden Erkenntnisweisen, Wahrnehmen und Denken, ohne höhere Vermittlung nebeneinander bestehen. Neben dem durch das Wissen erreichbaren Idealprinzip soll es noch ein zu erlebendes nicht im Denken erfaßbares Realprinzip der Welt geben. Mit andern Worten: die Gefühlsmystik und Willensphilosophie sind naiver Realismus, weil sie dem Satz huldigen: Das unmittelbar Wahrgenommene ist wirklich. Sie begehen dem ursprünglichen naiven Realismus gegenüber nur noch die Inkonsequenz, daß sie eine bestimmte Form des Wahrnehmens (das Fühlen, beziehungsweise Wollen) zum alleinigen

Erkenntnismittel des Seins machen, während sie das doch nur können, wenn sie im allgemeinen dem Grundsatz huldigen: Das Wahrgenommene ist wirklich. Sie müßten somit auch dem äußeren Wahrnehmen einen gleichen Erkenntniswert zuschreiben.

Die Willensphilosophie wird zum metaphysischen Realismus, wenn sie den Willen auch in *die* Daseinssphären verlegt, in denen ein unmittelbares Erleben desselben nicht wie in dem eigenen Subjekt möglich ist. Sie nimmt ein Prinzip außer dem Subjekt hypothetisch an, für das das subjektive Erleben das einzige Wirklichkeitskriterium ist. Als metaphysischer Realismus verfällt die Willensphilosophie der im vorhergehenden Kapitel angegebenen Kritik, welche das widerspruchsvolle Moment jedes metaphysischen Realismus überwinden und anerkennen muß, daß der Wille nur insofern ein allgemeines Weltgeschehen ist, als er sich ideell auf die übrige Welt bezieht.

Zusatz zur Neuausgabe 1918. Die Schwierigkeit, das Denken in seinem Wesen beobachtend zu erfassen, liegt darin, daß dieses Wesen der betrachtenden Seele nur allzu leicht schon entschlüpft ist, wenn diese es in die Richtung ihrer Aufmerksamkeit bringen will. Dann bleibt ihr nur das tote Abstrakte, die Leichname des lebendigen Denkens. Sieht man nur auf dieses Abstrakte, so wird man leicht ihm gegenüber sich gedrängt finden, in das «lebensvolle» Element der Gefühlsmystik, oder auch der Willensmetaphysik einzutreten. Man wird es absonderlich finden, wenn jemand in «bloßen Gedanken» das Wesen der Wirklichkeit ergreifen will. Aber wer sich dazu bringt, das *Leben im Denken* wahrhaft zu haben, der gelangt zur Einsicht, daß dem inneren Reichtum und der in sich ruhenden, aber zugleich in sich bewegten *Erfahrung* innerhalb dieses Lebens das Weben in bloßen Gefühlen oder das Anschauen des Willenselementes nicht einmal verglichen werden kann, geschweige denn, daß diese über jenes gesetzt werden dürften. Gerade von diesem Reichtum, von dieser inneren Fülle des Erlebens rührt es her, daß sein Gegenbild in der gewöhnlichen Seeleneinstellung tot, abstrakt aussieht. Keine andere menschliche Seelenbetätigung wird so leicht zu verkennen sein wie das Denken. Das Wollen, das Fühlen, sie erwarmen die Menschenseele auch noch im Nacherleben ihres Ursprungszustandes. Das Denken läßt nur allzuleicht in diesem Nacherleben kalt; es scheint das Seelenleben auszutrocknen. Doch dies ist eben nur der stark sich geltend machende Schatten seiner lichtdurchwobenen, warm in die Welterscheinungen untertauchenden Wirklichkeit. Dieses Untertauchen geschieht mit einer in der Denkbetätigung selbst dahinfließenden Kraft, welche Kraft der Liebe in geistiger Art ist. Man darf nicht einwendend sagen, wer so Liebe im tätigen Denken sieht, der verlegt ein Gefühl, die Liebe, in dasselbe. Denn dieser Einwand ist in Wahrheit eine Bestätigung des hier geltend Gemachten. Wer nämlich zum *wesenhaften* Denken sich *hin*wendet, der findet in demselben sowohl Gefühl wie Willen, die letztern auch in den Tiefen ihrer Wirklichkeit; wer von dem Denken sich ab- und nur dem «bloßen» Fühlen und Wollen zuwendet, der verliert aus diesen die wahre Wirklichkeit. Wer im Denken *intuitiv erleben* will, der wird auch dem gefühlsmäßigen und willensartigen Erleben gerecht; nicht aber kann gerecht sein gegen die intuitiv-denkerische Durchdringung des Daseins die Gefühlsmystik und die Willensmetaphysik. Die letztern werden nur allzuleicht zu dem Urteil kommen, daß *sie* im Wirklichen stehen; der intuitiv Denkende aber gefühllos und wirklichkeitsfremd in «abstrakten Gedanken» ein schattenhaftes, kaltes Weltbild formt.

IX

DIE IDEE DER FREIHEIT

Der Begriff des Baumes ist für das Erkennen durch die Wahrnehmung des Baumes bedingt. Ich kann der bestimmten Wahrnehmung gegenüber nur einen ganz bestimmten Begriff aus dem allgemeinen Begriffssystem herausheben. Der Zusammenhang von Begriff und Wahrnehmung wird durch das Denken an der Wahrnehmung mittelbar und objektiv bestimmt. Die Verbindung der Wahrnehmung mit ihrem Begriffe wird nach dem Wahrnehmungsakte erkannt; die Zusammengehörigkeit ist aber in der Sache selbst bestimmt.

Anders stellt sich der Vorgang dar, wenn die Erkenntnis, wenn das in ihr auftretende Verhältnis des Menschen zur Welt betrachtet wird. In den vorangehenden Ausführungen ist der Versuch gemacht worden, zu zeigen, daß die Aufhellung dieses Verhältnisses durch eine auf dasselbe gehende unbefangene Beobachtung möglich ist. Ein richtiges Verständnis dieser Beobachtung kommt zu der Einsicht, daß das Denken als eine in sich beschlossene Wesenheit unmittelbar angeschaut werden kann. Wer nötig findet, zur Erklärung des Denkens als solchem etwas anderes herbeizuziehen, wie etwa physische Gehirnvorgänge, oder hinter dem beobachteten bewußten Denken liegende unbewußte geistige Vorgänge, der verkennt, was ihm die unbefangene Beobachtung des Denkens gibt. Wer das Denken beobachtet, lebt während der Beobachtung unmittelbar in einem geistigen, sich selbst tragenden Wesensweben darinnen. Ja, man kann sagen, wer die Wesenheit des Geistigen in der Gestalt, in der sie sich dem Menschen *zunächst* darbietet, erfassen will, kann dies in dem auf sich selbst beruhenden Denken.

Im Betrachten des Denkens selbst fallen in eines zusammen, was sonst immer getrennt auftreten *muß:* Begriff und Wahrnehmung. Wer dies nicht durchschaut, der wird in an Wahrnehmungen erarbeiteten Begriffen nur schattenhafte Nachbildungen dieser Wahrnehmungen sehen können, und die Wahrnehmungen werden ihm die wahre Wirklichkeit vergegenwärtigen. Er wird auch eine metaphysische Welt nach dem Muster der wahrgenommenen Welt sich auferbauen; er wird diese Welt Atomenwelt, Willenswelt, unbewußte Geistwelt und so weiter nennen, je nach seiner Vorstellungsart. Und es wird ihm entgehen, daß er sich mit alledem nur eine metaphysische Welt hypothetisch nach dem Muster *seiner* Wahrnehmungswelt auferbaut hat. Wer aber durchschaut, was bezüglich des Denkens vorliegt, der wird erkennen, daß in der Wahrnehmung nur ein Teil der Wirklichkeit vorliegt und daß der andere zu ihr gehörige Teil, der sie erst als volle Wirklichkeit erscheinen läßt, in der denkenden Durchsetzung der Wahrnehmung *erlebt* wird. Er wird in demjenigen, das als Denken im Bewußtsein auftritt, nicht ein schattenhaftes Nachbild einer Wirklichkeit sehen, sondern eine auf sich ruhende geistige Wesenhaftigkeit. Und von dieser kann er sagen, daß sie ihm durch *Intuition* im Bewußtsein gegenwärtig wird. *Intuition* ist das im rein Geistigen verlaufende bewußte Erleben eines rein geistigen Inhaltes. Nur durch eine Intuition kann die Wesenheit des Denkens erfaßt werden.

Nur wenn man sich zu der in der unbefangenen Beobachtung gewonnenen Anerkennung dieser Wahrheit über die intuitive Wesenheit des Denkens hindurchgerungen hat, gelingt es, den Weg frei zu bekommen für eine Anschauung der menschlichen leiblich-seelischen Organisation. Man erkennt, daß diese Organisation an dem *Wesen* des Denkens nichts bewirken kann. Dem *scheint* zunächst der ganz offenbare Tatbestand zu widersprechen. Das menschliche Denken tritt für die gewöhnliche Erfahrung nur an und durch diese Organisation auf. Dieses Auftreten macht sich so stark geltend, daß es in seiner wahren Bedeutung nur von demjenigen durchschaut werden kann, der erkannt hat, wie im Wesenhaften des Denkens nichts von dieser Organisation mitspielt. Einem solchen wird es dann aber auch nicht mehr entgehen können, wie eigentümlich geartet das Verhältnis der menschlichen Organisation zum Denken ist. Diese bewirkt nämlich nichts an dem Wesenhaften des Denkens, sondern sie weicht, wenn die Tätigkeit des Denkens auftritt, zurück; sie hebt ihre eigene Tätigkeit auf, sie macht einen Platz frei; und an dem freigewordenen Platz tritt das Denken auf. Dem Wesenhaften, das im Denken wirkt, obliegt ein Doppeltes: Erstens drängt es die menschliche Organisation in deren eigener Tätigkeit zurück, und zweitens setzt es sich selbst an deren Stelle. Denn auch das erste, die Zurückdrängung der Leibesorganisation, ist Folge der Denktätigkeit. Und zwar desjenigen Teiles derselben, der das *Erscheinen* des Denkens vorbereitet. Man ersieht aus diesem, in welchem Sinne das Denken in der Leibesorganisation sein Gegenbild findet. Und wenn man dieses ersieht, wird man nicht mehr die Bedeutung dieses Gegenbildes für das Denken selbst verkennen können. Wer über einen erweichten Boden geht, dessen Fußspuren graben sich in dem Boden ein. Man wird nicht versucht sein, zu sagen, die Fußspurenformen seien von Kräften des Bodens, von unten herauf, getrieben worden. Man wird *diesen* Kräften keinen Anteil an dem Zustandekommen der Spurenformen zuschreiben. Ebensowenig wird, wer die Wesenheit des Denkens unbefangen beobachtet, den Spuren im Leibesorganismus an dieser Wesenheit einen Anteil zuschreiben, die dadurch entstehen, daß das Denken sein Erscheinen durch den Leib vorbereitet*.

Aber eine bedeutungsvolle Frage taucht hier auf. Wenn an dem *Wesen* des Denkens der menschlichen Organisation kein Anteil zukommt, welche Bedeutung hat diese Organisation innerhalb der Gesamtwesenheit des Menschen? Nun, was in dieser Organisation durch das Denken geschieht, hat wohl mit der Wesenheit des Denkens nichts zu tun, wohl aber mit der Entstehung des Ich-Bewußtseins aus diesem Denken heraus. Innerhalb des Eigenwesens des Denkens liegt wohl das wirkliche «Ich», nicht aber das Ich-Bewußtsein. Dies durchschaut derjenige, der eben unbefangen das Denken beobachtet. Das «Ich» ist innerhalb des Denkens zu finden; das «Ich-Bewußtsein» tritt dadurch auf, daß im allgemeinen Bewußtsein sich die Spuren der Denktätigkeit

* Wie innerhalb der Psychologie, der Physiologie usw. sich die obige Anschauung geltend macht, hat der Verfasser in Schriften, die auf dieses Buch gefolgt sind, nach verschiedenen Richtungen dargestellt. Hier sollte nur das gekennzeichnet werden, was die unbefangene Beobachtung des Denkens selbst ergibt.

in dem oben gekennzeichneten Sinne eingraben. (Durch die Leibesorganisation entsteht also das Ich-Bewußtsein. Man verwechsele das aber nicht etwa mit der Behauptung, daß das einmal entstandene Ich-Bewußtsein von der Leibesorganisation abhängig bleibe. Einmal entstanden, wird es in das Denken aufgenommen und teilt fortan dessen geistige Wesenheit.)

Das «Ich-Bewußtsein» ist auf die menschliche Organisation gebaut. Aus dieser erfließen die Willenshandlungen. In der Richtung der vorangegangenen Darlegungen wird ein Einblick in den Zusammenhang zwischen Denken, bewußtem Ich und Willenshandlung nur zu gewinnen sein, wenn erst beobachtet wird, wie die Willenshandlung aus der menschlichen Organisation hervorgeht*.

Für den einzelnen Willensakt kommt in Betracht: das Motiv und die Triebfeder. Das Motiv ist ein begrifflicher oder vorstellungsgemäßer Faktor; die Triebfeder ist der in der menschlichen Organisation unmittelbar bedingte Faktor des Wollens. Der begriffliche Faktor oder das Motiv ist der augenblickliche Bestimmungsgrund des Wollens; die Triebfeder der bleibende Bestimmungsgrund des Individuums. Motiv des Wollens kann ein reiner Begriff oder ein Begriff mit einem bestimmten Bezug auf das Wahrnehmen sein, das ist eine Vorstellung. Allgemeine und individuelle Begriffe (Vorstellungen) werden dadurch zu Motiven des Wollens, daß sie auf das menschliche Individuum wirken und dasselbe in einer gewissen Richtung zum Handeln bestimmen. Ein und derselbe Begriff, beziehungsweise eine und dieselbe Vorstellung wirkt aber auf verschiedene Individuen verschieden. Sie veranlassen verschiedene Menschen zu verschiedenen Handlungen. Das Wollen ist also nicht bloß ein Ergebnis des Begriffes oder der Vorstellung, sondern auch der individuellen Beschaffenheit des Menschen. Diese individuelle Beschaffenheit wollen wir – man kann in bezug darauf Eduard von Hartmann folgen – die charakterologische Anlage nennen. Die Art, wie Begriff und Vorstellung auf die charakterologische

* S. 113 bis zur obigen Stelle ist Zusatz, beziehungsweise Umarbeitung für die Neuausgabe 1918.

Anlage des Menschen wirken, gibt seinem Leben ein bestimmtes moralisches oder ethisches Gepräge.

Die charakterologische Anlage wird gebildet durch den mehr oder weniger bleibenden Lebensgehalt unseres Subjektes, das ist durch unseren Vorstellungs- und Gefühlsinhalt. Ob mich eine in mir gegenwärtig auftretende Vorstellung zu einem Wollen anregt, das hängt davon ab, wie sie sich zu meinem übrigen Vorstellungsinhalte und auch zu meinen Gefühlseigentümlichkeiten verhält. Mein Vorstellungsinhalt ist aber wieder bedingt durch die Summe derjenigen Begriffe, die im Verlaufe meines individuellen Lebens mit Wahrnehmungen in Berührung gekommen, das heißt zu Vorstellungen geworden sind. Diese hängt wieder ab von meiner größeren oder geringeren Fähigkeit der Intuition und von dem Umkreis meiner Beobachtungen, das ist von dem subjektiven und dem objektiven Faktor der Erfahrungen, von der inneren Bestimmtheit und dem Lebensschauplatz. Ganz besonders ist meine charakterologische Anlage durch mein Gefühlsleben bestimmt. Ob ich an einer bestimmten Vorstellung oder einem Begriff Freude oder Schmerz empfinde, davon wird es abhängen, ob ich sie zum Motiv meines Handelns machen will oder nicht.– Dies sind die Elemente, die bei einem Willensakte in Betracht kommen. Die unmittelbar gegenwärtige Vorstellung oder der Begriff, die zum Motiv werden, bestimmen das Ziel, den Zweck meines Wollens; meine charakterologische Anlage bestimmt mich, auf dieses Ziel meine Tätigkeit zu richten. Die Vorstellung, in der nächsten halben Stunde einen Spaziergang zu machen, bestimmt das Ziel meines Handelns. Diese Vorstellung wird aber nur dann zum Motiv des Wollens erhoben, wenn sie auf eine geeignete charakterologische Anlage auftrifft, das ist, wenn sich durch mein bisheriges Leben in mir etwa die Vorstellungen gebildet haben von der Zweckmäßigkeit des Spazierengehens, von dem Wert der Gesundheit, und ferner, wenn sich mit der Vorstellung des Spazierengehens in mir das Gefühl der Lust verbindet.

Wir haben somit zu unterscheiden: 1. Die möglichen subjektiven Anlagen, die geeignet sind, bestimmte Vorstellungen und Begriffe zu Motiven zu machen; und 2. die möglichen Vorstellungen und Begriffe, die imstande sind, meine charakterologische Anlage so zu beeinflussen, daß sich ein Wollen ergibt. Jene stellen die *Triebfedern,* diese die *Ziele* der Sittlichkeit dar.

Die Triebfedern der Sittlichkeit können wir dadurch finden, daß wir nachsehen, aus welchen Elementen sich das individuelle Leben zusammensetzt.

Die erste Stufe des individuellen Lebens ist das *Wahrnehmen,* und zwar das Wahrnehmen der Sinne. Wir stehen hier in jener Region unseres individuellen Lebens, wo sich das Wahrnehmen unmittelbar, ohne Dazwischentreten eines Gefühles oder Begriffes in Wollen umsetzt. Die Triebfeder des Menschen, die hierbei in Betracht kommt, wird als *Trieb* schlechthin bezeichnet. Die Befriedigung unserer niederen, rein animalischen Bedürfnisse (Hunger, Geschlechtsverkehr usw.) kommt auf diesem Wege zustande. Das Charakteristische des Trieblebens besteht in der Unmittelbarkeit, mit der die Einzelwahrnehmung das Wollen auslöst. Diese Art der Bestimmung des Wollens, die ursprünglich nur dem niedrigeren Sinnenleben eigen ist, kann auch auf die Wahrnehmungen der höheren Sinne ausgedehnt werden. Wir lassen auf die Wahrnehmung irgendeines Geschehens in der Außenwelt, ohne weiter nachzudenken und ohne daß sich uns an die Wahrnehmung ein besonderes Gefühl knüpft, eine Handlung folgen, wie das namentlich im konventionellen Umgange mit Menschen geschieht. Die Triebfeder dieses Handelns bezeichnet man als *Takt* oder *sittlichen Geschmack.* Je öfter sich ein solches unmittelbares Auslösen einer Handlung durch eine Wahrnehmung vollzieht, desto geeigneter wird sich der betreffende Mensch erweisen, rein unter dem Einfluß des Taktes zu handeln, das ist: der *Takt* wird zu seiner charakterologischen Anlage.

Die zweite Sphäre des menschlichen Lebens ist das *Fühlen.* An die Wahrnehmungen der Außenwelt knüpfen sich bestimmte Gefühle. Diese Gefühle können zu Triebfedern des Handelns werden. Wenn ich einen hungernden Menschen sehe, so kann mein Mitgefühl mit demselben die Triebfeder meines Handelns bilden. Solche Gefühle sind etwa: das Schamgefühl, der Stolz, das Ehrgefühl, die Demut, die Reue, das Mitgefühl, das Rache-

und Dankbarkeitsgefühl, die Pietät, die Treue, das Liebes- und Pflichtgefühl*.

Die dritte Stufe des Lebens endlich ist das *Denken und Vorstellen.* Durch bloße Überlegung kann eine Vorstellung oder ein Begriff zum Motiv einer Handlung werden. Vorstellungen werden dadurch Motive, daß wir im Laufe des Lebens fortwährend gewisse Ziele des Wollens an Wahrnehmungen knüpfen, die in mehr oder weniger modifizierter Gestalt immer wiederkehren. Daher kommt es, daß bei Menschen, die nicht ganz ohne Erfahrung sind, stets mit bestimmten Wahrnehmungen auch die Vorstellungen von Handlungen ins Bewußtsein treten, die sie in einem ähnlichen Fall ausgeführt oder ausführen gesehen haben. Diese Vorstellungen schweben ihnen als bestimmende Muster bei allen späteren Entschließungen vor, sie werden Glieder ihrer charakterologischen Anlage. Wir können die damit bezeichnete Triebfeder des Wollens die *praktische Erfahrung* nennen. Die praktische Erfahrung geht allmählich in das rein taktvolle Handeln über. Wenn sich bestimmte typische Bilder von Handlungen mit Vorstellungen von gewissen Situationen des Lebens in unserem Bewußtsein so fest verbunden haben, daß wir gegebenen Falles mit Überspringung aller auf Erfahrung sich gründenden Überlegung unmittelbar auf die Wahrnehmung hin ins Wollen übergehen, dann ist dies der Fall.

Die höchste Stufe des individuellen Lebens ist das begriffliche Denken ohne Rücksicht auf einen bestimmten Wahrnehmungsgehalt. Wir bestimmen den Inhalt eines Begriffes durch reine Intuition aus der ideellen Sphäre heraus. Ein solcher Begriff enthält dann zunächst keinen Bezug auf bestimmte Wahrnehmungen. Wenn wir unter dem Einflusse eines auf eine Wahrnehmung deutenden Begriffes, das ist einer Vorstellung, in das Wollen eintreten, so ist es diese Wahrnehmung, die uns auf dem Umwege durch das begriffliche Denken bestimmt. Wenn wir unter dem Einflusse von Intuitionen handeln, so ist die Trieb-

* Eine vollständige Zusammenstellung der Prinzipien der Sittlichkeit findet man (vom Standpunkte des metaphysischen Realismus aus) in Eduard von Hartmanns «Phänomenologie des sittlichen Bewußtseins».

feder unseres Handelns das *reine Denken.* Da man gewohnt ist, das reine Denkvermögen in der Philosophie als Vernunft zu bezeichnen, so ist es wohl auch berechtigt, die auf dieser Stufe gekennzeichnete moralische Triebfeder die *praktische Vernunft* zu nennen. Am klarsten hat von dieser Triebfeder des Wollens *Kreyenbühl* («Die ethische Freiheit bei Kant», Philosophische Monatshefte, Bd. XVIII, Heft 3) gehandelt. Ich rechne seinen darüber geschriebenen Aufsatz zu den bedeutsamsten Erzeugnissen der gegenwärtigen Philosophie, namentlich der Ethik. Kreyenbühl bezeichnet die in Rede stehende Triebfeder als *praktisches Apriori,* das heißt unmittelbar aus meiner Intuition fließenden Antrieb zum Handeln.

Es ist klar, daß ein solcher Antrieb nicht mehr im strengen Wortsinne zu dem Gebiete der charakterologischen Anlagen gerechnet werden kann. Denn was hier als Triebfeder wirkt, ist nicht mehr ein bloß Individuelles in mir, sondern der ideelle und folglich allgemeine Inhalt meiner Intuition. Sobald ich die Berechtigung dieses Inhaltes als Grundlage und Ausgangspunkt einer Handlung ansehe, trete ich in das Wollen ein, gleichgültig ob der Begriff bereits zeitlich vorher in mir da war, oder erst unmittelbar vor dem Handeln in mein Bewußtsein eintritt, das ist: gleichgültig, ob er bereits als Anlage in mir vorhanden war oder nicht.

Zu einem wirklichen Willensakt kommt es nur dann, wenn ein augenblicklicher Antrieb des Handelns in Form eines Begriffes oder einer Vorstellung auf die charakterologische Anlage einwirkt. Ein solcher Antrieb wird dann zum Motiv des Wollens.

Die Motive der Sittlichkeit sind Vorstellungen und Begriffe. Es gibt Ethiker, die auch im Gefühle ein Motiv der Sittlichkeit sehen; sie behaupten zum Beispiel, Ziel des sittlichen Handelns sei die Beförderung des größtmöglichen Quantums von Lust im handelnden Individuum. Die Lust selbst aber kann nicht Motiv werden, sondern nur eine *vorgestellte Lust.* Die *Vorstellung* eines künftigen Gefühles, nicht aber das Gefühl selbst kann auf meine charakterologische Anlage einwirken. Denn das Gefühl selbst ist im Augenblicke der Handlung noch nicht da, soll vielmehr erst durch die Handlung hervorgebracht werden.

Die *Vorstellung* des eigenen oder fremden Wohles wird aber mit Recht als ein Motiv des Wollens angesehen. Das Prinzip, durch sein Handeln die größte Summe eigener Lust zu bewirken, das ist: die individuelle Glückseligkeit zu erreichen, heißt *Egoismus.* Diese individuelle Glückseligkeit wird entweder dadurch zu erreichen gesucht, daß man in rücksichtsloser Weise nur auf das eigene Wohl bedacht ist und dieses auch auf Kosten des Glückes fremder Individualitäten erstrebt (reiner Egoismus), oder dadurch, daß man das fremde Wohl aus dem Grunde befördert, weil man sich dann mittelbar von den glücklichen fremden Individualitäten einen günstigen Einfluß auf die eigene Person verspricht, oder weil man durch Schädigung fremder Individuen auch eine Gefährdung des eigenen Interesses befürchtet (Klugheitsmoral). Der besondere Inhalt der egoistischen Sittlichkeitsprinzipien wird davon abhängen, welche Vorstellung sich der Mensch von seiner eigenen oder der fremden Glückseligkeit macht. Nach dem, was einer als ein Gut des Lebens ansieht (Wohlleben, Hoffnung auf Glückseligkeit, Erlösung von verschiedenen Übeln usw.), wird er den Inhalt seines egoistischen Strebens bestimmen.

Als ein weiteres Motiv ist dann der rein begriffliche Inhalt einer Handlung anzusehen. Dieser Inhalt bezieht sich nicht wie die Vorstellung der eigenen Lust auf die einzelne Handlung allein, sondern auf die Begründung einer Handlung aus einem Systeme sittlicher Prinzipien. Diese Moralprinzipien können in Form abstrakter Begriffe das sittliche Leben regeln, ohne daß der einzelne sich um den Ursprung der Begriffe kümmert. Wir empfinden dann einfach die Unterwerfung unter den sittlichen Begriff, der als Gebot über unserem Handeln schwebt, als sittliche Notwendigkeit. Die Begründung dieser Notwendigkeit überlassen wir dem, der die sittliche Unterwerfung fordert, das ist der sittlichen Autorität, die wir anerkennen (Familienoberhaupt, Staat, gesellschaftliche Sitte, kirchliche Autorität, göttliche Offenbarung). Eine besondere Art dieser Sittlichkeitsprinzipien ist die, wo das Gebot sich nicht durch eine äußere Autorität für uns kundgibt, sondern durch unser eigenes Innere (sittliche Autonomie). Wir vernehmen dann die Stimme in unserem eigenen Innern, der wir uns zu unterwerfen haben. Der Ausdruck dieser Stimme ist das *Gewissen.*

Es bedeutet einen sittlichen Fortschritt, wenn der Mensch zum Motiv seines Handelns nicht einfach das Gebot einer äußeren oder der inneren Autorität macht, sondern wenn er den Grund einzusehen bestrebt ist, aus dem irgendeine Maxime des Handelns als Motiv in ihm wirken soll. Dieser Fortschritt ist der von der autoritativen Moral zu dem Handeln aus sittlicher Einsicht. Der Mensch wird auf dieser Stufe der Sittlichkeit die Bedürfnisse des sittlichen Lebens aufsuchen und sich von der Erkenntnis derselben zu seinen Handlungen bestimmen lassen. Solche Bedürfnisse sind: 1. das größtmögliche Wohl der Gesamtmenschheit rein um dieses Wohles willen; 2. der Kulturfortschritt oder die sittliche *Entwickelung* der Menschheit zu immer größerer Vollkommenheit; 3. die Verwirklichung rein intuitiv erfaßter individueller Sittlichkeitsziele.

Das *größtmögliche Wohl der Gesamtmenschheit* wird natürlich von verschiedenen Menschen in verschiedener Weise aufgefaßt werden. Die obige Maxime bezieht sich nicht auf eine bestimmte Vorstellung von diesem Wohl, sondern darauf, daß jeder einzelne, der dies Prinzip anerkennt, bestrebt ist, dasjenige zu tun, was nach seiner Ansicht das Wohl der Gesamtmenschheit am meisten fördert.

Der Kulturfortschritt erweist sich für denjenigen, dem sich an die Güter der Kultur ein Lustgefühl knüpft, als ein spezieller Fall des vorigen Moralprinzips. Er wird nur den Untergang und die Zerstörung mancher Dinge, die auch zum Wohle der Menschheit beitragen, mit in Kauf nehmen müssen. Es ist aber auch möglich, daß jemand in dem Kulturfortschritt, abgesehen von dem damit verbundenen Lustgefühl, eine sittliche Notwendigkeit erblickt. Dann ist derselbe für ihn ein besonderes Moralprinzip neben dem vorigen.

Sowohl die Maxime des Gesamtwohles wie auch jene des Kulturfortschrittes beruht auf der Vorstellung, das ist auf der Beziehung, die man dem Inhalt der sittlichen Ideen zu bestimmten Erlebnissen (Wahrnehmungen) gibt. Das höchste denkbare Sittlichkeitsprinzip ist aber das, welches keine solche Beziehung von vornherein enthält, sondern aus dem Quell der reinen Intuition entspringt und erst nachher die Beziehung zur Wahrnehmung (zum Leben) sucht. Die Bestimmung, was zu wollen ist, geht hier von einer andern Instanz aus als in den vorhergehenden Fällen. Wer dem sittlichen Prinzip des Gesamtwohles huldigt, der wird bei allen seinen Handlungen zuerst fragen, was zu diesem Gesamtwohl seine Ideale beitragen. Wer sich zu dem sittlichen Prinzip des Kulturfortschrittes bekennt, wird es hier ebenso machen. Es gibt aber ein höheres, das in dem einzelnen Falle nicht von einem bestimmten einzelnen Sittlichkeitsziel ausgeht, sondern welches allen Sittlichkeitsmaximen einen gewissen Wert beilegt, und im gegebenen Falle immer fragt, ob denn hier das eine oder das andere Moralprinzip das wichtigere ist. Es kann vorkommen, daß jemand unter gegebenen Verhältnissen die Förderung des Kulturfortschrittes, unter andern die des Gesamtwohls, im dritten Falle die Förderung des eigenen Wohles für das richtige ansieht und zum Motiv seines Handelns macht. Wenn aber alle andern Bestimmungsgründe erst an zweite Stelle treten, dann kommt in erster Linie die begriffliche Intuition selbst in Betracht. Damit treten die andern Motive von der leitenden Stelle ab, und nur der Ideengehalt der Handlung wirkt als Motiv derselben.

Wir haben unter den Stufen der charakterologischen Anlage diejenige als die höchste bezeichnet, die als *reines Denken,* als *praktische Vernunft* wirkt. Unter den Motiven haben wir jetzt als das höchste die *begriffliche Intuition* bezeichnet. Bei genauerer Überlegung stellt sich alsbald heraus, daß auf dieser Stufe der Sittlichkeit Triebfeder und Motiv zusammenfallen, das ist, daß weder eine vorher bestimmte charakterologische Anlage, noch ein äußeres, normativ angenommenes sittliches Prinzip auf unser Handeln wirken. Die Handlung ist also keine schablonenmäßige, die nach irgendwelchen Regeln ausgeführt wird, und auch keine solche, die der Mensch auf äußeren Anstoß hin automatenhaft vollzieht, sondern eine schlechthin durch ihren idealen Gehalt bestimmte.

Zur Voraussetzung hat eine solche Handlung die Fähigkeit der moralischen Intuitionen. Wem die Fähigkeit fehlt, für den einzelnen Fall die besondere Sittlichkeitsmaxime zu erleben, der wird es auch nie zum wahrhaft individuellen Wollen bringen.

Der gerade Gegensatz dieses Sittlichkeitsprinzips ist das Kantsche: Handle so, daß die Grundsätze deines Handelns für alle Menschen gelten können. Dieser Satz ist der Tod aller individuellen Antriebe des Handelns. Nicht wie *alle* Menschen handeln würden, kann für mich maßgebend sein, sondern was für mich in dem individuellen Falle zu tun ist.

Ein oberflächliches Urteil könnte vielleicht diesen Ausführungen einwenden: Wie kann das Handeln zugleich individuell auf den besonderen Fall und die besondere Situation geprägt und doch rein ideell aus der Intuition heraus bestimmt sein? Dieser Einwand beruht auf einer Verwechselung von sittlichem Motiv und wahrnehmbarem Inhalt der Handlung. Der letztere *kann* Motiv sein, und ist es auch zum Beispiel beim Kulturfortschritt, beim Handeln aus Egoismus usw.; beim Handeln auf Grund rein sittlicher Intuition ist er es *nicht.* Mein Ich richtet seinen Blick natürlich auf diesen Wahrnehmungsinhalt, *bestimmen* läßt es sich durch denselben nicht. Dieser Inhalt wird nur benützt, um sich einen *Erkenntnisbegriff* zu bilden, den dazu gehörigen *moralischen Begriff* entnimmt das Ich nicht aus dem Objekte. Der Erkenntnisbegriff aus einer bestimmten Situation, der ich gegenüberstehe, ist nur dann zugleich ein moralischer Begriff, wenn ich auf dem Standpunkte eines bestimmten Moralprinzips stehe. Wenn ich auf dem Boden der allgemeinen Kulturentwickelungsmoral allein stehen möchte, dann ginge ich mit gebundener Marschroute in der Welt umher. Aus jedem Geschehen, das ich wahrnehme und das mich beschäftigen kann, entspringt zugleich eine sittliche Pflicht; nämlich mein Scherflein beizutragen, damit das betreffende Geschehen in den Dienst der Kulturentwickelung gestellt werde. Außer dem Begriff, der mir den naturgesetzlichen Zusammenhang eines Geschehens oder Dinges enthüllt, haben die letztern auch noch eine sittliche Etikette umgehängt, die für mich, das moralische Wesen, eine ethische Anweisung enthält, wie ich mich zu benehmen habe. Diese sittliche Etikette ist in ihrem Gebiete berechtigt, sie fällt aber auf einem höheren

Standpunkte mit der Idee zusammen, die mir dem konkreten Fall gegenüber aufgeht.

Die Menschen sind dem Intuitionsvermögen nach verschieden. Dem einen sprudeln die Ideen zu, der andere erwirbt sie sich mühselig. Die Situationen, in denen die Menschen leben, und die den Schauplatz ihres Handelns abgeben, sind nicht weniger verschieden. Wie ein Mensch handelt, wird also abhängen von der Art, wie sein Intuitionsvermögen einer bestimmten Situation gegenüber wirkt. Die Summe der in uns wirksamen Ideen, den realen Inhalt unserer Intuitionen, macht das aus, was bei aller Allgemeinheit der Ideenwelt in jedem Menschen individuell geartet ist. Insofern dieser intuitive Inhalt auf das Handeln geht, ist er der Sittlichkeitsgehalt des Individuums. Das Auslebenlassen dieses Gehalts ist die höchste moralische Triebfeder und zugleich das höchste Motiv dessen, der einsieht, daß alle andern Moralprinzipien sich letzten Endes in diesem Gehalte vereinigen. Man kann diesen Standpunkt den *ethischen Individualismus* nennen.

Das Maßgebende einer intuitiv bestimmten Handlung im konkreten Falle ist das Auffinden der entsprechenden, ganz individuellen Intuition. Auf dieser Stufe der Sittlichkeit kann von allgemeinen Sittlichkeitsbegriffen (Normen, Gesetzen) nur insofern die Rede sein, als sich diese aus der Verallgemeinerung der individuellen Antriebe ergeben. Allgemeine Normen setzen immer konkrete Tatsachen voraus, aus denen sie abgeleitet werden können. Durch das menschliche Handeln werden aber Tatsachen erst *geschaffen.*

Wenn wir das Gesetzmäßige (Begriffliche in dem Handeln der Individuen, Völker und Zeitalter) aufsuchen, so erhalten wir eine Ethik, aber nicht als Wissenschaft von sittlichen Normen, sondern als Naturlehre der Sittlichkeit. Erst die hierdurch gewonnenen Gesetze verhalten sich zum menschlichen Handeln so wie die Naturgesetze zu einer besonderen Erscheinung. Sie sind aber durchaus nicht identisch mit den Antrieben, die wir unserm Handeln zugrunde legen. Will man erfassen, wodurch eine Handlung des Menschen dessen *sittlichem* Wollen entspringt, so muß man zunächst auf das Verhältnis dieses Wollens zu der Handlung sehen. Man muß zunächst Handlungen ins Auge fassen, bei denen dieses Verhältnis das Bestimmende ist. Wenn ich oder ein anderer später über eine solche Handlung nachdenken, kann es herauskommen, welche Sittlichkeitsmaximen bei derselben in Betracht kommen. Während ich handle, bewegt mich die Sittlichkeitsmaxime, insoferne sie intuitiv in mir leben kann; sie ist verbunden mit der *Liebe* zu dem Objekt, das ich durch meine Handlung verwirklichen will. Ich frage keinen Menschen und auch keine Regel: soll ich diese Handlung ausführen? – sondern ich führe sie aus, sobald ich die Idee davon gefaßt habe. Nur dadurch ist sie *meine* Handlung. Wer nur handelt, weil er bestimmte sittliche Normen anerkennt, dessen Handlung ist das Ergebnis der in seinem Moralkodex stehenden Prinzipien. Er ist bloß der Vollstrecker. Er ist ein höherer Automat. Werfet einen Anlaß zum Handeln in sein Bewußtsein, und alsbald setzt sich das Räderwerk seiner Moralprinzipien in Bewegung und läuft in gesetzmäßiger Weise ab, um eine christliche, humane, ihm selbstlos geltende, oder eine Handlung des kulturgeschichtlichen Fortschrittes zu vollbringen. Nur wenn ich meiner Liebe zu dem Objekte folge, dann bin ich es selbst, der handelt. Ich handle auf dieser Stufe der Sittlichkeit nicht, weil ich einen Herrn über mich anerkenne, nicht die äußere Autorität, nicht eine sogenannte innere Stimme. Ich erkenne kein äußeres Prinzip meines Handelns an, weil ich in mir selbst den Grund des Handelns, die Liebe zur Handlung gefunden habe. Ich prüfe nicht verstandesmäßig, ob meine Handlung gut oder böse ist; ich vollziehe sie, weil ich sie *liebe.* Sie wird «gut», wenn meine in Liebe getauchte Intuition in der rechten Art in dem intuitiv zu erlebenden Weltzusammenhang drinnensteht; «böse», wenn das nicht der Fall ist. Ich frage mich auch nicht: wie würde ein anderer Mensch in meinem Falle handeln? – sondern ich handle, wie ich, diese besondere Individualität, zu wollen mich veranlaßt sehe. Nicht das allgemein Übliche, die allgemeine Sitte, eine allgemein-menschliche Maxime, eine sittliche Norm leitet mich in unmittelbarer Art, sondern meine Liebe zur Tat. Ich fühle keinen Zwang, nicht den Zwang der Natur, die mich bei meinen Trieben leitet, nicht den Zwang der sittlichen Gebote, sondern ich will einfach ausführen, was in mir liegt.

Die Verteidiger der allgemeinen sittlichen Normen könnten etwa zu diesen Ausführungen sagen: Wenn jeder Mensch nur darnach strebt, sich auszuleben und zu tun, was ihm beliebt, dann ist kein Unterschied zwischen guter Handlung und Verbrechen; jede Gaunerei, die in mir liegt, hat gleichen Anspruch sich auszuleben, wie die Intention, dem allgemeinen Besten zu dienen. Nicht der Umstand, daß ich eine Handlung der Idee nach ins Auge gefaßt habe, kann für mich als sittlichen Menschen maßgebend sein, sondern die Prüfung, ob sie gut oder *böse* ist. Nur im ersteren Falle werde ich sie ausführen.

Meine Entgegnung auf diesen naheliegenden und doch nur aus einer Verkennung des hier Gemeinten entspringenden Einwand ist diese: Wer das Wesen des menschlichen Wollens erkennen will, der muß unterscheiden zwischen dem Weg, der dieses Wollen bis zu einem bestimmten Grad der Entwickelung bringt, und der Eigenart, welche das Wollen annimmt, indem es sich diesem Ziele annähert. Auf dem Wege zu diesem Ziele spielen Normen ihre berechtigte Rolle. Das Ziel besteht in der Verwirklichung rein intuitiv erfaßter Sittlichkeitsziele. Der Mensch erreicht solche Ziele in dem Maße, in dem er die Fähigkeit besitzt, sich überhaupt zum intuitiven Ideengehalte der Welt zu erheben. Im einzelnen Wollen wird zumeist anderes als Triebfeder oder Motiv solchen Zielen beigemischt sein. Aber Intuitives kann im menschlichen Wollen doch bestimmend oder mitbestimmend sein. Was man *soll,* das tut man; man gibt den Schauplatz ab, auf dem das Sollen zum Tun wird; eigene Handlung ist, was man als solche aus sich entspringen läßt. Der Antrieb kann da nur ein ganz individueller sein. Und in Wahrheit kann nur eine aus der Intuition entspringende Willenshandlung eine individuelle sein. Daß die Tat des Verbrechers, daß das Böse in gleichem Sinne ein Ausleben der Individualität genannt wird wie die Verkörperung reiner Intuition, ist nur möglich, wenn die blinden Triebe zur menschlichen Individualität gezählt werden. Aber der blinde Trieb, der zum Verbrechen treibt, stammt nicht aus Intuitivem, und gehört nicht zum Individuellen des Menschen, sondern zum Allgemeinsten in ihm, zu dem, was bei allen Individuen in gleichem Maße geltend ist und aus dem sich der Mensch durch sein Individuelles heraus arbeitet. Das Individuelle in mir ist nicht mein Organismus mit seinen Trieben und Gefühlen, sondern das ist die einige Ideenwelt, die in diesem Organismus aufleuchtet. Meine Triebe, Instinkte, Leidenschaften begründen nichts weiter in mir, als daß ich zur allgemeinen Gattung *Mensch* gehöre; der Umstand, daß sich ein Ideelles in diesen Trieben, Leidenschaften und Gefühlen auf eine besondere Art auslebt, begründet meine Individualität. Durch meine Instinkte, Triebe bin ich ein Mensch, von denen zwölf ein Dutzend machen; durch die besondere Form der Idee, durch die ich mich innerhalb des Dutzend als Ich bezeichne, bin ich Individuum. Nach der Verschiedenheit meiner tierischen Natur könnte mich nur ein mir fremdes Wesen von andern unterscheiden; durch mein Denken, das heißt durch das tätige Erfassen dessen, was sich als Ideelles in meinem Organismus auslebt, unterscheide ich mich selbst von andern. Man kann also von der Handlung des Verbrechers gar nicht sagen, daß sie aus der Idee hervorgeht. Ja, das ist gerade das Charakteristische der Verbrecherhandlungen, daß sie aus den außerideellen Elementen des Menschen sich herleiten.

Eine Handlung wird als eine freie empfunden, soweit deren Grund aus dem ideellen Teil meines individuellen Wesens hervorgeht; jeder andere Teil einer Handlung, gleichgültig, ob er aus dem Zwange der Natur oder aus der Nötigung einer sittlichen Norm vollzogen wird, wird als *unfrei* empfunden.

Frei ist nur der Mensch, insofern er in jedem Augenblicke seines Lebens sich selbst zu folgen in der Lage ist. Eine sittliche Tat ist nur *meine* Tat, wenn sie in dieser Auffassung eine freie genannt werden kann. Hier ist zunächst die Rede davon, unter welchen Voraussetzungen eine gewollte Handlung als eine freie empfunden wird; wie diese rein ethisch gefaßte Freiheitsidee in der menschlichen Wesenheit sich verwirklicht, soll im folgenden sich zeigen.

Die Handlung aus Freiheit schließt die sittlichen Gesetze nicht etwa aus, sondern ein; sie erweist sich nur als höherstehend gegenüber derjenigen, die nur von diesen Gesetzen diktiert ist. Warum sollte meine Handlung denn weniger dem Gesamtwohle dienen, wenn ich sie aus Liebe getan habe, als dann, wenn ich sie *nur* aus dem Grunde vollbracht habe, weil dem Gesamtwohle zu dienen ich als Pflicht empfinde? Der bloße Pflichtbegriff schließt die *Freiheit* aus, weil er das Individuelle nicht anerkennen will, sondern Unterwerfung des letztern unter eine allgemeine Norm fordert. Die Freiheit des Handelns ist nur denkbar vom Standpunkte des ethischen Individualismus aus.

Wie ist aber ein Zusammenleben der Menschen möglich, wenn jeder nur bestrebt ist, seine Individualität zur Geltung zu bringen? Damit ist ein Einwand des falsch verstandenen Moralismus gekennzeichnet. Dieser glaubt, eine Gemeinschaft von Menschen sei nur möglich, wenn sie alle vereinigt sind durch eine gemeinsam festgelegte sittliche Ordnung. Dieser Moralismus versteht eben die Einigkeit der Ideenwelt nicht. Er begreift nicht, daß die Ideenwelt, die in mir tätig ist, keine andere ist, als die in meinem Mitmenschen. Diese Einheit ist allerdings bloß ein Ergebnis der Welterfahrung. Allein sie *muß* ein solches sein. Denn wäre sie durch irgend etwas anderes als durch Beobachtung zu erkennen, so wäre in ihrem Bereich nicht individuelles Erleben, sondern allgemeine Norm geltend. Individualität ist nur möglich, wenn jedes individuelle Wesen vom andern nur durch individuelle Beobachtung weiß. Der Unterschied zwischen mir und meinem Mitmenschen liegt durchaus nicht darin, daß wir in zwei ganz verschiedenen Geisteswelten leben, sondern daß er aus der uns gemeinsamen Ideenwelt andere Intuitionen empfängt als ich. Er will *seine* Intuitionen ausleben, ich die *meinigen*. Wenn wir beide wirklich aus der Idee schöpfen und keinen äußeren (physischen oder geistigen) Antrieben folgen, so können wir uns nur in dem gleichen Streben, in denselben Intentionen begegnen. Ein sittliches Mißverstehen, ein Aufeinanderprallen ist bei sittlich *freien* Menschen ausgeschlossen. Nur der sittlich Unfreie, der dem Naturtrieb oder einem angenommenen Pflichtgebot folgt, stößt den Nebenmenschen zurück, wenn er nicht dem gleichen Instinkt und dem gleichen Gebot folgt. *Leben* in der Liebe zum Handeln und *Lebenlassen* im Verständnisse des fremden Wollens ist die Grundmaxime der *freien Menschen*. Sie kennen kein anderes *Sollen* als dasjenige, mit dem sich ihr

Wollen in intuitiven Einklang versetzt; wie sie in einem besonderen Falle *wollen* werden, das wird ihnen ihr Ideenvermögen sagen.

Läge nicht in der menschlichen Wesenheit der Urgrund zur Verträglichkeit, man würde sie ihr durch keine äußeren Gesetze einimpfen! Nur weil die menschlichen Individuen eines Geistes *sind,* können sie sich auch nebeneinander ausleben. Der Freie lebt in dem Vertrauen darauf, daß der andere Freie mit ihm einer geistigen Welt angehört und sich in seinen Intentionen mit ihm begegnen wird. Der Freie verlangt von seinen Mitmenschen keine Übereinstimmung, aber er erwartet sie, weil sie in der menschlichen Natur liegt. Damit ist nicht auf die Notwendigkeiten gedeutet, die für diese oder jene äußeren Einrichtungen bestehen, sondern auf die *Gesinnung,* auf die *Seelenverfassung,* durch die der Mensch in seinem Sich-Erleben unter von ihm geschätzten Mitmenschen der menschlichen Würde am meisten gerecht wird.

Es wird viele geben, die da sagen: der Begriff des *freien* Menschen, den du da entwirfst, ist eine Schimäre, ist nirgends verwirklicht. Wir haben es aber mit wirklichen Menschen zu tun, und bei denen ist auf Sittlichkeit nur zu hoffen, wenn sie einem Sittengebote gehorchen, wenn sie ihre sittliche Mission als Pflicht auffassen und nicht frei ihren Neigungen und ihrer Liebe folgen. – Ich bezweifle das keineswegs. Nur ein Blinder könnte es. Aber dann hinweg mit aller Heuchelei der Sittlichkeit, wenn dieses *letzte* Einsicht sein sollte. Saget dann einfach: die menschliche Natur muß zu ihren Handlungen *gezwungen* werden, solange sie nicht *frei* ist. Ob man die Unfreiheit durch physische Mittel oder durch Sittengesetze bezwingt, ob der Mensch unfrei ist, weil er seinem maßlosen Geschlechtstrieb folgt, oder darum, weil er in den Fesseln konventioneller Sittlichkeit eingeschnürt ist, ist für einen gewissen Gesichtspunkt ganz gleichgültig. Man behaupte aber nur nicht, daß ein solcher Mensch mit Recht eine Handlung die *seinige* nennt, da er doch von einer fremden Gewalt dazu getrieben ist. Aber mitten aus der Zwangsordnung heraus erheben sich die Menschen, die *freien Geister,* die *sich* selbst finden in dem Wust von Sitte, Gesetzeszwang, Religionsübung und so weiter. *Frei* sind sie, insofern sie nur sich folgen, *unfrei,* insofern sie sich unterwerfen. Wer von uns kann sagen, daß er in allen seinen Handlungen wirklich frei ist? Aber in jedem von uns wohnt eine tiefere Wesenheit, in der sich der freie Mensch ausspricht.

Aus Handlungen der Freiheit und der Unfreiheit setzt sich unser Leben zusammen. Wir können aber den Begriff des Menschen nicht zuende denken, ohne auf den *freien Geist* als die reinste Ausprägung der menschlichen Natur zu kommen. Wahrhaft Menschen sind wir doch nur, insofern wir frei sind.

Das ist ein Ideal, werden viele sagen. Ohne Zweifel, aber ein solches, das sich in unserer Wesenheit als reales Element an die Oberfläche arbeitet. Es ist kein erdachtes oder erträumtes Ideal, sondern ein solches, das Leben hat und das sich auch in der unvollkommensten Form seines Daseins deutlich ankündigt. Wäre der Mensch ein bloßes Naturwesen, dann wäre das Aufsuchen von Idealen, das ist von Ideen, die augenblicklich unwirksam sind, deren Verwirklichung aber gefordert wird, ein Unding. An dem Dinge der Außenwelt ist die Idee durch die Wahrnehmung bestimmt; wir haben das unserige getan, wenn wir den Zusammenhang von Idee und Wahrnehmung erkannt haben. Beim Menschen ist das nicht so. Die Summe seines Daseins ist nicht ohne ihn selbst bestimmt; sein wahrer Begriff als *sittlicher* Mensch (freier Geist) ist mit dem Wahrnehmungsbilde «Mensch» nicht im voraus objektiv vereinigt, um bloß nachher durch die Erkenntnis festgestellt zu werden. Der Mensch muß selbsttätig seinen Begriff mit der Wahrnehmung Mensch vereinigen. Begriff und Wahrnehmung decken sich hier nur, wenn sie der Mensch selbst zur Deckung bringt. Er kann es aber nur, wenn er den Begriff des freien Geistes, das ist seinen eigenen Begriff gefunden hat. In der objektiven Welt ist uns durch unsere Organisation ein Grenzstrich gezogen zwischen Wahrnehmung und Begriff; das Erkennen überwindet diese Grenze. In der subjektiven Natur ist diese Grenze nicht minder vorhanden; der Mensch überwindet sie im Laufe seiner Entwickelung, indem er in seiner Erscheinung seinen Begriff zur Ausgestaltung bringt. So führt uns sowohl das intellektuelle wie das sittliche Leben des Menschen auf seine Doppelnatur: das Wahrnehmen (unmittelbares Erleben) und Denken. Das intellektuelle Leben überwindet die Doppelnatur durch die Erkenntnis, das sittliche durch die tatsächliche Verwirklichung des freien Geistes. Jedes Wesen hat seinen eingeborenen Begriff (das Gesetz seines Seins und Wirkens); aber er ist in den Außendingen unzertrennlich mit der Wahrnehmung verbunden und nur innerhalb unseres geistigen Organismus von dieser abgesondert. Beim Menschen selbst ist Begriff und Wahrnehmung zunächst *tatsächlich* getrennt, um von ihm ebenso *tatsächlich* vereinigt zu werden. Man kann einwenden: unserer Wahrnehmung des Menschen entspricht in jedem Augenblicke seines Lebens ein bestimmter Begriff, so wie jedem anderen Dinge auch. Ich kann mir den Begriff eines Schablonenmenschen bilden und kann einen solchen auch als Wahrnehmung gegeben haben; wenn ich zu diesem auch noch den Begriff des freien Geistes bringe, so habe ich zwei Begriffe für dasselbe Objekt.

Das ist einseitig gedacht. Ich bin als Wahrnehmungsobjekt einer fortwährenden Veränderung unterworfen. Als Kind war ich ein anderer, ein anderer als Jüngling und als Mann. Ja, in jedem Augenblicke ist mein Wahrnehmungsbild ein anderes als in den vorangehenden. Diese Veränderungen können sich in dem Sinne vollziehen, daß sich in ihnen nur immer derselbe (Schablonenmensch) ausspricht, oder daß sie den Ausdruck des freien Geistes darstellen. Diesen Veränderungen ist das Wahrnehmungsobjekt meines Handelns unterworfen.

Es ist in dem Wahrnehmungsobjekt Mensch die Möglichkeit gegeben, sich umzubilden, wie im Pflanzenkeim die Möglichkeit liegt, zur ganzen Pflanze zu werden. Die Pflanze wird sich umbilden wegen der objektiven, in ihr liegenden Gesetzmäßigkeit; der Mensch bleibt in seinem unvollendeten Zustande, wenn er nicht den Umbildungsstoff in sich selbst aufgreift, und sich durch eigene Kraft umbildet. Die Natur macht aus dem Menschen bloß ein Naturwesen; die Gesellschaft ein gesetzmäßig handelndes; ein *freies* Wesen kann er nur *selbst* aus sich machen. Die Natur läßt den Menschen in einem gewissen Stadium seiner Entwickelung aus ihren Fesseln los; die Gesellschaft führt diese Entwickelung bis zu einem weiteren Punkte; den letzten Schliff kann nur der Mensch selbst sich geben.

Der Standpunkt der freien Sittlichkeit behauptet also nicht, daß der freie Geist die einzige Gestalt ist, in der ein Mensch existieren kann. Sie sieht in der freien Geistigkeit nur das letzte Entwickelungsstadium des Menschen. Damit ist nicht geleugnet, daß das Handeln nach Normen als Entwickelungsstufe seine Berechtigung habe. Es kann nur nicht als absoluter Sittlichkeitsstandpunkt anerkannt werden. Der freie Geist aber überwindet die Normen in dem Sinne, daß er nicht nur Gebote als Motive empfindet, sondern sein Handeln nach seinen Impulsen (Intuitionen) einrichtet.

Wenn Kant von der Pflicht sagt: «Pflicht! du erhabener, großer Name, der du nichts Beliebtes, was Einschmeichelung bei sich führt, in dir fassest, sondern Unterwerfung verlangst», der du «ein Gesetz aufstellst ..., vor dem alle Neigungen verstummen, wenn sie gleich in Geheim ihm entgegenwirken», so erwidert der Mensch aus dem Bewußtsein des freien Geistes: «Freiheit! du freundlicher, menschlicher Name, der du alles sittlich Beliebte, was mein Menschentum am meisten würdigt, in dir fassest, und mich zu niemandes Diener machst, der du nicht bloß ein Gesetz aufstellst, sondern abwartest, was meine sittliche Liebe selbst als Gesetz erkennen wird, weil sie jedem nur auferzwungenen Gesetze gegenüber sich unfrei fühlt.»

Das ist der Gegensatz von bloß gesetzmäßiger und freier Sittlichkeit.

Der Philister, der in einem äußerlich Festgestellten die verkörperte Sittlichkeit sieht, wird in dem freien Geist vielleicht sogar einen gefährlichen Menschen sehen. Er tut es aber nur, weil sein Blick eingeengt ist in eine bestimmte Zeitepoche. Wenn er über dieselbe hinausblicken könnte, so müßte er alsbald finden, daß der freie Geist ebenso wenig nötig hat, über die Gesetze seines Staates hinauszugehen, wie der Philister selbst, nie aber sich mit ihnen in einen wirklichen Widerspruch zu setzen. Denn die Staatsgesetze sind sämtlich aus Intuitionen freier Geister entsprungen, ebenso wie alle anderen objektiven Sittlichkeitsgesetze. Kein Gesetz wird durch Familienautorität ausgeübt, das nicht einmal von einem Ahnherrn als solches intuitiv erfaßt und festgesetzt worden wäre; auch die konventionellen Gesetze der Sittlichkeit werden von bestimmten Menschen zuerst aufgestellt; und die Staatsgesetze entstehen stets im Kopfe eines Staatsmannes. Diese Geister haben die Gesetze über die anderen Menschen gesetzt, und unfrei wird nur der, welcher diesen Ursprung vergißt, und sie entweder zu außermenschlichen Geboten, zu objektiven vom Menschlichen unabhängigen sittlichen Pflichtbegriffen oder zur befehlenden Stimme seines eigenen falsch mystisch zwingend gedachten Innern macht. Wer den Ursprung aber nicht übersieht, sondern ihn in dem Menschen sucht, der wird damit rechnen als mit einem Gliede derselben Ideenwelt, aus der auch er seine sittlichen Intuitionen holt. Glaubt er bessere zu haben, so sucht er sie an die Stelle der bestehenden zu bringen; findet er diese berechtigt, dann handelt er ihnen gemäß, als wenn sie seine eigenen wären.

Es darf nicht die Formel geprägt werden, der Mensch sei dazu da, um eine von ihm abgesonderte sittliche Weltordnung zu verwirklichen. Wer dies behauptete, stünde in bezug auf Menschheitswissenschaft noch auf demselben Standpunkt, auf dem jene Naturwissenschaft stand, die da glaubte: der Stier habe Hörner, damit er stoßen könne. Die Naturforscher haben glücklich einen solchen Zweckbegriff zu den Toten geworfen. Die Ethik kann sich schwerer davon frei machen. Aber so wie die Hörner nicht *wegen* des Stoßens da sind, sondern das Stoßen *durch* die Hörner, so ist der Mensch nicht wegen der Sittlichkeit da, sondern die Sittlichkeit *durch* den Menschen. Der freie Mensch handelt sittlich, weil er eine sittliche Idee hat; aber er handelt nicht, damit Sittlichkeit entstehe. Die menschlichen Individuen mit ihren zu ihrem Wesen gehörigen sittlichen Ideen sind die Voraussetzung der sittlichen Weltordnung.

Das menschliche Individuum ist Quell aller Sittlichkeit und Mittelpunkt des Erdenlebens. Der Staat, die Gesellschaft sind nur da, weil sie sich als notwendige Folge des Individuallebens ergeben. Daß dann der Staat und die Gesellschaft wieder zurückwirken auf das Individualleben, ist ebenso begreiflich, wie der Umstand, daß das Stoßen, das durch die Hörner da ist, wieder zurückwirkt auf die weitere Entwickelung der Hörner des Stieres, die bei längerem Nichtgebrauch verkümmern würden. Ebenso müßte das Individuum verkümmern, wenn es außerhalb der menschlichen Gemeinschaft ein abgesondertes Dasein führte. Darum bildet sich ja gerade die gesellschaftliche Ordnung, um im günstigen Sinne wieder zurück auf das Individuum zu wirken.

X

FREIHEITSPHILOSOPHIE UND MONISMUS

Der naive Mensch, der nur als wirklich gelten läßt, was er mit Augen sehen und mit Händen greifen kann, fordert auch für sein sittliches Leben Beweggründe, die mit den Sinnen wahrnehmbar sind. Er fordert ein Wesen, das ihm diese Beweggründe auf eine seinen Sinnen verständliche Weise mitteilt. Er wird von einem Menschen, den er für weiser und mächtiger hält als sich selbst, oder den er aus einem andern Grunde als eine über ihm stehende Macht anerkennt, diese Beweggründe als Gebote sich diktieren lassen. Es ergeben sich auf diese Weise als sittliche Prinzipien die schon früher genannten der Familien-, staatlichen, gesellschaftlichen, kirchlichen und göttlichen Autorität. Der befangenste Mensch glaubt noch einem einzelnen andern Menschen; der etwas fortgeschrittenere läßt sich sein sittliches Verhalten von einer Mehrheit (Staat, Gesellschaft) diktieren. Immer sind es wahrnehmbare Mächte, auf die er baut. Wem endlich die Überzeugung aufdämmert, daß dies doch im Grunde ebenso schwache Menschen sind wie er, der sucht bei einer höheren Macht Auskunft, bei einem göttlichen Wesen, das er sich aber mit sinnlich wahrnehmbaren Eigenschaften ausstattet. Er läßt sich von diesem Wesen den begrifflichen Inhalt seines sittlichen Lebens wieder auf wahrnehmbare Weise vermitteln, sei es, daß der Gott im brennenden Dornbusche erscheint, sei es, daß er in leibhaftig-menschlicher Gestalt unter den Menschen wandelt und ihren Ohren vernehmbar sagt, was sie tun und nicht tun sollen.

Die höchste Entwickelungsstufe des naiven Realismus auf dem Gebiete der Sittlichkeit ist die, wo das Sittengebot (sittliche Idee) von jeder fremden Wesenheit abgetrennt und hypothetisch als absolute Kraft im eigenen Innern gedacht wird. Was der Mensch zuerst als äußere Stimme Gottes vernahm, das vernimmt er jetzt als selbständige Macht in seinem Innern und spricht von dieser innern Stimme so, daß er sie dem Gewissen gleichsetzt.

Damit ist aber die Stufe des naiven Bewußtseins bereits verlassen, und wir sind eingetreten in die Region, wo die Sittengesetze als Normen verselbständigt werden. Sie haben dann keinen Träger mehr, sondern werden zu metaphysischen Wesenheiten, die durch sich selbst existieren. Sie sind analog den unsichtbar-sichtbaren Kräften des metaphysischen Realismus, der die Wirklichkeit nicht durch den Anteil sucht, den die menschliche Wesenheit im Denken an dieser Wirklichkeit hat, sondern der sie hypothetisch zu dem Erlebten hinzudenkt. Die außermenschlichen Sittennormen treten auch immer als Begleiterscheinung dieses metaphysischen Realismus auf. Dieser metaphysische Realismus muß auch den Ursprung der Sittlichkeit im Felde des außermenschlichen Wirklichen suchen. Es gibt da verschiedene Möglichkeiten. Ist das vorausgesetzte Wesen als ein an sich gedankenloses, nach rein mechanischen Gesetzen wirkendes gedacht, wie es das des Materialismus sein soll, dann wird es auch das menschliche Individuum durch rein mechanische Notwendigkeit aus sich hervorbringen samt allem, was an diesem ist. Das Bewußtsein der Freiheit kann dann nur eine Illusion sein. Denn während ich mich für den Schöpfer meiner Handlung halte, wirkt in mir die mich zusammensetzende Materie und ihre Bewegungsvorgänge. Ich glaube mich frei; alle meine Handlungen sind aber tatsächlich nur Ergebnisse der meinem leiblichen und geistigen Organismus zugrunde liegenden materiellen Vorgänge. Nur weil wir die uns zwingenden Motive nicht kennen, haben wir das Gefühl der Freiheit, meint diese Ansicht. «Wir müssen hier wieder hervorheben, daß dieses Gefühl der Freiheit auf der Abwesenheit äußerer zwingender Motive … beruht.» «Unser Handeln ist necessitiert wie unser Denken.» (Ziehen, Leitfaden der physiologischen Psychologie Seite 207 f.)*

Eine andere Möglichkeit ist die, daß jemand in einem geistigen Wesen das hinter den Erscheinungen steckende außermenschliche Absolute sieht. Dann wird er auch den Antrieb zum Handeln in einer solchen geistigen Kraft suchen. Er wird die in seiner

* Über die Art, wie hier von «Materialismus» gesprochen wird, und die Berechtigung, von ihm so zu sprechen, vgl. «Zusatz» zu diesem Kapitel am Schluß desselben.

Vernunft auffindbaren Sittenprinzipien für einen Ausfluß dieses Wesens an sich ansehen, das mit dem Menschen seine besonderen Absichten hat. Die Sittengesetze erscheinen dem Dualisten dieser Richtung als von dem Absoluten diktiert, und der Mensch hat durch seine Vernunft einfach diese Ratschlüsse des absoluten Wesens zu erforschen und auszuführen. Die sittliche Weltordnung erscheint dem Dualisten als wahrnehmbarer Abglanz einer hinter derselben stehenden höheren Ordnung. Die irdische Sittlichkeit ist die Erscheinung der außermenschlichen Weltordnung. Nicht der Mensch ist es, auf den es in dieser sittlichen Ordnung ankommt, sondern auf das Wesen an sich, auf das außermenschliche Wesen. Der Mensch *soll* das, was dieses Wesen *will. Eduard von Hartmann,* der das Wesen an sich als Gottheit vorstellt, für die das eigene Dasein Leiden ist, glaubt, dieses göttliche Wesen habe die Welt erschaffen, damit es durch dieselbe von seinem unendlich großen Leiden erlöst werde. Dieser Philosoph sieht daher die sittliche Entwickelung der Menschheit als einen Prozeß an, der dazu da ist, die Gottheit zu erlösen. «Nur durch den Aufbau einer sittlichen Weltordnung von seiten vernünftiger selbstbewußter Individuen kann der Weltprozeß seinem Ziel entgegengeführt ... werden.» «Das reale Dasein ist die Inkarnation der Gottheit, der Weltprozeß die Passionsgeschichte des fleischgewordenen Gottes, und zugleich der Weg zur Erlösung des im Fleische Gekreuzigten; *die Sittlichkeit aber ist die Mitarbeit an der Abkürzung dieses Leidens- und Erlösungsweges.*» (Hartmann, Phänomenologie des sittlichen Bewußtseins S. 871). Hier handelt der Mensch nicht, weil er will, sondern er *soll* handeln, weil Gott erlöst sein will. Wie der materialistische Dualist den Menschen zum Automaten macht, dessen Handeln nur das Ergebnis rein mechanischer Gesetzmäßigkeit ist, so macht ihn der spiritualistische Dualist (das ist derjenige, der das Absolute, das Wesen an sich, in einem Geistigen sieht, an dem der Mensch mit seinem bewußten Erleben keinen Anteil hat) zum Sklaven des Willens jenes Absoluten. Freiheit ist innerhalb des Materialismus sowie des einseitigen Spiritualismus, überhaupt innerhalb des auf Außermenschliches als wahre Wirklichkeit schließenden, diese nicht erlebenden metaphysischen Realismus, ausgeschlossen.

Der naive wie dieser metaphysische Realismus müssen konsequenterweise aus einem und demselben Grunde die Freiheit leugnen, weil sie in dem Menschen nur den Vollstrecker oder Vollzieher von notwendig ihm aufgedrängten Prinzipien sehen. Der naive Realismus tötet die Freiheit durch Unterwerfung unter die Autorität eines wahrnehmbaren oder nach Analogie der Wahrnehmungen gedachten Wesens oder endlich unter die abstrakte innere Stimme, die er als «Gewissen» *deutet;* der bloß das Außermenschliche erschließende Metaphysiker kann die Freiheit nicht anerkennen, weil er den Menschen von einem «Wesen an sich» mechanisch oder moralisch bestimmt sein läßt.

Der *Monismus* wird die teilweise Berechtigung des naiven Realismus anerkennen müssen, weil er die Berechtigung der Wahrnehmungswelt anerkennt. Wer unfähig ist, die sittlichen Ideen durch Intuition hervorzubringen, der muß sie von andern empfangen. Insoweit der Mensch seine sittlichen Prinzipien von außen empfängt, ist er tatsächlich unfrei. Aber der Monismus schreibt der Idee neben der Wahrnehmung eine gleiche Bedeutung zu. Die Idee kann aber im menschlichen Individuum zur Erscheinung kommen. Insofern der Mensch den Antrieben von dieser Seite folgt, empfindet er sich als frei. Der Monismus spricht aber der bloß schlußfolgernden Metaphysik alle Berechtigung ab, folglich auch den von sogenannten «Wesen an sich» herrührenden Antrieben des Handelns. Der Mensch kann nach monistischer Auffassung unfrei handeln, wenn er einem wahrnehmbaren äußeren Zwange folgt; er kann frei handeln, wenn er nur sich selbst gehorcht. Einen unbewußten, hinter Wahrnehmung und Begriff steckenden Zwang kann der Monismus nicht anerkennen. Wenn jemand von einer Handlung seines Mitmenschen behauptet: sie sei *unfrei* vollbracht, so muß er innerhalb der wahrnehmbaren Welt das Ding, oder den Menschen, oder die Einrichtung nachweisen, die jemand zu seiner Handlung veranlaßt haben; wenn der Behauptende sich auf Ursachen des Handelns außerhalb der sinnlich und geistig wirklichen Welt beruft, dann kann sich der Monismus auf eine solche Behauptung nicht einlassen.

Nach monistischer Auffassung handelt der Mensch teils unfrei, teils frei. Er findet sich als unfrei in der Welt der Wahrnehmungen vor und verwirklicht in sich den *freien* Geist.

Die sittlichen Gebote, die der bloß schlußfolgernde Metaphysiker als Ausflüsse einer höheren Macht ansehen muß, sind dem Bekenner des Monismus *Gedanken der Menschen;* die sittliche Weltordnung ist ihm weder der Abklatsch einer rein mechanischen Naturordnung, noch einer außermenschlichen Weltordnung, sondern durchaus freies Menschenwerk. Der Mensch hat nicht den Willen eines außer ihm liegenden Wesens in der Welt, sondern seinen eigenen durchzusetzen; er verwirklicht nicht die Ratschlüsse und Intentionen eines andern Wesens, sondern seine eigenen. Hinter den handelnden Menschen sieht der Monismus nicht die Zwecke einer ihm fremden Weltenlenkung, die die Menschen nach ihrem Willen bestimmt, sondern die Menschen verfolgen, insofern sie intuitive Ideen verwirklichen, nur ihre eigenen, *menschlichen* Zwecke. Und zwar verfolgt jedes Individuum seine besonderen Zwecke. Denn die Ideenwelt lebt sich nicht in einer Gemeinschaft von Menschen, sondern nur in menschlichen Individuen aus. Was als gemeinsames Ziel einer menschlichen Gesamtheit sich ergibt, das ist nur die Folge der einzelnen Willenstaten der Individuen, und zwar meist einiger weniger Auserlesener, denen die anderen, als ihren Autoritäten, folgen. Jeder von uns ist berufen *zum freien Geiste,* wie jeder Rosenkeim berufen ist, Rose zu werden.

Der Monismus ist also im Gebiete des wahrhaft sittlichen Handelns *Freiheitsphilosophie.* Weil er Wirklichkeitsphilosophie ist, so weist er ebenso gut die metaphysischen, unwirklichen Einschränkungen des freien Geistes zurück, wie er die physischen und historischen (naiv-wirklichen) des naiven Menschen anerkennt. Weil er den Menschen nicht als abgeschlossenes Produkt, das in jedem Augenblicke seines Lebens sein volles Wesen entfaltet, betrachtet, so scheint ihm der Streit, ob der Mensch als solcher *frei ist oder nicht,* nichtig. Er sieht in dem Menschen ein sich entwickelndes Wesen und fragt, ob auf dieser Entwickelungsbahn auch die Stufe des freien Geistes erreicht werden kann.

Der Monismus weiß, daß die Natur den Menschen nicht als freien Geist fix und fertig aus ihren Armen entläßt, sondern daß sie ihn bis zu einer gewissen Stufe führt, von der aus er noch immer als unfreies Wesen sich weiter entwickelt, bis er an den Punkt kommt, wo er sich selbst findet.

Der Monismus ist sich klar darüber, daß ein Wesen, das unter einem physischen oder moralischen Zwange handelt, nicht wahrhaftig sittlich sein kann. Er betrachtet den Durchgang durch das automatische Handeln (nach natürlichen Trieben und Instinkten) und denjenigen durch das gehorsame Handeln (nach sittlichen Normen) als notwendige Vorstufen der Sittlichkeit, aber er sieht die Möglichkeit ein, beide Durchgangsstadien durch den freien Geist zu überwinden. Der Monismus befreit die wahrhaft sittliche Weltanschauung im allgemeinen von den innerweltlichen Fesseln der naiven Sittlichkeitsmaximen und von den außerweltlichen Sittlichkeitsmaximen der spekulierenden Metaphysiker. Jene kann er nicht aus der Welt schaffen, wie er die Wahrnehmung nicht aus der Welt schaffen kann, diese lehnt er ab, weil er alle Erklärungsprinzipien zur Aufhellung der Welterscheinungen innerhalb der Welt sucht und keine außerhalb derselben. Ebenso wie der Monismus es ablehnt, an andere Erkenntnisprinzipien als solche für Menschen auch nur zu denken (vergleiche S. 99f.), so weist er auch den Gedanken an andere Sittlichkeitsmaximen als solche für Menschen entschieden zurück. Die menschliche Sittlichkeit ist wie die menschliche Erkenntnis bedingt durch die menschliche Natur. Und so wie andere Wesen unter Erkenntnis etwas ganz anderes verstehen werden als wir, so werden andere Wesen auch eine andere Sittlichkeit haben. Sittlichkeit ist dem Anhänger des Monismus eine spezifisch menschliche Eigenschaft, und *Freiheit* die menschliche Form, sittlich zu sein.

1. Zusatz zur Neuausgabe 1918. Eine Schwierigkeit in der Beurteilung des in beiden vorangehenden Abschnitten Dargestellten kann dadurch entstehen, daß man sich einem Widerspruch gegenübergestellt glaubt. Auf der einen Seite wird von dem Erleben des Denkens gesprochen, das von allgemeiner, für jedes menschliche Bewußtsein gleich geltender Bedeutung empfunden wird; auf der andern Seite wird hier darauf hingewiesen, daß die Ideen, welche im sittlichen Leben verwirklicht werden und die mit den im Denken erarbeiteten Ideen von gleicher Art sind, auf individuelle Art sich in jedem menschlichen Bewußtsein ausleben. Wer sich gedrängt fühlt, bei dieser Gegenüberstellung als bei einem «Widerspruch» stehen zu bleiben, und wer nicht erkennt, daß eben in der *lebendigen Anschauung* dieses *tatsächlich vorhandenen* Gegensatzes ein Stück vom Wesen des Menschen sich enthüllt, dem wird weder die Idee der Erkenntnis, noch die der Freiheit im rechten Lichte erscheinen können. Für diejenige Ansicht, welche ihre Begriffe bloß als von der Sinneswelt abgezogen (abstrahiert) denkt und welche die Intuition nicht zu ihrem Rechte kommen läßt, bleibt der hier für eine Wirklichkeit in Anspruch genommene Gedanke als ein «bloßer Widerspruch» bestehen. Für eine Einsicht, die durchschaut, wie Ideen intuitiv *erlebt* werden als ein auf sich selbst beruhendes Wesenhaftes, wird klar, daß der Mensch im Umkreis der Ideenwelt *beim Erkennen* sich in ein für alle Menschen Einheitliches hineinlebt, daß er aber, wenn er aus dieser Ideenwelt die Intuitionen für seine Willensakte entlehnt, ein Glied dieser Ideenwelt *durch dieselbe Tätigkeit* individualisiert, die er im geistig-ideellen Vorgang beim Erkennen als eine allgemein-menschliche entfaltet. Was als logischer Widerspruch erscheint, die allgemeine Artung der Erkenntnis-Ideen und die individuelle der Sitten-Ideen: das wird, indem es *in seiner Wirklichkeit* angeschaut wird, gerade zum lebendigen Begriff. Darin liegt ein Kennzeichen der menschlichen Wesenheit, daß das intuitiv zu Erfassende *im Menschen* wie im lebendigen Pendelschlag sich hin- und herbewegt zwischen der allgemein geltenden Erkenntnis und dem individuellen Erleben dieses Allgemeinen. Wer den einen Pendelausschlag in seiner Wirklichkeit nicht schauen kann, für den bleibt das Denken nur eine subjektive menschliche Betätigung; wer den andern nicht erfassen kann, für den scheint mit der Betätigung des Menschen im Denken alles individuelle Leben verloren. Für einen Denker der erstern Art ist das Erkennen, für den andern das sittliche Leben eine undurchschaubare Tatsache. Beide werden für die Erklärung des einen oder des andern allerlei Vorstellungen beibringen, die alle unzutreffend sind, weil von beiden eigentlich die Erlebbarkeit des Denkens entweder gar nicht erfaßt, oder als bloß abstrahierende Betätigung verkannt wird.

2. Zusatz zur Neuausgabe 1918. Auf S. 139 wird von Materialismus gesprochen. Es ist mir wohl bewußt, daß es Denker gibt – wie der eben angeführte Th. Ziehen –, die sich selbst durchaus nicht als Materialisten bezeichnen, die aber doch von dem in diesem Buche geltend gemachten Gesichtspunkte mit diesem Begriffe bezeichnet werden müssen. Es kommt nicht darauf an, ob jemand sagt, für ihn sei die Welt nicht im bloß materiellen Sein beschlossen; er sei deshalb kein Materialist. Sondern es kommt darauf an, ob er Begriffe entwickelt, die *nur* auf ein materielles Sein anwendbar sind. Wer ausspricht: «Unser Handeln ist necessitiert wie unser Denken», der hat einen Begriff hingestellt, der bloß auf materielle Vorgänge, aber weder auf das Handeln, noch auf das Sein anwendbar ist; und er müßte, wenn er seinen Begriff zu Ende dächte, eben materialistisch denken. Daß er es nicht tut, ergibt sich nur aus derjenigen Inkonsequenz, die so oft die Folge des nicht zu Ende geführten Denkens ist. – Man hört jetzt oft, der Materialismus des 19. Jahrhunderts sei wissenschaftlich abgetan. In Wahrheit ist er es aber durchaus nicht. Man bemerkt in der Gegenwart oft nur nicht, daß man keine anderen Ideen als solche hat, mit denen man nur an Materielles heran kann. Dadurch verhüllt sich jetzt der Materialismus, während er in der zweiten Hälfte des 19. Jahrhunderts sich offen zur Schau gestellt hat. Gegen eine geistig die Welt erfassende Anschauung ist der verhüllte Materialismus der Gegenwart nicht weniger intolerant als der eingestandene des vorigen Jahrhunderts. Er täuscht nur viele, die da glauben, eine auf Geistiges gehende Weltauffassung ablehnen zu dürfen, weil ja die naturwissenschaftliche den «Materialismus längst verlassen hat». –

XI

WELTZWECK UND LEBENSZWECK

(BESTIMMUNG DES MENSCHEN)

Unter den mannigfaltigen Strömungen in dem geistigen Leben der Menschheit ist eine zu verfolgen, die man nennen kann die Überwindung des Zweckbegriffes auf Gebieten, in die er nicht gehört. Die *Zweckmäßigkeit* ist eine bestimmte Art in der Abfolge von Erscheinungen. Wahrhaft wirklich ist die Zweckmäßigkeit nur dann, wenn im Gegensatz zu dem Verhältnis von Ursache und Wirkung, wo das vorhergehende Ereignis ein späteres bestimmt, umgekehrt das folgende Ereignis bestimmend auf das frühere einwirkt. Dies liegt zunächst nur bei menschlichen Handlungen vor. Der Mensch vollbringt eine Handlung, die er sich *vorher* vorstellt, und läßt sich von dieser Vorstellung zur Handlung bestimmen. Das Spätere, die Handlung, wirkt mit Hilfe der Vorstellung auf das Frühere, den handelnden Menschen. Dieser Umweg durch das Vorstellen ist aber zum zweckmäßigen Zusammenhange durchaus notwendig.

In dem Prozesse, der in Ursache und Wirkung zerfällt, ist zu unterscheiden die Wahrnehmung von dem Begriff. Die Wahrnehmung der Ursache geht der Wahrnehmung der Wirkung vorher; Ursache und Wirkung blieben in unserem Bewußtsein einfach nebeneinander bestehen, wenn wir sie nicht durch ihre entsprechenden Begriffe miteinander verbinden könnten. Die Wahrnehmung der Wirkung kann stets nur auf die Wahrnehmung der Ursache folgen. Wenn die Wirkung einen realen Einfluß auf die Ursache haben soll, so kann dies nur durch den begrifflichen Faktor sein. Denn der Wahrnehmungsfaktor der Wirkung ist vor dem der Ursache einfach gar nicht vorhanden. Wer behauptet, die Blüte sei der Zweck der Wurzel, das heißt, die erstere habe auf die letztere einen Einfluß, der kann das nur von dem Faktor an der Blüte behaupten, den er durch sein Denken an derselben konstatiert. Der Wahrnehmungsfaktor der Blüte hat zur Zeit der Entstehungszeit der Wurzel noch kein Dasein.

Zum zweckmäßigen Zusammenhange ist aber nicht bloß der ideelle, gesetzmäßige Zusammenhang des Späteren mit dem Früheren notwendig, sondern der Begriff (das Gesetz) der Wirkung muß real, durch einen wahrnehmbaren Prozeß die Ursache beeinflussen. Einen wahrnehmbaren Einfluß von einem Begriff auf etwas anderes können wir aber nur bei den menschlichen Handlungen beobachten. Hier ist also der Zweckbegriff allein anwendbar. Das naive Bewußtsein, das nur das Wahrnehmbare gelten läßt, sucht – wie wir wiederholt bemerkt – auch dorthin Wahrnehmbares zu versetzen, wo nur Ideelles zu erkennen ist. In dem wahrnehmbaren Geschehen sucht es wahrnehmbare Zusammenhänge oder, wenn es solche nicht findet, *träumt* es sie hinein. Der im subjektiven Handeln geltende Zweckbegriff ist ein geeignetes Element für solche erträumte Zusammenhänge. Der naive Mensch weiß, wie er ein Geschehen zustandebringt, und folgert daraus, daß es die Natur ebenso machen wird. In den rein ideellen Naturzusammenhängen sieht er nicht nur unsichtbare Kräfte, sondern auch unwahrnehmbare reale Zwecke. Der Mensch macht seine Werkzeuge zweckmäßig; nach demselben Rezept läßt der naive Realist den Schöpfer die Organismen bauen. Nur ganz allmählich verschwindet dieser falsche Zweckbegriff aus den Wissenschaften. In der Philosophie treibt er auch heute noch ziemlich arg sein Unwesen. Da wird gefragt nach dem außerweltlichen Zweck der Welt, nach der außermenschlichen Bestimmung (folglich auch dem Zweck) des Menschen und so weiter.

Der Monismus weist den Zweckbegriff auf allen Gebieten mit alleiniger Ausnahme des menschlichen Handelns zurück. Er sucht nach Naturgesetzen, aber nicht nach Naturzwecken. *Naturzwecke* sind willkürliche Annahmen wie die unwahrnehmbaren Kräfte (S. 95f.). Aber auch Lebenszwecke, die der Mensch sich nicht selbst setzt, sind vom Standpunkte des Monismus unberechtigte Annahmen. Zweckvoll ist nur dasjenige, was der Mensch erst dazu gemacht hat, denn nur durch Verwirklichung einer Idee entsteht Zweckmäßiges. Wirksam im realistischen Sinne wird die Idee aber nur im Menschen. Deshalb hat das Menschenleben nur den Zweck und die Bestimmung, die der

Mensch ihm gibt. Auf die Frage: was hat der Mensch für eine Aufgabe im Leben? kann der Monismus nur antworten: die, die er sich selbst setzt. Mein Sendung in der Welt ist keine vorherbestimmte, sondern sie ist jeweilig die, die ich mir erwähle. Ich trete nicht mit gebundener Marschroute meinen Lebensweg an.

Ideen werden zweckmäßig nur durch Menschen verwirklicht. Es ist also unstatthaft, von der Verkörperung von Ideen durch die Geschichte zu sprechen. Alle solche Wendungen wie: «die Geschichte ist die Entwickelung der Menschen zur Freiheit», oder die Verwirklichung der sittlichen Weltordnung und so weiter sind von monistischen Gesichtspunkten aus unhaltbar.

Die Anhänger des Zweckbegriffes glauben mit demselben zugleich alle Ordnung und Einheitlichkeit der Welt preisgeben zu müssen. Man höre zum Beispiel *Robert Hamerling* (Atomistik des Willens, II. Band, S. 201): «Solange es *Triebe* in der Natur gibt, ist es Torheit, *Zwecke* in derselben zu leugnen.»

«Wie die Gestaltung eines *Gliedes* des menschlichen Körpers nicht bestimmt und bedingt ist durch eine in der Luft schwebende *Idee* dieses Gliedes, sondern durch den Zusammenhang mit dem größeren Ganzen, dem Körper, welchem das Glied angehört, so ist die Gestaltung jedes Naturwesens, sei es Pflanze, Tier, Mensch, nicht bestimmt und bedingt durch eine in der Luft schwebende *Idee* desselben, sondern durch das Formprinzip des größeren, sich zweckmäßig auslebenden und ausgestaltenden Ganzen der Natur.» Und Seite 191 desselben Bandes: «Die Zwecktheorie behauptet nur, daß *trotz* der tausend Unbequemlichkeiten und Qualen dieses kreatürlichen Lebens eine hohe Zweck- und Planmäßigkeit unverkennbar in den Gebilden und in den Entwicklungen der Natur vorhanden ist – eine Plan- und Zweckmäßigkeit jedoch, welche sich nur innerhalb der Naturgesetze verwirklicht, und welche nicht auf eine Schlaraffenwelt abzielen kann, in welcher dem Leben kein Tod, dem Werden kein Vergehen mit allen mehr oder weniger unerfreulichen, aber schlechterdings unvermeidlichen Mittelstufen gegenüberstünde.»

«Wenn die Gegner des Zweckbegriffs ein mühsam zusammengebrachtes Kehrichthäufchen von halben oder ganzen, vermeintlichen oder wirklichen Unzweckmäßigkeiten einer Welt von Wundern der Zweckmäßigkeit, wie sie die Natur in allen Bereichen aufweist, entgegenstellen, so finde ich das ebenso drollig.» –

Was wird hier Zweckmäßigkeit genannt? Ein Zusammenstimmen von Wahrnehmungen zu einem Ganzen. Da aber allen Wahrnehmungen Gesetze (Ideen) zugrunde liegen, die wir durch unser Denken finden, so ist das planmäßige Zusammenstimmen der Glieder eines Wahrnehmungsganzen eben das ideelle Zusammenstimmen der in diesem Wahrnehmungsganzen enthaltenen Glieder eines Ideenganzen. Wenn gesagt wird, das Tier oder der Mensch sei nicht bestimmt durch eine in der *Luft schwebende Idee,* so ist das schief ausgedrückt, und die verurteilte Ansicht verliert bei der Richtigstellung des Ausdruckes von selbst den absurden Charakter. Das Tier ist allerdings nicht durch eine in der Luft schwebende Idee, wohl aber durch eine ihm eingeborene und seine gesetzmäßige Wesenheit ausmachende Idee bestimmt. Gerade weil die Idee nicht außer dem Dinge ist, sondern in demselben als dessen Wesen wirkt, kann nicht von Zweckmäßigkeit gesprochen werden. Gerade derjenige, der leugnet, daß das Naturwesen von außen bestimmt ist (ob durch eine in der Luft schwebende Idee oder eine *außerhalb* des Geschöpfes im Geiste eines Weltschöpfers existierende ist in dieser Beziehung ganz gleichgültig), muß zugeben, daß dieses Wesen nicht zweckmäßig und planvoll von außen, sondern ursächlich und gesetzmäßig von innen bestimmt wird. Eine Maschine gestalte ich dann zweckmäßig, wenn ich die Teile in einen Zusammenhang bringe, den sie von Natur aus nicht haben. Das Zweckmäßige der Einrichtung besteht dann darin, daß ich die Wirkungsweise der Maschine als deren Idee ihr zugrunde gelegt habe. Die Maschine ist dadurch ein Wahrnehmungsobjekt mit entsprechender Idee geworden. Solche Wesen sind auch die Naturwesen. Wer ein Ding deshalb zweckmäßig nennt, weil es gesetzmäßig gebildet ist, der mag die Naturwesen eben auch mit dieser Bezeichnung belegen. Nur darf diese Gesetzmäßigkeit nicht mit jener des subjektiven menschlichen Handelns verwechselt werden. Zum Zweck ist eben durchaus notwendig, daß die wirkende Ursache ein Begriff ist, und zwar der der Wirkung. In der Natur sind aber nirgends Begriffe als Ursachen nachzuweisen; der Begriff erweist sich stets nur als der ideelle Zusammenhang von Ursache und Wirkung. Ursachen sind in der Natur nur in Form von Wahrnehmungen vorhanden.

Der Dualismus kann von Welt- und Naturzwecken reden. Wo für unsere Wahrnehmung eine gesetzmäßige Verknüpfung von Ursache und Wirkung sich äußert, da kann der Dualist annehmen, daß wir nur den Abklatsch eines Zusammenhanges sehen, in dem das absolute Weltwesen seine Zwecke verwirklichte. Für den Monismus entfällt mit dem absoluten nicht erlebbaren, sondern nur hypothetisch erschlossenen Weltwesen auch der Grund zur Annahme von Welt- und Naturzwecken.

Zusatz zur Neuausgabe 1918. Man wird bei vorurteilslosem Durchdenken des hier Ausgeführten nicht zu der Ansicht kommen können, daß der Verfasser dieser Darstellung mit seiner Ablehnung des Zweckbegriffs für außermenschliche Tatsachen auf dem Boden derjenigen Denker stand, die durch das Verwerfen dieses Begriffes sich die Möglichkeit schaffen, alles außerhalb des Menschenhandelns liegende – und dann dieses selbst – als *nur* natürliches Geschehen aufzufassen. Davor sollte schon der Umstand schützen, daß in diesem Buche der Denkvorgang als ein rein geistiger dargestellt wird. Wenn hier auch für die *geistige,* außerhalb des menschlichen Handelns liegende Welt der Zweckgedanke abgelehnt wird, so geschieht es, weil in dieser Welt ein *höheres* als der Zweck, der sich im Menschentum verwirklicht, zur Offenbarung kommt. Und wenn von einer nach dem Muster der menschlichen Zweckmäßigkeit gedachten zweckmäßigen Bestimmung des Menschengeschlechtes als von einem irrigen Gedanken gesprochen ist, so ist gemeint, daß der Einzelmensch sich Zwecke setzt, aus diesen setzt sich das Ergebnis der Gesamtwirksamkeit der Menschheit zusammen. Dieses Ergebnis ist dann ein *höheres* als seine Glieder, die Menschenzwecke.

XII

DIE MORALISCHE PHANTASIE

(DARWINISMUS UND SITTLICHKEIT)

Der *freie Geist* handelt nach seinen Impulsen, das sind Intuitionen, die aus dem Ganzen seiner Ideenwelt durch das Denken ausgewählt sind. Für den *unfreien Geist* liegt der Grund, warum er aus seiner Ideenwelt eine bestimmte Intuition aussondert, um sie einer Handlung zugrunde zu legen, in der ihm gegebenen Wahrnehmungswelt, das heißt in seinen bisherigen Erlebnissen. Er erinnert sich, bevor er zu einem Entschluß kommt, daran, was jemand in einem dem seinigen analogen Falle getan oder zu tun für gut geheißen hat, oder was Gott für diesen Fall befohlen hat und so weiter, und danach handelt er. Dem freien Geist sind diese Vorbedingungen nicht einzige Antriebe des Handelns. Er faßt einen schlechthin *ersten* Entschluß. Es kümmert ihn dabei ebensowenig, was andere in diesem Falle getan, noch was sie dafür befohlen haben. Er hat rein ideelle Gründe, die ihn bewegen, aus der Summe seiner Begriffe gerade einen bestimmten herauszuheben und ihn in Handlung umzusetzen. Seine Handlung wird aber der wahrnehmbaren Wirklichkeit angehören. Was er vollbringt, wird also mit einem ganz bestimmten Wahrnehmungsinhalte identisch sein. Der Begriff wird sich in einem konkreten Einzelgeschehnis zu verwirklichen haben. Er wird als Begriff diesen Einzelfall nicht enthalten können. Er wird sich darauf nur in der Art beziehen können, wie überhaupt ein Begriff sich auf eine Wahrnehmung bezieht, zum Beispiel wie der Begriff des Löwen auf einen einzelnen Löwen. Das Mittelglied zwischen Begriff und Wahrnehmung ist die *Vorstellung* (vgl. S. 85f.). Dem unfreien Geist ist dieses Mittelglied von vornherein gegeben. Die Motive sind von vornherein als Vorstellungen in seinem Bewußtsein vorhanden. Wenn er etwas ausführen will, so macht er das so, wie er es gesehen hat, oder wie es ihm für den einzelnen Fall befohlen wird. Die Autorität wirkt daher am besten durch *Beispiele,* das heißt durch Überlieferung ganz bestimmter Einzelhandlungen an das Bewußtsein des unfreien Geistes. Der Christ handelt weniger nach den Lehren als nach dem *Vorbilde* des Erlösers. Regeln haben für das positive Handeln weniger Wert als für das Unterlassen bestimmter Handlungen. Gesetze treten nur dann in die allgemeine Begriffsform, wenn sie Handlungen verbieten, nicht aber wenn sie sie zu tun gebieten. Gesetze über das, was er tun soll, müssen dem unfreien Geiste in ganz konkreter Form gegeben werden: Reinige die Straße vor deinem Haustore! Zahle deine Steuern in dieser bestimmten Höhe bei dem Steueramte X! und so weiter. Begriffsform haben die Gesetze zur Verhinderung von Handlungen: Du sollst *nicht* stehlen! Du sollst *nicht* ehebrechen! Diese Gesetze wirken auf den unfreien Geist aber auch nur durch den Hinweis auf eine konkrete Vorstellung, zum Beispiel die der entsprechenden zeitlichen Strafen, oder der Gewissensqual, oder der ewigen Verdammnis, und so weiter.

Sobald der Antrieb zu einer Handlung in der allgemeinbegrifflichen Form vorhanden ist (zum Beispiel: du sollst deinen Mitmenschen Gutes tun! du sollst so leben, daß du dein Wohlsein am besten beförderst!), dann muß in jedem einzelnen Fall die konkrete Vorstellung des Handelns (die Beziehung des Begriffes auf einen Wahrnehmungsinhalt) erst gefunden werden. Bei dem *freien Geiste,* den kein Vorbild und keine Furcht vor Strafe usw. treibt, ist diese Umsetzung des Begriffes in die Vorstellung immer notwendig.

Konkrete Vorstellungen aus der Summe seiner Ideen heraus produziert der Mensch zunächst durch die Phantasie. Was der freie Geist nötig hat, um seine Ideen zu verwirklichen, um sich durchzusetzen, ist also die *moralische Phantasie.* Sie ist die Quelle für das Handeln des freien Geistes. Deshalb sind auch nur Menschen mit moralischer Phantasie eigentlich sittlich produktiv. Die bloßen Moralprediger, das ist: die Leute, die sittliche Regeln ausspinnen, ohne sie zu konkreten Vorstellungen verdichten zu können, sind moralisch unproduktiv. Sie gleichen den Kritikern, die verständig auseinanderzusetzen wissen, wie ein Kunstwerk beschaffen sein soll, selbst aber auch nicht das geringste zustande bringen können.

Die moralische Phantasie muß, um ihre Vorstellung zu verwirklichen, in ein bestimmtes Gebiet von Wahrnehmungen eingreifen. Die Handlung des Menschen schafft keine Wahrnehmungen, sondern prägt die Wahrnehmungen, die bereits vorhanden sind, um, erteilt ihnen eine neue Gestalt. Um ein bestimmtes Wahrnehmungsobjekt oder eine Summe von solchen, einer moralischen Vorstellung gemäß, umbilden zu können, muß man den gesetzmäßigen Inhalt (die bisherige Wirkungsweise, die man neu gestalten oder der man eine neue Richtung geben will) dieses Wahrnehmungsbildes begriffen haben. Man muß ferner den Modus finden, nach dem sich diese Gesetzmäßigkeit in eine neue verwandeln läßt. Dieser Teil der moralischen Wirksamkeit beruht auf Kenntnis der Erscheinungswelt, mit der man es zu tun hat. Er ist also zu suchen in einem Zweige der wissenschaftlichen Erkenntnis überhaupt. Das moralische Handeln setzt also voraus neben dem moralischen Ideenvermögen* und der moralischen Phantasie die Fähigkeit, die Welt der Wahrnehmungen umzuformen, ohne ihren naturgesetzlichen Zusammenhang zu durchbrechen. Diese Fähigkeit ist *moralische Technik.* Sie ist in dem Sinne lernbar, wie Wissenschaft überhaupt lernbar ist. Im allgemeinen sind Menschen nämlich geeigneter, die Begriffe für die schon fertige Welt zu finden, als produktiv aus der Phantasie die noch nicht vorhandenen zukünftigen Handlungen zu bestimmen. Deshalb ist es sehr wohl möglich, daß Menschen ohne moralische Phantasie die moralischen Vorstellungen von andern empfangen und diese geschickt der Wirklichkeit einprägen. Auch der umgekehrte Fall kann vorkommen, daß Menschen mit moralischer Phantasie ohne die technische Geschicklichkeit sind und sich dann anderer Menschen zur Verwirklichung ihrer Vorstellungen bedienen müssen.

Insofern zum moralischen Handeln die Kenntnis der Objekte unseres Handelnsgebietes notwendig ist, beruht unser Handeln

* Nur Oberflächlichkeit könnte im Gebrauch des Wortes Vermögen an dieser und andern Stellen dieser Schrift einen Rückfall in die Lehre der alten Psychologie von den Seelenvermögen erblicken. Der Zusammenhang mit dem S. 76f. Gesagten ergibt genau die Bedeutung des Wortes.

auf dieser Kenntnis. Was hier in Betracht kommt, sind *Naturgesetze.* Wir haben es mit Naturwissenschaft zu tun, nicht mit Ethik.

Die moralische Phantasie und das moralische Ideenvermögen können erst Gegenstand des Wissens werden, *nachdem* sie vom Individuum produziert sind. Dann aber regeln sie nicht mehr das Leben, sondern haben es bereits geregelt. Sie sind als wirkende Ursachen wie alle andern aufzufassen (Zwecke sind sie bloß für das Subjekt). Wir beschäftigen uns mit ihnen als mit einer *Naturlehre der moralischen Vorstellungen.*

Eine Ethik als Normalwissenschaft kann es daneben nicht geben.

Man hat den normativen Charakter der moralischen Gesetze wenigstens insofern halten wollen, daß man die Ethik im Sinne der Diätetik auffaßte, welche aus den Lebensbedingungen des Organismus allgemeine Regeln ableitet, um auf Grund derselben dann den Körper im besonderen zu beeinflussen (Paulsen, System der Ethik). Dieser Vergleich ist falsch, weil unser moralisches Leben sich nicht mit dem Leben des Organismus vergleichen läßt. Die Wirksamkeit des Organismus ist ohne unser Zutun da; wir finden dessen Gesetze in der Welt fertig vor, können sie also suchen, und dann die gefundenen anwenden. Die moralischen Gesetze werden aber von uns erst *geschaffen.* Wir können sie nicht anwenden, bevor sie geschaffen sind. Der Irrtum entsteht dadurch, daß die moralischen Gesetze nicht in jedem Momente inhaltlich neu geschaffen werden, sondern sich forterben. Die von den Vorfahren übernommenen erscheinen dann gegeben wie die Naturgesetze des Organismus. Sie werden aber durchaus nicht mit demselben Rechte von einer späteren Generation wie diätetische Regeln angewendet. Denn sie gehen auf das Individuum und nicht wie das Naturgesetz auf das Exemplar einer Gattung. Als Organismus bin ich ein solches Gattungsexemplar, und ich werde naturgemäß leben, wenn ich die Naturgesetze der Gattung in meinem besonderen Falle anwende; als sittliches Wesen bin ich Individuum und habe meine ganz eigenen Gesetze*.

Die hier vertretene Ansicht scheint in Widerspruch zu stehen mit jener Grundlehre der modernen Naturwissenschaft, die man als *Entwickelungstheorie* bezeichnet. Aber sie *scheint* es nur. Unter *Entwickelung* wird verstanden das *reale* Hervorgehen des Späteren aus dem Früheren auf naturgesetzlichem Wege. Unter Entwickelung in der organischen Welt versteht man den Umstand, daß die späteren (vollkommeneren) organischen Formen reale Abkömmlinge der früheren (unvollkommenen) sind und auf naturgesetzliche Weise aus ihnen hervorgegangen sind. Die Bekenner der organischen Entwickelungstheorie müßten sich eigentlich vorstellen, daß es auf der Erde einmal eine Zeitepoche gegeben hat, wo ein Wesen das allmähliche Hervorgehen der Reptilien aus den Uramnioten mit Augen hätte verfolgen können, wenn er damals als Beobachter hätte dabei sein können und mit entsprechend langer Lebensdauer ausgestattet gewesen wäre. Ebenso müßten sich die Entwickelungstheoretiker vorstellen, daß ein Wesen das Hervorgehen des Sonnensystems aus dem Kant-Laplaceschen Urnebel hätte beobachten können, wenn es während der unendlich langen Zeit frei im Gebiet des Weltäthers sich an einem entsprechenden Orte hätte aufhalten können. Daß bei solcher Vorstellung sowohl die Wesenheit der Uramnioten wie auch die des Kant-Laplaceschen Weltnebels *anders* gedacht werden müßte als die materialistischen Denker dies tun, kommt hier nicht in Betracht. Keinem Entwickelungstheoretiker sollte es aber einfallen, zu behaupten, daß er aus seinem Begriffe des Uramniontieres den des Reptils mit allen seinen Eigenschaften herausholen kann, auch wenn er nie ein Reptil gesehen hat. Ebensowenig sollte aus dem Begriff des Kant-Laplaceschen Urnebels das Sonnensystem abgeleitet werden, wenn dieser Begriff

* Wenn Paulsen (S. 15 des angeführten Buches) sagt: «Verschiedene Naturanlagen und Lebensdingungen erfordern wie eine verschiedene leibliche so auch eine verschiedene geistig-moralische Diät», so ist er der richtigen Erkenntnis ganz nahe, trifft aber den entscheidenden Punkt doch nicht. Insofern ich Individuum bin, brauche ich keine Diät. Diätetik heißt die Kunst, das besondere Exemplar mit den allgemeinen Gesetzen der Gattung in Einklang zu bringen. Als Individuum bin ich aber kein Exemplar der Gattung.

des Urnebels direkt nur an der Wahrnehmung des Urnebels bestimmt gedacht ist. Das heißt mit anderen Worten: der Entwickelungstheoretiker muß, wenn er konsequent denkt, behaupten, daß aus früheren Entwickelungsphasen spätere sich real ergeben, daß wir, wenn wir den Begriff des Unvollkommenen *und* den des Vollkommenen gegeben haben, den Zusammenhang einsehen können; keineswegs aber sollte er zugeben, daß der an dem Früheren erlangte Begriff hinreicht, um das Spätere daraus zu entwickeln. Daraus folgt für den Ethiker, daß er zwar den Zusammenhang späterer moralischer Begriffe mit früheren einsehen kann; aber nicht, daß auch nur eine einzige neue moralische Idee aus früheren geholt werden kann. Als moralisches Wesen produziert das Individuum seinen Inhalt. Dieser produzierte Inhalt ist für den Ethiker gerade so ein Gegebenes, wie für den Naturforscher die Reptilien ein Gegebenes sind. Die Reptilien sind aus den Uramnioten hervorgegangen; aber der Naturforscher kann aus dem Begriff der Uramnioten den der Reptilien nicht herausholen. Spätere moralische Ideen entwickeln sich aus früheren; der Ethiker kann aber aus den sittlichen Begriffen einer früheren Kulturperiode die der späteren nicht herausholen. Die Verwirrung wird dadurch hervorgerufen, daß wir als Naturforscher die Tatsachen bereits vor uns haben und hinterher sie erst erkennend betrachten; während wir beim sittlichen Handeln selbst erst die Tatsachen schaffen, die wir hinterher erkennen. Beim Entwickelungsprozeß der sittlichen Weltordnung verrichten wir das, was die Natur auf niedrigerer Stufe verrichtet: wir verändern ein Wahrnehmbares. Die ethische Norm kann also zunächst nicht wie ein Naturgesetz *erkannt,* sondern sie muß geschaffen werden. Erst wenn sie da ist, kann sie Gegenstand des Erkennens werden.

Aber können wir denn nicht das Neue an dem Alten messen? Wird nicht jeder Mensch gezwungen sein, das durch seine moralische Phantasie Produzierte an den hergebrachten sittlichen Lehren zu bemessen? Für dasjenige, was als sittlich Produktives sich offenbaren soll, ist das ein ebensolches Unding, wie es das andere wäre, wenn man eine neue Naturform an der alten bemessen wollte und sagte: weil die Reptilien mit den Uramnioten nicht übereinstimmen, sind sie eine unberechtigte (krankhafte) Form.

Der ethische Individualismus steht also nicht im Gegensatz zu einer recht verstandenen Entwickelungstheorie, sondern folgt direkt aus ihr. Der Haeckelsche Stammbaum von den Urtieren bis hinauf zum Menschen als organisches Wesen müßte sich ohne Unterbrechung der natürlichen Gesetzlichkeit und ohne eine Durchbrechung der einheitlichen Entwickelung heraufverfolgen lassen bis zu dem Individuum als einem im bestimmten Sinne sittlichen Wesen. Nirgends aber würde aus dem *Wesen* einer Vorfahrenart das *Wesen* einer nachfolgenden Art sich ableiten lassen. So wahr es aber ist, daß die sittlichen Ideen des Individuums wahrnehmbar aus denen seiner Vorfahren hervorgegangen sind, so wahr ist es auch, daß dasselbe sittlich unfruchtbar ist, wenn es nicht selbst moralische Ideen hat.

Derselbe ethische Individualismus, den ich auf Grund der vorangehenden Anschauungen entwickelt habe, würde sich auch aus der Entwickelungstheorie ableiten lassen. Die schließliche Überzeugung wäre dieselbe; nur der Weg ein anderer, auf dem sie erlangt ist.

Das Hervortreten völlig neuer sittlicher Ideen aus der moralischen Phantasie ist für die Entwickelungstheorie gerade so wenig wunderbar, wie das Hervorgehen einer neuen Tierart aus einer andern. Nur muß diese Theorie als monistische Weltanschauung im sittlichen Leben ebenso wie im natürlichen jeden bloß erschlossenen, nicht ideell erlebbaren jenseitigen (metaphysischen) Einfluß abweisen. Sie folgt dabei demselben Prinzip, das sie antreibt, wenn sie die Ursachen neuer organischer Formen sucht und dabei nicht auf das Eingreifen eines außerweltlichen Wesens sich beruft, das jede neue Art nach einem neuen Schöpfungsgedanken durch übernatürlichen Einfluß hervorruft. So wie der Monismus zur Erklärung des Lebewesens keinen übernatürlichen Schöpfungsgedanken brauchen kann, so ist es ihm auch unmöglich, die sittliche Weltordnung von Ursachen abzuleiten, die nicht innerhalb der erlebbaren Welt liegen. Er kann das Wesen eines Wollens als eines sittlichen nicht damit erschöpft finden, daß er es auf einen fortdauernden übernatürlichen Einfluß auf das sittliche Leben (göttliche Weltregierung von außen) zurückführt, oder auf eine zeitliche besondere Offenbarung (Erteilung der zehn Gebote) oder auf die Erscheinung Gottes auf der Erde (Christi). Was durch alles dieses geschieht an und in dem Menschen, wird erst zum Sittlichen, wenn es im menschlichen Erlebnis zu einem individuellen Eigenen wird. Die sittlichen Prozesse sind dem Monismus Weltprodukte wie alles andere Bestehende und ihre Ursachen müssen *in* der Welt, das heißt, weil der Mensch der Träger der Sittlichkeit ist, im Menschen gesucht werden.

Der ethische Individualismus ist somit die Krönung des Gebäudes, das *Darwin* und *Haeckel* für die Naturwissenschaft erstrebt haben. Er ist vergeistigte Entwickelungslehre auf das sittliche Leben übertragen.

Wer dem Begriff des *Natürlichen* von vornherein in engherziger Weise ein willkürlich begrenztes Gebiet anweist, der kann dann leicht dazu kommen, für die freie individuelle Handlung keinen Raum darin zu finden. Der konsequent verfahrende Entwickelungstheoretiker kann in solche Engherzigkeit nicht verfallen. Er kann die natürliche Entwickelungsweise beim Affen nicht abschließen und dem Menschen einen «übernatürlichen» Ursprung zugestehen; er muß, auch indem er die natürlichen Vorfahren des Menschen sucht, in der Natur schon den Geist suchen; er kann auch bei den organischen Verrichtungen des Menschen nicht stehen bleiben und nur diese natürlich finden, sondern er muß auch das sittlich-freie Leben als geistige Fortsetzung des organischen ansehen.

Der Entwickelungstheoretiker kann, seiner Grundauffassung gemäß, nur behaupten, daß das gegenwärtige sittliche Handeln aus anderen Arten des Weltgeschehens hervorgeht; die Charakteristik des Handelns, das ist seine Bestimmung als eines *freien,* muß er der *unmittelbaren Beobachtung* des Handelns überlassen. Er behauptet ja auch nur, daß Menschen aus noch nicht menschlichen Vorfahren sich entwickelt haben. Wie die Menschen beschaffen sind, das muß durch Beobachtung dieser selbst festgestellt werden. Die Ergebnisse dieser Beobachtung können nicht in Widerspruch geraten mit einer richtig angesehenen Entwickelungsgeschichte. Nur die Behauptung, daß die Ergebnisse solche sind, die eine natürliche Weltordnung ausschließen, könnte nicht in Übereinstimmung mit der neueren Richtung der Naturwissenschaft gebracht werden*.

Von einer sich selbst verstehenden Naturwissenschaft hat der ethische Individualismus nichts zu fürchten: die Beobachtung ergibt als Charakteristikum der vollkommenen Form des menschlichen Handelns die *Freiheit.* Diese Freiheit muß dem menschlichen Wollen zugesprochen werden, insoferne dieses rein ideelle Intuitionen verwirklicht. Denn diese sind nicht Ergebnisse einer von außen auf sie wirkenden Notwendigkeit, sondern ein auf sich selbst Stehendes. Findet der Mensch, daß eine Handlung das *Abbild* einer solchen ideellen Intuition ist, so empfindet er sie als eine *freie.* In diesem Kennzeichen einer Handlung liegt die Freiheit.

Wie steht es nun, von diesem Standpunkte aus, mit der bereits oben (S. 18 und 14) erwähnten Unterscheidung zwischen den beiden Sätzen: Frei sein heißt *tun* können, was man will – und dem andern: Nach Belieben begehren können und nicht begehren können sei der eigentlichen Sinne des Dogmas vom freien Willen? – *Hamerling* begründet gerade seine Ansicht vom freien Willen auf diese Unterscheidung, indem er das erste für richtig, das zweite für eine absurde Tautologie erklärt. Er sagt: Ich kann *tun,* was ich will. Aber zu sagen: ich kann wollen, was ich will, ist eine leere Tautologie. – Ob ich tun, das heißt, in Wirklichkeit umsetzen kann, was ich will, was ich mir also als Idee meines Tuns vorgesetzt habe, das hängt von äußeren Umständen und von meiner technischen Geschicklichkeit (vgl. S. 152f.) ab. Frei sein heißt die dem Handeln zugrunde liegenden Vorstellungen (Beweggründe) durch die moralische Phantasie von sich aus bestimmen können. Freiheit ist unmöglich, wenn etwas außer mir (mechanischer Prozeß oder nur erschlossener außerwelt-

* Daß wir Gedanken (ethische Ideen) als Objekte der Beobachtung bezeichnen, geschieht mit Recht. Denn wenn auch die Gebilde des Denkens während der gedanklichen Tätigkeit nicht mit ins Beobachtungsfeld eintreten, so können sie doch nachher Gegenstand der Beobachtung werden. Und auf diesem Wege haben wir unsere Charakteristik des Handelns gewonnen.

licher Gott) meine moralischen Vorstellungen bestimmt. Ich bin also nur dann frei, wenn *ich* selbst diese Vorstellungen produziere, nicht, wenn ich die Beweggründe, die ein anderes Wesen in mich gesetzt hat, ausführen *kann.* Ein freies Wesen ist dasjenige, welches *wollen* kann, was es selbst für richtig hält. Wer etwas anderes tut, als er will, der muß zu diesem anderen durch Motive getrieben werden, die nicht in ihm liegen. Ein solcher handelt unfrei. Nach Belieben wollen können, was man für richtig oder nicht richtig hält, heißt also: nach Belieben frei oder unfrei sein können. Das ist natürlich ebenso absurd, wo die Freiheit in dem Vermögen zu sehen, tun zu können, was man wollen muß. Das letztere aber behauptet Hamerling, wenn er sagt: Es ist vollkommen wahr, daß der Wille immer durch Beweggründe bestimmt wird, aber es ist absurd zu sagen, daß er deshalb unfrei sei; denn eine größere Freiheit läßt sich für ihn weder wünschen noch denken, als die, sich nach Maßgabe seiner eigenen Stärke und Entschiedenheit zu verwirklichen. – Jawohl: es läßt sich eine größere Freiheit wünschen, und das ist erst die wahre. Nämlich die: sich die Gründe seines Wollens selbst zu bestimmen.

Von der Ausführung dessen abzusehen, was er will, dazu läßt sich der Mensch unter Umständen bewegen. Sich vorschreiben zu lassen, was er tun *soll,* das ist, zu wollen, was ein andrer und nicht er für richtig hält, dazu ist er nur zu haben, insofern er sich nicht *frei* fühlt.

Die äußeren Gewalten können mich hindern, zu tun, was ich will. Dann verdammen sie mich einfach zum Nichtstun oder zur Unfreiheit. Erst wenn sie meinen Geist knechten und mir meine Beweggründe aus dem Kopfe jagen und an deren Stelle die ihrigen setzen wollen, dann beabsichtigen sie meine Unfreiheit. Die Kirche wendet sich daher nicht bloß gegen das *Tun,* sondern namentlich gegen die *unreinen Gedanken,* das ist: die Beweggründe meines Handelns. Unfrei macht sie mich, wenn ihr alle Beweggründe, die sie nicht angibt, als unrein erscheinen. Eine Kirche oder eine andere Gemeinschaft erzeugt dann Unfreiheit, wenn ihre Priester oder Lehrer sich zu Gewissensgebietern machen, das ist, wenn die Gläubigen sich von ihnen (aus dem Beichtstuhle) die Beweggründe ihres Handelns holen *müssen.*

Zusatz zur Neuausgabe 1918. In diesen Ausführungen über das menschliche Wollen ist dargestellt, was der Mensch an seinen Handlungen erleben kann, um durch dieses Erlebnis zu dem Bewußtsein zu kommen: mein Wollen ist frei. Von besonderer Bedeutung ist, daß die Berechtigung, ein Wollen als frei zu bezeichnen, durch das Erlebnis erreicht wird: in dem Wollen verwirklicht sich eine ideelle Intuition. Dies *kann* nur Beobachtungsresultat sein, *ist* es aber in dem Sinne, in dem das menschliche Wollen sich in einer Entwickelungsströmung beobachtet, deren Ziel darin liegt, solche von rein ideeller Intuition getragene Möglichkeit des Wollens zu erreichen. Sie kann erreicht werden, weil in der ideellen Intuition nichts als deren eigene auf sich gebaute Wesenheit wirkt. Ist eine solche Intuition im menschlichen Bewußtsein anwesend, dann ist sie nicht aus den Vorgängen des Organismus heraus entwickelt (s. S. 115ff.), sondern die organische Tätigkeit hat sich zurückgezogen, um der ideellen Platz zu machen. Beobachte ich ein Wollen, das Abbild der Intuition ist, dann ist auch aus diesem Wollen die organisch notwendige Tätigkeit zurückgezogen. Das Wollen ist frei. Diese Freiheit des Wollens wird der nicht beobachten können, der nicht zu schauen vermag, wie das freie Wollen darin besteht, daß *erst* durch das intuitive Element das notwendige Wirken des menschlichen Organismus abgelähmt, zurückgedrängt, und an seine Stelle die geistige Tätigkeit des idee-erfüllten Willens gesetzt wird. Nur wer *diese* Beobachtung der Zweigliedrigkeit eines freien Wollen nicht machen kann, glaubt an die Unfreiheit *jedes* Wollens. Wer sie machen kann, ringt sich zu der Einsicht durch, daß der Mensch, insofern er den Zurückdämmungsvorgang der organischen Tätigkeit nicht zu Ende führen kann, unfrei ist; daß aber diese Unfreiheit der Freiheit zustrebt, und diese Freiheit keineswegs ein abstraktes Ideal ist, sondern eine in der menschlichen Wesenheit liegende Richtkraft. Frei ist der Mensch in dem Maße, als er in seinem Wollen dieselbe Seelenstimmung verwirklichen kann, die in ihm lebt, wenn er sich der Ausgestaltung rein ideeller (geistiger) Intuitionen bewußt ist.

XIII

DER WERT DES LEBENS

(PESSIMISMUS UND OPTIMISMUS)

Ein Gegenstück zu der Frage nach dem Zwecke oder der Bestimmung des Lebens (vgl. S. 146ff.) ist die nach dessen Wert. Zwei entgegengesetzten Ansichten begegnen wir in dieser Beziehung, und dazwischen allen denkbaren Vermittlungsversuchen. Eine Ansicht sagt: Die Welt ist die denkbar beste, die es geben kann, und das Leben und Handeln in derselben ein Gut von unschätzbarem Werte. Alles bietet sich als harmonisches und zweckmäßiges Zusammenwirken dar und ist der Bewunderung wert. Auch das scheinbar Böse und Üble ist von einem höheren Standpunkte aus gut erkennbar; denn es stellt einen wohltuenden Gegensatz zum Guten dar; wir können dies um so besser schätzen, wenn es sich von jenem abhebt. Auch ist das Übel kein wahrhaft wirkliches; wir empfinden nur einen geringeren Grad des Wohles als Übel. Das Übel ist Abwesenheit des Guten; nichts was an sich Bedeutung hat.

Die andere Ansicht ist die, welche behauptet: das Leben ist voll Qual und Elend, die Unlust überwiegt überall die Lust, der Schmerz die Freude. Das Dasein ist eine Last, und das Nichtsein wäre dem Sein unter allen Umständen vorzuziehen.

Als die Hauptvertreter der ersteren Ansicht, des Optimismus, haben wir *Shaftesbury* und *Leibniz,* als die der zweiten, des Pessimismus, *Schopenhauer* und *Eduard von Hartmann* aufzufassen.

Leibniz meint, die Welt ist die beste, die es geben kann. Eine bessere ist unmöglich. Denn Gott ist gut und weise. Ein guter Gott *will* die beste der Welten schaffen; ein weiser *kennt* sie; er kann sie von allen anderen möglichen schlechteren unterscheiden. Nur ein böser oder unweiser Gott könnte eine schlechtere als die bestmögliche Welt schaffen.

Wer von diesem Gesichtspunkte ausgeht, wird leicht dem menschlichen Handeln die Richtung vorzeichnen können, die es einschlagen muß, um zum Besten der Welt das Seinige beizutragen. Der Mensch wird nur die Ratschlüsse Gottes zu erforschen und sich danach zu benehmen haben. Wenn er weiß, was Gott mit der Welt und dem Menschengeschlecht für Absichten hat, dann wird er auch das Richtige tun. Und er wird sich glücklich fühlen, zu dem andern Guten auch das Seinige hinzuzufügen. Vom optimistischen Standpunkt aus ist also das Leben des Lebens wert. Es muß uns zur mitwirkenden Anteilnahme anregen.

Anders stellt sich *Schopenhauer* die Sache vor. Er denkt sich den Weltengrund nicht als allweises und allgütiges Wesen, sondern als blinden Drang oder Willen. Ewiges Streben, unaufhörliches Schmachten nach Befriedigung, die doch nie erreicht werden kann, ist der Grundzug alles Wollens. Denn ist ein erstrebtes Ziel erreicht, so entsteht ein neues Bedürfnis und so weiter. Die Befriedigung kann immer nur von verschwindend kleiner Dauer sein. Der ganze übrige Inhalt unseres Lebens ist unbefriedigtes Drängen, das ist Unzufriedenheit, Leiden. Stumpft sich der blinde Drang endlich ab, so fehlt uns jeglicher Inhalt; eine unendliche Langeweile erfüllt unser Dasein. Daher ist das relativ Beste, Wünsche und Bedürfnisse in sich zu ersticken, das Wollen zu ertöten. Der Schopenhauersche Pessimismus führt zur Tatenlosigkeit, sein sittliches Ziel ist *Universalfaulheit.*

In wesentlich anderer Art sucht *Hartmann* den Pessimismus zu begründen und für die Ethik auszunutzen. Hartmann sucht, einem Lieblingsstreben unserer Zeit folgend, seine Weltanschauung auf *Erfahrung* zu begründen. Aus der *Beobachtung* des Lebens will er Aufschluß darüber gewinnen, ob die Lust oder die Unlust in der Welt überwiege. Er läßt, was den Menschen als Gut und Glück erscheint, vor der Vernunft Revue passieren, um zu zeigen, daß alle vermeintliche Befriedigung bei genauerem Zusehen sich als *Illusion* erweist. Illusion ist es, wenn wir glauben, in Gesundheit, Jugend, Freiheit, auskömmlicher Existenz, Liebe (Geschlechtsgenuß), Mitleid, Freundschaft und Familienleben, Ehrgefühl, Ehre, Ruhm, Herrschaft, religiöser Erbauung, Wissenschafts- und Kunstbetrieb, Hoffnung auf jenseitiges Leben, Beteiligung am Kulturfortschritt – Quellen des Glückes und der Befriedigung zu haben. Vor einer nüchternen Betrachtung bringt jeder Genuß viel mehr Übel und Elend als Lust in die Welt. *Die Unbehaglichkeit des Katzenjammers ist stets größer als die Behaglichkeit des Rausches.* Die Unlust überwiegt bei weitem in der Welt. Kein Mensch, auch der relativ glücklichste, würde, gefragt, das elende Leben ein zweites Mal durchmachen wollen. Da nun aber Hartmann die Anwesenheit des Ideellen (der Weisheit) in der Welt nicht leugnet, ihm vielmehr eine gleiche Berechtigung neben dem blinden Drange (Willen) zugesteht, so kann er seinem Urwesen die Schöpfung der Welt nur zumuten, wenn er den Schmerz der Welt in einen weisen Weltzweck auslaufen läßt. Der Schmerz der Weltwesen sei aber kein anderer als der Gottesschmerz selbst, denn das Leben der Welt als Ganzes ist identisch mit dem Leben Gottes. Ein allweises Wesen kann aber sein Ziel nur in der Befreiung vom Leid sehen, und da alles Dasein Leid ist, in der Befreiung vom Dasein. Das Sein in das weit bessere Nichtsein überzuführen, ist der Zweck der Weltschöpfung. Der Weltprozess ist ein fortwährendes Ankämpfen gegen den Gottesschmerz, das zuletzt mit der Vernichtung alles Daseins endet. Das sittliche Leben der Menschen wird also sein: Teilnahme an der Vernichtung des Daseins. Gott hat die Welt erschaffen, damit er sich durch dieselbe von seinem unendlichen Schmerze befreie. Diese ist «gewissermaßen wie ein juckender Ausschlag am Absoluten zu betrachten», durch den dessen unbewußte Heilkraft sich von einer innern Krankheit befreit, «oder auch als ein schmerzhaftes Zugpflaster, welches das all-eine Wesen sich selbst appliziert, um einen innern Schmerz zunächst nach außen abzulenken und für die Folge zu beseitigen». Die Menschen sind Glieder der Welt. In ihnen leidet Gott. Er hat sie geschaffen, um seinen unendlichen Schmerz zu zersplittern. Der Schmerz, den jeder einzelne von uns leidet, ist nur ein Tropfen in dem unendlichen Meere des Gottesschmerzes (Hartmann, Phänomenologie des sittlichen Bewußtseins, S. 866ff.).

Der Mensch hat sich mit der Erkenntnis zu durchdringen, daß das Jagen nach individueller Befriedigung (der Egoismus) eine Torheit ist, und hat sich einzig von der Aufgabe leiten zu lassen, durch selbstlose Hingabe an den Weltprozeß der Erlösung Gottes sich zu widmen. Im Gegensatz zu dem Schopenhauers führt uns Hartmanns Pessimismus zu einer hingebenden Tätigkeit für eine erhabene Aufgabe.

Wie steht es aber mit der Begründung auf Erfahrung?

Streben nach Befriedigung ist Hinausgreifen der Lebenstätigkeit über den Lebensinhalt. Ein Wesen ist hungrig, das heißt, es strebt nach Sättigung, wenn seine organischen Funktionen zu ihrem weiteren Verlauf Zuführung neuen Lebensinhaltes in Form von Nahrungsmitteln verlangen. Das Streben nach Ehre besteht darin, daß der Mensch sein persönliches Tun und Lassen erst dann für wertvoll ansieht, wenn zu seiner Betätigung die Anerkennung von außen kommt. Das Streben nach Erkenntnis entsteht, wenn dem Menschen zu der Welt, die er sehen, hören usw. kann, solange etwas fehlt, als er sie nicht begriffen hat. Die Erfüllung des Strebens erzeugt in dem strebenden Individuum Lust, die Nichtbefriedigung Unlust. Es ist dabei wichtig zu beobachten, daß Lust oder Unlust erst von der Erfüllung oder Nichterfüllung meines Strebens abhängt. Das Streben selbst kann keineswegs als Unlust gelten. Wenn es sich also herausstellt, daß in dem Momente des Erfüllens einer Bestrebung sich sogleich wieder eine neue einstellt, so darf ich nicht sagen, die Lust hat für mich Unlust geboren, weil unter allen Umständen der Genuß das Begehren nach seiner Wiederholung oder nach einer neuen Lust erzeugt. Erst wenn dieses Begehren auf die Unmöglichkeit seiner Erfüllung stößt, kann ich von Unlust sprechen. Selbst dann, wenn ein erlebter Genuß in mir das Verlangen nach einem größeren oder raffinierteren Lusterlebnis erzeugt, kann ich von einer durch die erste Lust erzeugten Unlust erst in dem Augenblicke sprechen, wenn mir die Mittel versagt sind, die größere oder raffiniertere Lust zu erleben. Nur dann, wenn als naturgesetzliche Folge des Genusses Unlust eintritt, wie etwa beim Geschlechtsgenuß des Weibes durch die Leiden des Wochenbettes und die Mühen der Kinderpflege, kann ich in dem Genuß den Schöpfer des Schmerzes finden. Wenn Streben als solches Unlust hervorriefe, so müßte jede Beseitigung des Strebens von Lust begleitet sein. Es ist aber das Gegenteil der Fall.

Der Mangel an Streben in unserem Lebensinhalte erzeugt Langeweile, und diese ist mit Unlust verbunden. Da aber das Streben naturgemäß lange Zeit dauern kann, bevor ihm die Erfüllung zuteil wird und sich dann vorläufig mit der Hoffnung auf dieselbe zufriedengibt, so muß anerkannt werden, daß die Unlust mit dem Streben als solchem gar nichts zu tun hat, sondern lediglich an der Nichterfüllung desselben hängt. Schopenhauer hat also unter allen Umständen unrecht, wenn er das Begehren oder Streben (den Willen) an sich für den Quell des Schmerzes hält.

In Wahrheit ist sogar das Gegenteil richtig. Streben (Begehren) an sich macht Freude. Wer kennt nicht den Genuß, den die Hoffnung auf ein entferntes, aber stark begehrtes Ziel bereitet? Diese Freude ist die Begleiterin der Arbeit, deren Früchte uns in Zukunft erst zuteil werden sollen. Diese Lust ist ganz unabhängig von der Erreichung des Zieles. Wenn dann das Ziel erreicht ist, dann kommt zu der Lust des Strebens die der Erfüllung als etwas Neues hinzu. Wer aber sagen wollte: zur Unlust durch ein nichtbefriedigtes Ziel kommt auch noch die über die getäuschte Hoffnung und mache zuletzt die Unlust an der Nichterfüllung doch größer, als die etwaige Lust an der Erfüllung, dem ist zu erwidern: es kann auch das Gegenteil der Fall sein; der Rückblick auf den Genuß in der Zeit des unerfüllten Begehrens wird ebenso oft lindernd auf die Unlust durch Nichterfüllung wirken. Wer im Anblicke gescheiterter Hoffnungen ausruft: Ich habe das Meinige getan! der ist ein Beweisobjekt für diese Behauptung. Das beseligende Gefühl, nach Kräften das Beste gewollt zu haben, übersehen diejenigen, welche an jedes nichterfüllte Begehren die Behauptung knüpfen, daß nicht nur allein die Freude an der Erfüllung ausgeblieben, sondern auch der Genuß des Begehrens selbst zerstört ist.

Erfüllung eines Begehrens ruft Lust und Nichterfüllung eines solchen Unlust hervor. Daraus darf nicht geschlossen werden: Lust ist Befriedigung eines Begehrens, Unlust Nichtbefriedigung. Sowohl Lust wie Unlust können sich in einem Wesen einstellen, auch ohne daß sie Folgen eines Begehrens sind. Krankheit ist Unlust, der kein Begehren vorausgeht. Wer behaupten wollte: Krankheit sei unbefriedigtes Begehren nach Gesundheit, der beginge den Fehler, daß er den selbstverständlichen und nicht zum Bewußtsein gebrachten Wunsch, nicht krank zu werden, für ein positives Begehren hielte. Wenn jemand von einem reichen Verwandten, von dessen Existenz er nicht die geringste Ahnung hatte, eine Erbschaft macht, so erfüllt ihn diese Tatsache ohne vorangegangenes Begehren mit Lust.

Wer also untersuchen will, ob auf Seite der Lust oder der Unlust ein Überschuß zu finden ist, der muß in Rechnung bringen: die Lust am Begehren, die an der Erfüllung des Begehrens, und diejenige, die uns unerstrebt zuteil wird. Auf die andere Seite des Kontobuches wird zu stehen kommen: Unlust aus Langeweile, solche aus nicht erfülltem Streben, und endlich solche, die ohne unser Begehren an uns herantritt. Zu der letzteren Gattung gehört auch die Unlust, die uns aufgedrängte, nicht selbst gewählte Arbeit verursacht.

Nun entsteht die Frage: welches ist das rechte Mittel, um aus diesem *Soll* und *Haben* die *Bilanz* zu erhalten? Eduard von Hartmann ist der Meinung, daß es die abwägende Vernunft ist. Er sagt zwar (Philosophie des Unbewußten, 7. Auflage II. Band, S. 290): «Schmerz und Lust *sind* nur, insofern sie *empfunden* werden.» Hieraus folgt, daß es für die Lust keinen andern Maßstab gibt als den subjektiven des Gefühles. Ich muß *empfinden,* ob die Summe meiner Unlustgefühle zusammengestellt mit meinen Lustgefühlen in mir einen Überschuß von Freude oder Schmerz ergibt. Dessen ungeachtet behauptet Hartmann: «Wenn ... der Lebenswert jedes Wesens nur nach seinem eigenen subjektiven Maßstabe in Anschlag gebracht werden kann ..., so ist doch damit keineswegs gesagt, daß jedes Wesen aus den sämtlichen Affektionen seines Lebens die *richtige* algebraische Summe ziehe, oder mit anderen Worten, daß *sein Gesamturteil* über sein eigenes Leben ein in bezug auf seine subjektiven Erlebnisse richtiges sei.» Damit wird doch wieder die *vernunftgemäße Beurteilung* des Gefühles zum Wertschätzer gemacht*.

* Wer *ausrechnen* will, ob die Gesamtsumme der Lust oder die der Unlust überwiegt, der beachtet eben nicht, daß er eine Rechnung anstellt

Wer sich der Vorstellungsrichtung solcher Denker wie Eduard von Hartmann mehr oder weniger genau anschließt, der kann glauben, er müsse, um zu einer richtigen Bewertung des Lebens zu kommen, die Faktoren aus dem Wege räumen, die unser *Urteil* über die Lust- und Unlustbilanz verfälschen. Er kann das auf zwei Wegen zu erreichen suchen. *Erstens* indem er nachweist, daß unser Begehren (Trieb, Wille) sich störend in unsere nüchterne Beurteilung des Gefühlswertes einmischt. Während wir uns zum Beispiel sagen müßten, daß der Geschlechtsgenuß eine Quelle des Übels ist, verführt uns der Umstand, daß der Geschlechtstrieb in uns mächtig ist, dazu, uns eine Lust vorzugaukeln, die in dem Maße gar nicht da ist. Wir wollen genießen; deshalb gestehen wir uns nicht, daß wir unter dem Genusse leiden. *Zweitens* indem er die Gefühle einer Kritik unterwirft und nachzuweisen sucht, daß die Gegenstände, an die sich die Gefühle knüpfen, vor der Vernunfterkenntnis sich als Illusionen erweisen, und *daß sie in dem Augenblicke zerstört werden, wenn unsere stets wachsende Intelligenz die Illusionen durchschaut.*

Er kann sich die Sache folgendermaßen denken. Wenn ein Ehrgeiziger sich darüber klar werden will, ob bis zu dem Augenblicke, in dem er seine Betrachtung anstellt, die Lust oder die Unlust den überwiegenden Anteil an seinem Leben gehabt hat, dann muß er sich von zwei Fehlerquellen bei seiner Beurteilung frei machen. Da er ehrgeizig ist, wird dieser Grundzug seines Charakters ihm die Freuden über Anerkennung seiner Leistungen durch ein Vergrößerungsglas, die Kränkungen durch Zurücksetzungen aber durch ein Verkleinerungsglas zeigen. Damals, als er die Zurücksetzungen erfuhr, fühlte er die Kränkungen, gerade weil er ehrgeizig ist; in der Erinnerung erscheinen sie in milderem Lichte, während sich die Freuden über Anerkennungen, für die er so zugänglich ist, um so tiefer einprägen. Nun ist es zwar für den Ehrgeizigen eine wahre Wohltat, daß es so ist. Die

über etwas, das nirgends erlebt wird. Das Gefühl rechnet nicht, und für die wirkliche Bewertung des Lebens kommt das wirkliche Erlebnis, nicht das Ergebnis einer erträumten Rechnung in Betracht.

Täuschung vermindert sein Unlustgefühl in dem Augenblicke der Selbstbeobachtung. Dennoch ist seine Beurteilung eine falsche. Die Leiden, über die sich ihm ein Schleier breitet, hat er wirklich durchmachen müssen in ihrer ganzen Stärke, und er setzt sie somit in das Kontobuch seines Lebens tatsächlich falsch ein. Um zu einem richtigen Urteile zu kommen, müßte der Ehrgeizige für den Moment seiner Betrachtung sich seines Ehrgeizes entledigen. Er müßte ohne Gläser vor seinem geistigen Auge sein bisher abgelaufenes Leben betrachten. Er gleicht sonst dem Kaufmanne, der beim Abschluß seiner Bücher seinen Geschäftseifer mit auf die Einnahmeseite setzt.

Er kann aber noch weiter gehen. Er kann sagen: Der Ehrgeizige wird sich auch klarmachen, daß die Anerkennungen, nach denen er jagt, wertlose Dinge sind. Er wird selbst zur Einsicht kommen, oder von andern dazu gebracht werden, daß einem vernünftigen Menschen an der Anerkennung von seiten der Menschen nichts liegen könne, da man ja «in allen solchen Sachen, die nicht Lebensfragen der Entwickelung, oder gar von der Wissenschaft schon endgültig gelöst sind», immer darauf schwören kann, «daß die Majoritäten unrecht und die Minoritäten recht haben». «Einem solchen Urteile gibt derjenige sein Lebensglück in die Hände, welcher den Ehrgeiz zu seinem Leitstern macht.» (Philosophie des Unbewußten, II. Band, S. 332.) Wenn sich der Ehrgeizige das alles sagt, dann muß er als eine Illusion bezeichnen, was ihm sein Ehrgeiz als Wirklichkeit vorgestellt hat, folglich auch die Gefühle, die sich an die entsprechenden Illusionen seines Ehrgeizes knüpfen. Aus diesem Grunde könnte dann gesagt werden: es muß auch noch das aus dem Konto der Lebenswerte gestrichen werden, was sich an Lustgefühlen aus Illusionen ergibt; was dann übrig bleibt, stelle die illusionsfreie Lustsumme des Lebens dar, und diese sei gegen die Unlustsumme so klein, daß das Leben kein Genuß, und Nichtsein dem Sein vorzuziehen sei.

Aber während es unmittelbar einleuchtend ist, daß die durch Einmischung des ehrgeizigen Triebes bewirkte Täuschung bei Aufstellung der Lustbilanz ein falsches Resultat bewirkt, muß das von der Erkenntnis des illusorischen Charakters der Gegenstände der Lust Gesagte jedoch bestritten werden. Ein Ausscheiden aller an wirkliche oder vermeintliche Illusionen sich knüpfenden Lustgefühle von der Lustbilanz des Lebens würde die letztere geradezu verfälschen. Denn der Ehrgeizige hat über die Anerkennung der Menge wirklich seine Freude gehabt, ganz gleichgültig, ob er selbst später, oder ein anderer diese Anerkennung als Illusion erkennt. Damit wird die genossene freudige Empfindung nicht um das geringste kleiner gemacht. Die Ausscheidung aller solchen «illusorischen» Gefühle aus der Lebensbilanz stellt nicht etwa unser Urteil über die Gefühle richtig, sondern löscht wirklich vorhandene Gefühle aus dem Leben aus.

Und warum sollen diese Gefühle ausgeschieden werden? Wer sie hat, bei dem sind sie eben lustbereitend; wer sie überwunden hat, bei dem tritt durch das Erlebnis der Überwindung (nicht durch die selbstgefällige Empfindung: Was bin ich doch für ein Mensch! – sondern durch die objektiven Lustquellen, die in der Überwindung liegen) eine allerdings vergeistigte, aber darum nicht minder bedeutsame Lust ein. Wenn Gefühle aus der Lustbilanz gestrichen werden, weil sie sich an Gegenstände heften, die sich als Illusionen entpuppen, so wird der Wert des Lebens nicht von der Menge der Lust, sondern von der Qualität der Lust und diese von dem Werte der die Lust verursachenden Dinge abhängig gemacht. Wenn ich den Wert des Lebens aber erst aus der Menge der Lust oder Unlust bestimmen will, das es mir bringt, dann darf ich nicht etwas anderes voraussetzen, wodurch ich erst wieder den Wert oder Unwert der Lust bestimme. Wenn ich sage: ich will die Lustmenge mit der Unlustmenge vergleichen und sehen, welche größer ist, dann muß ich auch alle Lust und Unlust in ihren wirklichen Größen in Rechnung bringen, ganz abgesehen davon, ob ihnen eine Illusion zugrunde liegt oder nicht. Wer einer auf Illusion beruhenden Lust einen geringeren Wert für das Leben zuschreibt, als einer solchen, die sich vor der Vernunft rechtfertigen läßt, der macht eben den Wert des Lebens noch von anderen Faktoren abhängig als von der Lust.

Wer die Lust deshalb geringer veranschlägt, weil sie sich an einen eitlen Gegenstand knüpft, der gleicht einem Kaufmanne, der das bedeutende Erträgnis einer Spielwarenfabrik deshalb mit dem Viertel des Betrages in sein Konto einsetzt, weil in derselben Gegenstände zur Tändelei für Kinder produziert werden.

Wenn es sich bloß darum handelt, die Lust- und Unlustmenge gegeneinander abzuwägen, dann ist also der illusorische Charakter der Gegenstände gewisser Lustempfindungen völlig aus dem Spiele zu lassen.

Der von Hartmann empfohlene Weg vernünftiger Betrachtung der vom Leben erzeugten Lust- und Unlustmenge hat uns also bisher so weit geführt, daß wir wissen, wie wir die Rechnung aufzustellen haben, was wir auf die eine, was auf die andere Seite unseres Kontobuches zu setzen haben. Wie soll aber nun die Rechnung gemacht werden? Ist die Vernunft auch geeignet, die Bilanz zu bestimmen?

Der Kaufmann hat in seiner Rechnung einen Fehler gemacht, wenn der *berechnete* Gewinn sich mit den durch das Geschäft nachweislich genossenen oder noch zu genießenden Gütern nicht deckt. Auch der Philosoph wird unbedingt einen Fehler in seiner Beurteilung gemacht haben, wenn er den etwa ausgeklügelten Überschuß an Lust beziehungsweise Unlust in der Empfindung nicht nachweisen kann.

Ich will vorläufig die Rechnung der auf vernunftgemäße Weltbetrachtung sich stützenden Pessimisten nicht kontrollieren; wer aber sich entscheiden soll, ob er das Lebensgeschäft weiterführen soll oder nicht, der wird erst den Nachweis verlangen, wo der berechnete Überschuß an Unlust steckt.

Hiermit haben wir den Punkt berührt, wo die Vernunft *nicht* in der Lage ist, den Überschuß an Lust oder Unlust allein von sich aus zu bestimmen, sondern wo sie diesen Überschuß im Leben als Wahrnehmung zeigen muß. Nicht in dem Begriff allein, sondern in dem durch das Denken vermittelten Ineinandergreifen von Begriff und Wahrnehmung (und Gefühl ist Wahrnehmung) ist dem Menschen das Wirkliche erreichbar (vgl. S. 70ff.). Der Kaufmann wird ja auch sein Geschäft erst dann aufgeben, wenn der von seinem Buchhalter berechnete Verlust an Gütern sich durch die Tatsachen bestätigt. Wenn das nicht der Fall ist, dann läßt er den Buchhalter die Rechnung nochmals machen.

Genau in derselben Weise wird es der im Leben stehende Mensch machen. Wenn der Philosoph ihm beweisen will, daß die Unlust weit größer ist als die Lust, er jedoch das nicht empfindet, dann wird er sagen: du hast dich in deinem Grübeln geirrt, denke die Sache nochmals durch. Sind aber in einem Geschäfte zu einem bestimmten Zeitpunkte wirklich solche Verluste vorhanden, daß kein Kredit mehr ausreicht, um die Gläubiger zu befriedigen, so tritt auch dann der Bankerott ein, wenn der Kaufmann es vermeidet, durch Führung der Bücher Klarheit über seine Angelegenheiten zu haben. Ebenso müßte es, wenn das Unlustquantum bei einem Menschen in einem bestimmten Zeitpunkte so groß würde, daß keine Hoffnung (Kredit) auf künftige Lust ihn über den Schmerz hinwegsetzen könnte, zum Bankerott des Lebensgeschäftes führen.

Nun ist aber die Zahl der Selbstmörder doch eine relativ geringe im Verhältnis zu der Menge derjenigen, die mutig weiterleben. Die wenigsten Menschen stellen das Lebensgeschäft der vorhandenen Unlust willen ein. Was folgt daraus? Entweder, daß es nicht richtig ist, zu sagen, die Unlustmenge sei größer als die Lustmenge, oder daß wir unser Weiterleben gar nicht von der empfundenen Lust- oder Unlustmenge abhängig machen.

Auf eine ganz eigenartige Weise kommt der Pessimismus Eduard von Hartmanns dazu, das Leben wertlos zu erklären, weil darinnen der Schmerz überwiegt, und doch die Notwendigkeit zu behaupten, es durchzumachen. Diese Notwendigkeit liegt darin, daß der oben (S. 163ff.) angegebene Weltzweck nur durch rastlose, hingebungsvolle Arbeit der Menschen erreicht werden kann. Solange aber die Menschen noch ihren egoistischen Gelüsten nachgehen, sind sie zu solcher selbstlosen Arbeit untauglich. Erst wenn sie sich durch Erfahrung und Vernunft überzeugt haben, daß die vom Egoismus erstrebten Lebensgenüsse nicht erlangt werden können, widmen sie sich ihrer eigentlichen Aufgabe. Auf diese Weise soll die pessimistische Überzeugung der Quell der Selbstlosigkeit sein. Eine Erziehung auf Grund des Pessimismus soll den Egoismus dadurch ausrotten, daß sie ihm seine Aussichtslosigkeit vor Augen stellt.

Nach dieser Ansicht liegt also das Streben nach Lust ursprünglich in der Menschennatur begründet. Nur aus Einsicht in die Unmöglichkeit der Erfüllung dankt dieses Streben zugunsten höherer Menschheitsaufgaben ab.

Von der sittlichen Weltanschauung, die von der Anerkennung des Pessimismus die Hingabe an unegoistische Lebensziele erhofft, kann nicht gesagt werden, daß sie den Egoismus im wahren Sinne des Wortes überwinde. Die sittlichen Ideale sollen erst dann stark genug sein, sich des Willens zu bemächtigen, wenn der Mensch eingesehen hat, daß das selbstsüchtige Streben nach Lust zu keiner Befriedigung führen kann. Der Mensch, dessen Selbstsucht nach den Trauben der Lust begehrt, findet sie sauer, weil er sie nicht erreichen kann: er geht von ihnen und widmet sich einem selbstlosen Lebenswandel. Die sittlichen Ideale sind, nach der Meinung der Pessimisten, nicht stark genug, den Egoismus zu überwinden; aber sie errichten ihre Herrschaft auf dem Boden, den ihnen vorher die Erkenntnis von der Aussichtslosigkeit der Selbstsucht frei gemacht hat.

Wenn die Menschen ihrer Naturanlage nach die Lust erstrebten, sie aber unmöglich erreichen können, dann wäre Vernichtung des Daseins und Erlösung durch das Nichtsein das einzig vernünftige Ziel. Und wenn man der Ansicht ist, daß der eigentliche Träger des Weltschmerzes Gott sei, so müßten die Menschen es sich zur Aufgabe machen, die Erlösung Gottes herbeizuführen. Durch den Selbstmord des einzelnen wird die Erreichung dieses Zieles nicht gefördert, sondern beeinträchtigt. Gott kann vernünftigerweise die Menschen nur geschaffen haben, damit sie durch ihr Handeln seine Erlösung herbeiführen. Sonst wäre die Schöpfung zwecklos. Und an außermenschliche Zwecke denkt eine solche Weltansicht. Jeder muß in dem allgemeinen Erlösungswerke seine bestimmte Arbeit verrichten. Entzieht er sich derselben durch den Selbstmord, so muß die ihm zugedachte Arbeit von einem andern verrichtet werden. Dieser muß statt ihm die Daseinsqual ertragen. Und da in jedem Wesen Gott steckt als der eigentliche Schmerzträger, so hat der Selbstmörder die Menge des Gottesschmerzes nicht im geringsten vermindert, vielmehr Gott die neue Schwierigkeit auferlegt, für ihn einen Ersatzmann zu schaffen.

Dies alles setzt voraus, daß die Lust ein Wertmaßstab für das Leben sei. Das Leben äußert sich durch eine Summe von Trieben (Bedürfnissen). Wenn der Wert des Lebens davon abhinge, ob es mehr Lust oder Unlust bringt, dann ist der Trieb als wertlos zu bezeichnen, der seinem Träger einen Überschuß der letzteren einträgt. Wir wollen einmal Trieb und Lust daraufhin ansehen, ob der erste durch die zweite gemessen werden kann. Um nicht den Verdacht zu erwecken, das Leben erst mit der Sphäre der «Geistesaristokratie» anfangen zu lassen, beginnen wir mit einem «rein tierischen» Bedürfnis, dem Hunger.

Der Hunger entsteht, wenn unsere Organe ohne neue Stoffzufuhr nicht weiter ihrem Wesen gemäß funktionieren können. Was der Hungrige zunächst erstrebt, ist die Sättigung. Sobald die Nahrungszufuhr in dem Maße erfolgt ist, daß der Hunger aufhört, ist alles erreicht, was der Ernährungstrieb erstrebt. Der Genuß, der sich an die Sättigung knüpft, besteht fürs erste in der Beseitigung des Schmerzes, den der Hunger bereitet. Zu dem bloßen Ernährungstriebe tritt ein anderes Bedürfnis. Der Mensch will durch die Nahrungsaufnahme nicht bloß seine gestörten Organfunktionen wieder in Ordnung bringen, beziehungsweise den Schmerz des Hungers überwinden: er sucht dies auch unter Begleitung angenehmer Geschmacksempfindungen zu bewerkstelligen. Er kann sogar, wenn er Hunger hat und eine halbe Stunde vor einer genußreichen Mahlzeit steht, es vermeiden, durch minderwertige Kost, die ihn früher befriedigen könnte, sich die Lust für das Bessere zu verderben. Er braucht den Hunger, um von seiner Mahlzeit den vollen Genuß zu haben. Dadurch wird ihm der Hunger zugleich zum Veranlasser der Lust. Wenn nun aller in der Welt vorhandene Hunger gestillt werden könnte, dann ergäbe sich die volle Genußmenge, die dem Vorhandensein des Nahrungsbedürfnisses zu verdanken ist. Hinzuzurechnen wäre noch der besondere Genuß, den Leckermäuler durch eine über das Gewöhnliche hinausgehende Kultur ihrer Geschmacksnerven erzielen.

Den denkbar größten Wert hätte diese Genußmenge, wenn kein auf die in Betracht kommende Genußart hinzielendes Bedürfnis unbefriedigt bliebe, und wenn mit dem Genuß nicht zugleich eine gewisse Menge Unlust in den Kauf genommen werden müßte.

Die moderne Naturwissenschaft ist der Ansicht, daß die Natur mehr Leben erzeugt, als sie erhalten kann, das heißt, auch mehr Hunger hervorbringt, als sie zu befriedigen in der Lage ist. Der Überschuß an Leben, der erzeugt wird, muß unter Schmerzen im Kampf ums Dasein zugrunde gehen. Zugegeben: die Lebensbedürfnisse seien in jedem Augenblicke des Weltgeschehens größer, als den vorhandenen Befriedigungsmitteln entspricht, und der Lebensgenuß werde dadurch beeinträchtigt. Der wirklich vorhandene einzelne Lebensgenuß wird aber nicht um das geringste kleiner gemacht. Wo Befriedigung des Begehrens eintritt, da ist die entsprechende Genußmenge vorhanden, auch wenn es in dem begehrenden Wesen selbst oder in andern daneben eine reiche Zahl unbefriedigter Triebe gibt. Was aber dadurch vermindert wird, ist der *Wert* des Lebensgenusses. Wenn nur ein Teil der Bedürfnisse eines Lebewesens Befriedigung findet, so hat dieses einen dementsprechenden Genuß. Dieser hat einen um so geringeren Wert, je kleiner er ist im Verhältnis zur Gesamtforderung des Lebens im Gebiete der in Frage kommenden Begierden. Man kann sich diesen Wert durch einen Bruch dargestellt denken, dessen Zähler der wirklich vorhandene Genuß und dessen Nenner die Bedürfnissumme ist. Der Bruch hat den Wert 1, wenn Zähler und Nenner gleich sind, das heißt, wenn alle Bedürfnisse auch befriedigt werden. Er wird größer als 1, wenn in einem Lebewesen mehr Lust vorhanden ist, als seine Begierden fordern; und er ist kleiner als 1, wenn die Genußmenge hinter der Summe der Begierden zurückbleibt. Der Bruch kann aber nie *Null* werden, solange der Zähler auch nur den geringsten Wert hat. Wenn ein Mensch vor seinem Tode den Rechnungsabschluß machte, und die auf einen bestimmten Trieb (zum Beispiel den Hunger) kommende Menge des Genusses sich über das ganze Leben mit allen Forderungen dieses Triebes verteilt dächte, so hätte die erlebte Lust vielleicht nur einen geringen Wert; wertlos aber kann sie nie werden. Bei gleichbleibender Genußmenge nimmt mit der Vermehrung der Bedürfnisse eines Lebewesens der Wert der Lebenslust ab. Ein gleiches gilt für die Summe alles Lebens in der Natur. Je größer die Zahl der Lebewesen ist im Verhältnis zu der Zahl derer, die volle Befriedigung ihrer Triebe finden können, desto geringer ist der durchschnittliche Lustwert des Lebens. Die Wechsel auf den Lebensgenuß, die uns in unseren Trieben ausgestellt sind, werden eben billiger, wenn man nicht hoffen kann, sie für den vollen Betrag einzulösen. Wenn ich drei Tage lang genug zu essen habe und dafür dann weitere drei Tage hungern muß, so wird der Genuß an den drei Eßtagen dadurch nicht geringer. Aber ich muß mir ihn dann auf sechs Tage verteilt denken, wodurch sein *Wert* für meinen Ernährungstrieb auf die Hälfte herabgemindert wird. Ebenso verhält es sich mit der Größe der Lust im Verhältnis zum *Grade* meines Bedürfnisses. Wenn ich Hunger für zwei Butterbrote habe, und nur eines bekommen kann, so hat der aus dem einen gezogene Genuß nur die Hälfte des Wertes, den er haben würde, wenn ich nach der Aufzehrung satt wäre. Dies ist die Art, wie im Leben der *Wert* einer Lust bestimmt wird. Sie wird bemessen an den Bedürfnissen des Lebens. Unsere Begierden sind der *Maßstab;* die Lust ist das Gemessene. Der Sättigungsgenuß erhält nur dadurch einen Wert, daß Hunger vorhanden ist; und er erhält einen Wert von bestimmter Größe durch das Verhältnis, in dem er zu der Größe des vorhandenen Hungers steht.

Unerfüllte Forderungen unseres Lebens werfen ihre Schatten auch auf die befriedigten Begierden und beeinträchtigen den *Wert* genußreicher Stunden. Man kann aber auch von dem *gegenwärtigen Wert* eines Lustgefühles sprechen. Dieser Wert ist um so geringer, je kleiner die Lust im Verhältnis zur Dauer und Stärke unserer Begierde ist.

Vollen Wert hat für uns eine Lustmenge, die an Dauer und Grad genau mit unserer Begierde übereinstimmt. Eine gegenüber unserem Begehren kleinere Lustmenge vermindert den Lustwert; eine größere erzeugt einen nicht verlangten Überschuß, der nur so lange als Lust empfunden wird, als wir während des Genießens unsere Begierde zu steigern vermögen. Sind wir nicht imstande, in der Steigerung unseres Verlangens mit der zunehmenden Lust gleichen Schritt zu halten, so verwandelt sich die Lust in

Unlust. Der Gegenstand, der uns sonst befriedigen würde, stürmt auf uns ein, ohne daß wir es wollen, und wir leiden darunter. Dies ist ein Beweis dafür, daß die Lust nur so lange für uns einen Wert hat, als wir sie an unserer Begierde messen können. Ein Überschuß von angenehmem Gefühl schlägt in Schmerz um. Wir können das besonders bei Menschen beobachten, deren Verlangen nach irgendeiner Art von Lust sehr gering ist. Leuten, deren Nahrungstrieb abgestumpft ist, wird das Essen leicht zum Ekel. Auch daraus geht hervor, daß die Begierde der Wertmesser der Lust ist.

Nun kann der Pessimismus sagen: der unbefriedigte Nahrungstrieb bringe nicht nur die Unlust über den entbehrten Genuß, sondern positive Schmerzen, Qual und Elend in die Welt. Er kann sich hierbei berufen auf das namenlose Elend der von Nahrungssorgen heimgesuchten Menschen; auf die Summe von Unlust, die solchen Menschen mittelbar aus dem Nahrungsmangel erwächst. Und wenn er seine Behauptung auch auf die außermenschliche Natur anwenden will, kann er hinweisen auf die Qualen der Tiere, die in gewissen Jahreszeiten aus Nahrungsmangel verhungern. Von diesen Übeln behauptet der Pessimist, daß sie die durch den Nahrungstrieb in die Welt gesetzte Genußmenge reichlich überwiegen.

Es ist ja zweifellos, daß man *Lust* und *Unlust* miteinander vergleichen und den Überschuß der einen oder der andern bestimmen kann, wie das bei *Gewinn* und *Verlust* geschieht. Wenn aber der Pessimismus glaubt, daß auf Seite der Unlust sich ein Überschuß ergibt, und er daraus auf die Wertlosigkeit des Lebens schließen zu können meint, so ist er schon insofern im Irrtum, als er eine Rechnung macht, die im wirklichen Leben nicht ausgeführt wird.

Unsere Begierde richtet sich im einzelnen Falle auf einen bestimmten Gegenstand. Der Lustwert der Befriedigung wird, wie wir gesehen haben, um so größer sein, je größer die Lustmenge im Verhältnis zur Größe unseres Begehrens ist*. Von der

* Von dem Falle, wo durch übermäßige Steigerung der Lust diese in Unlust umschlägt, sehen wir hier ab.

Größe unseres Begehrens hängt es aber auch ab, wie groß die Menge der Unlust ist, die wir mit in Kauf nehmen wollen, um die Lust zu erreichen. Wir vergleichen die Menge der Unlust nicht mit der der Lust, sondern mit der Größe unserer Begierde. Wer große Freude am Essen hat, der wird wegen des Genusses in besseren Zeiten sich leichter über eine Periode des Hungers hinweghelfen, als ein anderer, dem diese Freude an der Befriedigung des Nahrungstriebes fehlt. Das Weib, das ein Kind haben will, vergleicht nicht die Lust, die ihm aus dessen Besitz erwächst, mit den Unlustmengen, die aus Schwangerschaft, Kindbett, Kinderpflege und so weiter sich ergeben, sondern mit seiner Begierde nach dem Besitz des Kindes.

Wir erstreben niemals eine abstrakte Lust von bestimmter Größe, sondern die konkrete Befriedigung in einer ganz bestimmten Weise. Wenn wir nach einer Lust streben, die durch einen bestimmten Gegenstand oder eine bestimmte Empfindung befriedigt werden muß, so können wir nicht dadurch befriedigt werden, daß uns ein anderer Gegenstand oder eine andere Empfindung zuteil wird, die uns eine Lust von gleicher Größe bereitet. Wer nach Sättigung strebt, dem kann man die Lust an derselben nicht durch eine gleich große, aber durch einen Spaziergang erzeugte ersetzen. Nur wenn unsere Begierde ganz allgemein nach einem bestimmten Lustquantum strebte, dann müßte sie sofort verstummen, wenn diese Lust nicht ohne ein sie an Größe überragendes Unlustquantum zu erreichen wäre. Da aber die Befriedigung auf eine bestimmte Art erstrebt wird, so tritt die Lust mit der Erfüllung auch dann ein, wenn mit ihr eine sie überwiegende Unlust in Kauf genommen werden muß. Dadurch, daß sich die Triebe der Lebewesen in einer bestimmten Richtung bewegen und auf ein konkretes Ziel losgehen, hört die Möglichkeit auf, die auf dem Wege zu diesem Ziele sich entgegenstellende Unlustmenge als gleichgeltenden Faktor mit in Rechnung zu bringen. Wenn die Begierde nur stark genug ist, um nach Überwindung der Unlust – und sei sie absolut genommen noch so groß – noch in irgendeinem Grade vorhanden zu sein, so kann die Lust an der Befriedigung doch noch in voller Größe durchgekostet werden. Die Begierde bringt also die Unlust nicht direkt in Beziehung zu der erreichten Lust, sondern indirekt, indem sie ihre eigene Größe (im Verhältnis) zu der der Unlust in eine Beziehung bringt. Nicht darum handelt es sich, ob die zu erreichende Lust oder Unlust größer ist, sondern darum, ob die Begierde nach dem erstrebten Ziele oder der Widerstand der entgegentretenden Unlust größer ist. Ist dieser Widerstand größer als die Begierde, dann ergibt sich die letztere in das Unvermeidliche, erlahmt und strebt nicht weiter. Dadurch, daß Befriedigung in einer bestimmten Art verlangt wird, gewinnt die mit ihr zusammenhängende Lust eine Bedeutung, die es ermöglicht, nach eingetretener Befriedigung das notwendige Unlustquantum nur insofern in die Rechnung einzustellen, als es das Maß unserer Begierde verringert hat. Wenn ich ein leidenschaftlicher Freund von Fernsichten bin, so berechne ich niemals: wieviel Lust macht mir der Blick von dem Berggipfel aus, direkt verglichen mit der Unlust des mühseligen Auf- und Abstiegs. Ich überlege aber: ob nach Überwindung der Schwierigkeiten meine Begierde nach der Fernsicht noch lebhaft genug sein wird. Nur mittelbar durch die Größe der Begierde können Lust und Unlust zusammen ein Ergebnis liefern. Es fragt sich also gar nicht, ob Lust oder Unlust im Übermaße vorhanden ist, sondern ob das Wollen der Lust stark genug ist, die Unlust zu überwinden.

Ein Beweis für die Richtigkeit dieser Behauptung ist der Umstand, daß der Wert der Lust höher angeschlagen wird, wenn sie durch große Unlust erkauft werden muß, als dann, wenn sie uns gleichsam wie ein Geschenk des Himmels in den Schoß fällt. Wenn Leiden und Qualen unsere Begierde herabgestimmt haben, und dann das Ziel doch noch erreicht wird, dann ist eben die Lust *im Verhältnis* zu dem noch übriggebliebenen Quantum der Begierde um so *größer.* Dieses Verhältnis stellt aber, wie ich gezeigt habe, den *Wert* der Lust dar (vgl. S. 174ff.). Ein weiterer Beweis ist dadurch gegeben, daß die Lebewesen (einschließlich des Menschen) ihre Triebe so lange zur Entfaltung bringen, als sie imstande sind, die entgegenstehenden Schmerzen und Qualen zu ertragen. Und der Kampf ums Dasein ist nur die Folge dieser Tatsache. Das vorhandene Leben strebt nach Entfaltung, und nur derjenige Teil gibt den Kampf auf, dessen Begierden durch die Gewalt der sich auftürmenden Schwierigkeiten erstickt werden. Jedes Lebewesen sucht so lange nach Nahrung, bis der Nahrungsmangel sein Leben zerstört. Und auch der Mensch legt erst Hand an sich selber, wenn er (mit Recht oder Unrecht) glaubt, die ihm erstrebenswerten Lebensziele nicht erreichen zu können. Solange er aber noch an die Möglichkeit glaubt, das nach seiner Ansicht Erstrebenswerte zu erreichen, kämpft er gegen alle Qualen und Schmerzen an. Die Philosophie müßte dem Menschen erst die Meinung beibringen, daß Wollen nur dann einen Sinn hat, wenn die Lust größer als die Unlust ist; seiner Natur nach will er die Gegenstände seines Begehrens erreichen, wenn er die dabei notwendig werdende Unlust ertragen kann, sei sie dann auch noch so groß. Eine solche Philosophie wäre aber irrtümlich, weil sie das menschliche Wollen von einem Umstande abhängig macht (Überschuß der Lust über die Unlust), der dem Menschen ursprünglich fremd ist. Der ursprüngliche Maßstab des Wollens ist die Begierde, und diese setzt sich durch, solange sie kann. Man kann die Rechnung, welche das *Leben,* nicht eine verstandesmäßige Philosophie, anstellt, wenn Lust und Unlust bei Befriedigung eines Begehrens in Frage kommen, mit dem folgenden vergleichen. Wenn ich gezwungen bin, beim Einkaufe eines bestimmten Quantums Äpfel doppelt so viele schlechte als gute mitzunehmen – weil der Verkäufer seinen Platz frei bekommen will – so werde ich mich keinen Moment besinnen, die schlechten Äpfel mitzunehmen, wenn ich den Wert der geringeren Menge guter für mich so hoch veranschlagen darf, daß ich zu dem Kaufpreis auch noch die Auslagen für Hinwegschaffung der schlechten Ware auf mich nehmen will. Dies Beispiel veranschaulicht die Beziehung zwischen den durch einen Trieb bereiteten Lust- und Unlustmengen. Ich bestimme den Wert der guten Äpfel nicht dadurch, daß ich ihre Summe von der der schlechten subtrahiere, sondern danach, ob die ersteren trotz des Vorhandenseins der letzteren noch einen Wert behalten.

Ebenso wie ich bei dem Genuß der guten Äpfel die schlechten unberücksichtigt lasse, so gebe ich mich der Befriedigung einer

Begierde hin, nachdem ich die notwendigen Qualen abgeschüttelt habe.

Wenn der Pessimismus auch recht hätte mit seiner Behauptung, daß in der Welt mehr Unlust als Lust vorhanden ist: auf das Wollen wäre das ohne Einfluß, denn die Lebewesen streben nach der übrigbleibenden Lust doch. Der empirische Nachweis, daß der Schmerz die Freude überwiegt, wäre, wenn er gelänge, zwar geeignet, die Aussichtslosigkeit jener philosophischen Richtung zu zeigen, die den Wert des Lebens in dem Überschuß der Lust sieht (Eudämonismus), nicht aber das Wollen überhaupt als unvernünftig hinzustellen; denn dieses geht nicht auf einen Überschuß von Lust, sondern auf die nach Abzug der Unlust noch übrigbleibende Lustmenge. Diese erscheint noch immer als ein erstrebenswertes Ziel.

Man hat den Pessimismus dadurch zu widerlegen versucht, daß man behauptete, es sei unmöglich, den Überschuß von Lust oder Unlust in der Welt auszurechnen. Die Möglichkeit einer jeden Berechnung beruht darauf, daß die in Rechnung zu stellenden Dinge ihrer Größe nach miteinander verglichen werden können. Nun hat jede Unlust und jede Lust eine bestimmte Größe (Stärke und Dauer). Auch Lustempfindungen verschiedener Art können wir ihrer Größe nach wenigstens schätzungsweise vergleichen. Wir wissen, ob uns eine gute Zigarre oder ein guter Witz mehr Vergnügen macht. Gegen die Vergleichbarkeit verschiedener Lust- und Unlustsorten, ihrer Größe nach, läßt sich somit nichts einwenden. Und der Forscher, der es sich zur Aufgabe macht, den Lust- oder Unlustüberschuß in der Welt zu bestimmen, geht von durchaus berechtigten Voraussetzungen aus. Man kann die Irrtümlichkeit der pessimistischen Resultate behaupten, aber man darf die Möglichkeit einer wissenschaftlichen Abschätzung der Lust- und Unlustmengen und damit die Bestimmung der Lustbilanz nicht anzweifeln. Unrichtig aber ist es, wenn behauptet wird, daß aus dem Ergebnisse dieser Rechnung für das menschliche Wollen etwas folge. Die Fälle, wo wir den Wert unserer Betätigung wirklich davon abhängig machen, ob die Lust oder die Unlust einen Überschuß zeigt, sind die, in denen uns die Gegenstände, auf die unser Tun sich richtet, gleichgültig sind. Wenn es sich mir darum handelt, nach meiner Arbeit mir ein Vergnügen durch ein Spiel oder eine leichte Unterhaltung zu bereiten, und es mir völlig gleichgültig ist, was ich zu diesem Zwecke tue, so frage ich mich: was bringt mir den größten Überschuß an Lust? Und ich unterlasse eine Betätigung unbedingt, wenn sich die Waage nach der Unlustseite hin neigt. Bei einem Kinde, dem wir ein Spielzeug kaufen wollen, denken wir bei der Wahl nach, was ihm die meiste Freude bereitet. In allen anderen Fällen bestimmen wir uns nicht ausschließlich nach der Lustbilanz.

Wenn also die pessimistischen Ethiker der Ansicht sind, durch den Nachweis, daß die Unlust in größerer Menge vorhanden ist als die Lust, den Boden für die selbstlose Hingabe an die Kulturarbeit zu bereiten, so bedenken sie nicht, daß sich das menschliche Wollen seiner Natur nach von dieser Erkenntnis nicht beeinflussen läßt. Das Streben der Menschen richtet sich nach dem Maße der nach Überwindung aller Schwierigkeiten möglichen Befriedigung. Die Hoffnung auf diese Befriedigung ist der Grund der menschlichen Betätigung. Die Arbeit jedes einzelnen und die ganze Kulturarbeit entspringt aus dieser Hoffnung. Die pessimistische Ethik glaubt dem Menschen die Jagd nach dem Glücke als eine unmögliche hinstellen zu müssen, damit er sich seinen eigentlichen sittlichen Aufgaben widme. Aber diese sittlichen Aufgaben sind nichts anderes als die konkreten natürlichen und geistigen Triebe; und die Befriedigung derselben wird angestrebt trotz der Unlust, die dabei abfällt. Die Jagd nach dem Glücke, die der Pessimismus ausrotten will, ist also gar nicht vorhanden. Die Aufgaben aber, die der Mensch zu vollbringen hat, vollbringt er, weil er sie kraft seines Wesens, wenn er ihr Wesen wirklich erkannt hat, vollbringen *will.* Die pessimistische Ethik behauptet, der Mensch könne erst dann sich dem hingeben, was er als seine Lebensaufgabe erkennt, wenn er das Streben nach Lust aufgegeben hat. Keine Ethik aber kann je andere Lebensaufgaben ersinnen als die Verwirklichung der von den menschlichen Begierden geforderten Befriedigungen und die Erfüllung seiner sittlichen Ideale. Keine Ethik kann ihm die Lust nehmen, die er an dieser Erfüllung des von ihm Begehrten hat. Wenn der Pessimist sagt: strebe nicht nach Lust, denn du kannst sie nie erreichen; strebe nach dem, was du als deine Aufgabe erkennst, so ist darauf zu erwidern: das ist Menschenart, und es ist die Erfindung einer auf Irrwegen wandelnden Philosophie, wenn behauptet wird, der Mensch strebe bloß nach dem Glücke. Er strebt nach Befriedigung dessen, was sein Wesen begehrt, und hat die konkreten Gegenstände dieses Strebens im Auge, nicht ein abstraktes «Glück»; und die Erfüllung ist ihm eine Lust. Was die pessimistische Ethik verlangt: nicht Streben nach Lust, sondern nach Erreichung dessen, was du als deine Lebensaufgabe erkennst, so trifft sie damit dasjenige, was der Mensch seinem Wesen nach *will.* Der Mensch braucht durch die Philosophie nicht erst umgekrempelt zu werden, er braucht seine Natur nicht erst abzuwerfen, um sittlich zu sein. Sittlichkeit liegt in dem Streben nach einem als berechtigt erkannten Ziel; ihm zu folgen, liegt im Menschenwesen, solange eine damit verknüpfte Unlust die Begierde danach nicht lähmt. Und dieses ist das Wesen alles wirklichen Wollens. Die Ethik beruht nicht auf der Ausrottung alles Strebens nach Lust, damit bleichsüchtige abstrakte Ideen ihre Herrschaft da aufschlagen können, wo ihnen keine starke Sehnsucht nach Lebensgenuß entgegensteht, sondern auf dem *starken,* von ideeller Intuition getragenen *Wollen,* das sein Ziel erreicht, auch wenn der Weg dazu ein dornenvoller ist.

Die sittlichen Ideale entspringen aus der moralischen Phantasie des Menschen. Ihre Verwirklichung hängt davon ab, daß sie von dem Menschen stark genug begehrt werden, um Schmerzen und Qualen zu überwinden. Sie sind *seine* Intuitionen, die Triebfedern, die sein Geist spannt; er *will* sie, weil ihre Verwirklichung seine höchste Lust ist. Er hat es nicht nötig, sich von der Ethik erst verbieten zu lassen, daß er nach Lust strebe, um sich dann gebieten zu lassen, wonach er streben *soll.* Er wird nach sittlichen Idealen streben, wenn seine moralische Phantasie tätig genug ist, um ihm Intuitionen einzugeben, die seinem Wollen die Stärke verleihen, sich gegen die in seiner Organisation liegenden Widerstände, wozu auch notwendige Unlust gehört, durchzusetzen.

Wer nach Idealen von hehrer Größe strebt, der tut es, weil

sie der Inhalt seines Wesens sind, und die Verwirklichung wird ihm ein Genuß sein, gegen den die Lust, welche die Armseligkeit aus der Befriedigung der alltäglichen Triebe zieht, eine Kleinigkeit ist. Idealisten *schwelgen* geistig bei der Umsetzung ihrer Ideale in Wirklichkeit.

Wer die Lust an der Befriedigung des menschlichen Begehrens ausrotten will, muß den Menschen erst zum Sklaven machen, der nicht handelt, weil er will, sondern nur, weil er soll. Denn die Erreichung des Gewollten macht Lust. Was man *das Gute* nennt, ist nicht das, was der Mensch *soll,* sondern das, was er *will,* wenn er die volle wahre Menschennatur zur Entfaltung bringt. Wer dies nicht anerkennt, der muß dem Menschen erst das austreiben, was er will, und ihm dann *von außen* das vorschreiben lassen, was er seinem Wollen zum Inhalt zu geben hat.

Der Mensch verleiht der Erfüllung einer Begierde einen Wert, weil sie aus seinem Wesen entspringt. Das Erreichte hat seinen Wert, weil es gewollt ist. Spricht man dem Ziel des menschlichen Wollens als solchem seinen Wert ab, dann muß man die wertvollen Ziele von etwas nehmen, das der Mensch nicht will.

Die auf den Pessimismus sich aufbauende Ethik entspringt aus der Mißachtung der moralischen Phantasie. Wer den individuellen Menschengeist nicht für fähig hält, sich selbst den Inhalt seines Strebens zu geben, nur der kann die Summe des Wollens in der Sehnsucht nach Lust suchen. Der phantasielose Mensch schafft keine sittlichen Ideen. Sie müssen ihm gegeben werden. Daß er nach Befriedigung seiner niederen Begierden strebt: dafür aber sorgt die physische Natur. Zur Entfaltung des *ganzen* Menschen gehören aber auch die aus dem Geiste stammenden Begierden. Nur wenn man der Meinung ist, daß diese der Mensch überhaupt nicht hat, kann man behaupten, daß er sie von außen empfangen soll. Dann ist man auch berechtigt, zu sagen, daß er verpflichtet ist, etwas zu tun, was er nicht will. Jede Ethik, die von dem Menschen fordert, daß er sein Wollen zurückdränge, um Aufgaben zu erfüllen, die er nicht will, rechnet nicht mit dem *ganzen* Menschen, sondern mit einem solchen, dem das geistige Begehrungsvermögen fehlt. Für den harmonisch entwickelten Menschen sind die sogenannten Ideen des Guten nicht *außerhalb,* sondern *innerhalb* des Kreises seines Wesens. Nicht in der Austilgung eines einseitigen Eigenwillens liegt das sittliche Handeln, sondern in der *vollen* Entwickelung der Menschennatur. Wer die sittlichen Ideale nur für erreichbar hält, wenn der Mensch seinen Eigenwillen ertötet, der weiß nicht, daß diese Ideale ebenso von dem Menschen gewollt sind, wie die Befriedigung der sogenannten tierischen Triebe.

Es ist nicht zu leugnen, daß die hiermit charakterisierten Anschauungen leicht mißverstanden werden können. Unreife Menschen ohne moralische Phantasie sehen gerne die Instinkte ihrer Halbnatur für den vollen Menschheitsgehalt an, und lehnen alle nicht von ihnen erzeugten sittlichen Ideen ab, damit sie ungestört «sich ausleben» können. Daß für die halbentwickelte Menschennatur nicht gilt, was für den Vollmenschen richtig ist, ist selbstverständlich. Wer durch Erziehung erst noch dahin gebracht werden soll, daß seine sittliche Natur die Eischalen der niederen Leidenschaften durchbricht: von dem darf nicht in Anspruch genommen werden, was für den reifen Menschen gilt. Hier sollte aber nicht verzeichnet werden, was dem unentwickelten Menschen einzuprägen ist, sondern das, was in dem Wesen des ausgereiften Menschen liegt. Denn es sollte die Möglichkeit der Freiheit nachgewiesen werden; diese erscheint aber nicht an Handlungen aus sinnlicher oder seelischer Nötigung, sondern an solchen, die von geistigen Intuitionen getragen sind.

Dieser ausgereifte Mensch gibt seinen Wert sich selbst. Nicht die Lust erstrebt er, die ihm als Gnadengeschenk von der Natur oder von dem Schöpfer gereicht wird; und auch nicht die abstrakte Pflicht erfüllt er, die er als solche erkennt, nachdem er das Streben nach Lust abgestreift hat. Er handelt, wie er will, das ist nach Maßgabe seiner ethischen Intuitionen; und er empfindet die Erreichung dessen, was er will, als seinen wahren Lebensgenuß. Den Wert des Lebens bestimmt er an dem Verhältnis des Erreichten zu dem Erstrebten. Die Ethik, welche an die Stelle des Wollens das bloße Sollen, an die Stelle der Neigung die bloße Pflicht setzt, bestimmt folgerichtig den Wert des Menschen an dem Verhältnis dessen, was die Pflicht fordert, zu dem, was er erfüllt. Sie mißt den Menschen an einem außerhalb seines

Wesens gelegenen Maßstab. – Die hier entwickelte Ansicht weist den Menschen auf sich selbst zurück. Sie erkennt nur das als den wahren Wert des Lebens an, was der einzelne nach Maßgabe seines Wollens als solchen ansieht. Sie weiß ebensowenig von einem nicht vom Individuum anerkannten Wert des Lebens wie von einem nicht aus diesem entsprungenen Zweck des Lebens. Sie sieht in dem allseitig durchschauten wesenhaften Individuum seinen eigenen Herrn und seinen eigenen Schätzer.

Zusatz zur Neuausgabe 1918. Verkennen kann man das in diesem Abschnitt Dargestellte, wenn man sich festbeißt in den scheinbaren Einwand: das Wollen des Menschen als solches ist eben das Unvernünftige; man müsse ihm diese Unvernünftigkeit nachweisen, dann wird er einsehen, daß in der endlichen Befreiung von dem Wollen das Ziel des ethischen Strebens liegen müsse. Mir wurde von berufener Seite allerdings ein solcher Schein-Einwand entgegengehalten, indem mir gesagt wurde, es sei eben die Sache des Philosophen, nachzuholen, was die Gedankenlosigkeit der Tiere und der meisten Menschen versäumt, eine wirkliche Lebensbilanz zu ziehen. Doch wer diesen Einwand macht, sieht eben die Hauptsache nicht: soll Freiheit sich verwirklichen, so muß in der Menschennatur das Wollen von dem intuitiven Denken getragen sein; zugleich aber ergibt sich, daß ein Wollen auch von anderem als von der Intuition bestimmt werden kann, und *nur* in der aus der Menschenwesenheit erfließenden freien Verwirklichung der Intuition ergibt sich das Sittliche und sein Wert. Der ethische Individualismus ist geeignet, die Sittlichkeit in ihrer vollen Würde darzustellen, denn er ist nicht der Ansicht, daß wahrhaft sittlich ist, was in äußerer Art Zusammenstimmung eines Wollens mit einer Norm herbeiführt, sondern was aus dem Menschen dann ersteht, wenn er das sittliche Wollen als ein Glied seines vollen Wesens in sich entfaltet, so daß das Unsittliche zu tun ihm als Verstümmelung, Verkrüppelung seines Wesens erscheint.

XIV

INDIVIDUALITÄT UND GATTUNG

Der Ansicht, daß der Mensch zu einer vollständigen in sich geschlossenen, freien Individualität veranlagt ist, stehen scheinbar die Tatsachen entgegen, daß er als Glied innerhalb eines natürlichen Ganzen auftritt (Rasse, Stamm, Volk, Familie, männliches und weibliches Geschlecht), und daß er innerhalb eines Ganzen wirkt (Staat, Kirche und so weiter). Er trägt die allgemeinen Charaktereigentümlichkeiten der Gemeinschaft, der er angehört, und gibt seinem Handeln einen Inhalt, der durch den Platz, den er innerhalb einer Mehrheit einnimmt, bestimmt ist.

Ist dabei überhaupt noch Individualität möglich? Kann man den Menschen selbst als ein Ganzes für sich ansehen, wenn er aus einem Ganzen herauswächst, und in ein Ganzes sich eingliedert?

Das Glied eines Ganzen wird seinen Eigenschaften und Funktionen nach durch das Ganze bestimmt. Ein Volksstamm ist ein Ganzes, und alle zu ihm gehörigen Menschen tragen die Eigentümlichkeiten an sich, die im Wesen des Stammes bedingt sind. Wie der einzelne beschaffen ist und wie er sich betätigt, ist durch den Stammescharakter bedingt. Dadurch erhält die Physiognomie und das Tun des einzelnen etwas Gattungsmäßiges. Wenn wir nach dem Grunde fragen, warum dies und jenes an dem Menschen so oder so ist, so werden wir aus dem Einzelwesen hinaus auf die Gattung verwiesen. Diese erklärt es uns, warum etwas an ihm in der von uns beobachteten Form auftritt.

Von diesem Gattungsmäßigen macht sich aber der Mensch frei. Denn das menschliche Gattungsmäßige ist, vom Menschen richtig erlebt, nichts seine Freiheit Einschränkendes, und soll es auch nicht durch künstliche Veranstaltungen sein. Der Mensch entwickelt Eigenschaften und Funktionen an sich, deren Bestimmungsgrund wir nur in ihm selbst suchen können. Das Gattungsmäßige dient ihm dabei nur als Mittel, um seine besondere Wesenheit in ihm auszudrücken. Er gebraucht die ihm von der

Natur mitgegebenen Eigentümlichkeiten als Grundlage und gibt ihm die seinem eigenen Wesen gemäße Form. Wir suchen nun vergebens den Grund für eine Äußerung dieses Wesens in den Gesetzen der Gattung. Wir haben es mit einem Individuum zu tun, das nur durch sich selbst erklärt werden kann. Ist ein Mensch bis zu dieser Loslösung von dem Gattungsmäßigen durchgedrungen, und wir wollen alles, was an ihm ist, auch dann noch aus dem Charakter der Gattung erklären, so haben wir für das Individuelle kein Organ.

Es ist unmöglich, einen Menschen ganz zu verstehen, wenn man seiner Beurteilung einen Gattungsbegriff zugrunde legt. Am hartnäckigsten im Beurteilen nach der Gattung ist man da, wo es sich um das Geschlecht des Menschen handelt. Der Mann sieht im Weibe, das Weib in dem Manne fast immer zuviel von dem allgemeinen Charakter des anderen Geschlechtes und zu wenig von dem Individuellen. Im praktischen Leben schadet das den Männern weniger als den Frauen. Die soziale Stellung der Frau ist zumeist deshalb eine so unwürdige, weil sie in vielen Punkten, wo sie es sein sollte, nicht bedingt ist durch die individuellen Eigentümlichkeiten der einzelnen Frau, sondern durch die allgemeinen Vorstellungen, die man sich von der natürlichen Aufgabe und den Befürfnissen des Weibes macht. Die Betätigung des Mannes im Leben richtet sich nach dessen individuellen Fähigkeiten und Neigungen, die des Weibes soll ausschließlich durch den Umstand bedingt sein, daß es eben Weib ist. Das Weib soll der Sklave des Gattungsmäßigen, des Allgemein-Weiblichen sein. Solange von Männern darüber debattiert wird, ob die Frau «ihrer Naturanlage nach» zu diesem oder jenem Beruf tauge, solange kann die sogenannte Frauenfrage aus ihrem elementarsten Stadium nicht herauskommen. Was die Frau ihrer Natur nach wollen kann, das überlasse man der Frau zu beurteilen. Wenn es wahr ist, daß die Frauen nur zu dem Berufe taugen, der ihnen jetzt zukommt, dann werden sie aus sich selbst heraus kaum einen anderen erreichen. Sie müssen es aber selbst entscheiden können, was ihrer Natur gemäß ist. Wer eine Erschütterung unserer sozialen Zustände davon befürchtet, daß die Frauen nicht als Gattungsmenschen, sondern als Individuen genommen werden, dem muß entgegnet werden, daß soziale Zustände, innerhalb welcher die Hälfte der Menschheit ein menschenunwürdiges Dasein hat, eben der Verbesserung gar sehr bedürftig sind*.

Wer die Menschen nach Gattungscharakteren beurteilt, der kommt eben gerade bis zu der Grenze, über welcher sie anfangen, Wesen zu sein, deren Betätigung auf freier Selbstbestimmung beruht. Was unterhalb dieser Grenze liegt, das kann natürlich Gegenstand wissenschaftlicher Betrachtung sein. Die Rassen-, Stammes-, Volks- und Geschlechtseigentümlichkeiten sind der Inhalt besonderer Wissenschaften. Nur Menschen, die allein als Exemplare der Gattung leben wollten, könnten sich mit einem allgemeinen Bilde decken, das durch solche wissenschaftliche Betrachtung zustande kommt. Aber alle diese Wissenschaften können nicht vordringen bis zu dem besonderen Inhalt des einzelnen Individuums. Da, wo das Gebiet der Freiheit (des Denkens und Handelns) beginnt, hört das Bestimmen des Individuums nach Gesetzen der Gattung auf. Den begrifflichen Inhalt, den der Mensch durch das Denken mit der Wahrnehmung in Verbindung bringen muß, um der vollen Wirklichkeit sich zu bemächtigen (vgl. S. 70ff.), kann niemand ein für allemal festsetzen und der Menschheit fertig hinterlassen. Das Individuum muß seine Begriffe durch eigene Intuition gewinnen. Wie der einzelne zu denken hat, läßt sich nicht aus irgendeinem Gattungsbegriffe ableiten. Dafür ist einzig und allein das Individuum maßgebend. Ebensowenig ist aus allgemeinen Menschencharakteren zu bestimmen, welche konkrete Ziele das Individuum sei-

* Man hat mir auf die obigen Ausführungen gleich beim Erscheinen (1894) dieses Buches eingewendet, innerhalb des Gattungsmäßigen könne sich die Frau schon jetzt so individuell ausleben, wie sie nur will, weit freier als der Mann, der schon durch die Schule und dann durch Krieg und Beruf entindividualisiert werde. Ich weiß, daß man diesen Einwand vielleicht heute noch stärker erheben wird. Ich muß die Sätze doch hier stehen lassen und möchte hoffen, daß es auch Leser gibt, die verstehen, wie stark ein solcher Einwand gegen den Freiheitsbegriff, der in dieser Schrift entwickelt wird, verstößt, und die meine obigen Sätze an anderem beurteilen als an der Entindividualisierung des Mannes durch die Schule und den Beruf.

nem Wollen vorsetzen will. Wer das einzelne Individuum verstehen will, muß bis in dessen besondere Wesenheit dringen, und nicht bei typischen Eigentümlichkeiten stehen bleiben. In diesem Sinne ist jeder einzelne Mensch ein Problem. Und alle Wissenschaft, die sich mit abstrakten Gedanken und Gattungsbegriffen befaßt, ist nur eine Vorbereitung zu jener Erkenntnis, die uns zuteil wird, wenn uns eine menschliche Individualität ihre Art, die Welt anzuschauen, mitteilt, und zu der anderen, die wir aus dem Inhalt ihres Wollens gewinnen. Wo wir die Empfindung haben: hier haben wir es mit demjenigen an einem Menschen zu tun, das frei ist von typischer Denkungsart und gattungsmäßigem Wollen, da müssen wir aufhören, irgendwelche Begriffe aus unserem Geiste zu Hilfe zu nehmen, wenn wir sein Wesen verstehen wollen. Das Erkennen besteht in der Verbindung des Begriffes mit der Wahrnehmung durch das Denken. Bei allen anderen Objekten muß der Beobachter die Begriffe durch seine Intuition gewinnen; beim Verstehen einer freien Individualität handelt es sich nur darum, deren Begriffe, nach denen sie sich ja selbst bestimmt, rein (ohne Vermischung mit eigenem Begriffsinhalt) herüberzunehmen in unseren Geist. Menschen, die in jede Beurteilung eines anderen sofort ihre eigenen Begriffe einmischen, können nie zu dem Verständnisse einer Individualität gelangen. So wie die freie Individualität sich frei macht von den Eigentümlichkeiten der Gattung, so muß das Erkennen sich frei machen von der Art, wie das Gattungsmäßige verstanden wird.

Nur in dem Grade, in dem der Mensch sich in der gekennzeichneten Weise frei gemacht hat vom Gattungsmäßigen, kommt er als freier Geist innerhalb eines menschlichen Gemeinwesens in Betracht. Kein Mensch ist vollständig Gattung, keiner ganz Individualität. Aber eine größere oder geringere Sphäre seines Wesens löst jeder Mensch allmählich ab, ebenso von dem Gattungsmäßigen des animalischen Lebens, wie von den ihn beherrschenden Geboten menschlicher Autoritäten.

Für den Teil, für den sich der Mensch aber eine solche Freiheit nicht erobern kann, bildet er ein Glied innerhalb des Natur- und Geistesorganismus. Er lebt in dieser Hinsicht, wie er es andern abguckt, oder wie sie es ihm befehlen. Einen im wahren Sinne ethischen Wert hat nur der Teil seines Handelns, der aus seinen Intuitionen entspringt. Und was er an moralischen Instinkten durch Vererbung sozialer Instinkte an sich hat, wird ein Ethisches dadurch, daß er es in seine Intuitionen aufnimmt. Aus individuellen ethischen Intuitionen und deren Aufnahme in Menschengemeinschaften entspringt alle sittliche Betätigung der Menschheit. Man kann auch sagen: das sittliche Leben der Menschheit ist die Gesamtsumme der moralischen Phantasieerzeugnisse der freien menschlichen Individuen. Dies ist das Ergebnis des Monismus.

DIE LETZTEN FRAGEN

DIE KONSEQUENZEN DES MONISMUS

Die einheitliche Welterklärung oder der hier gemeinte Monismus entnimmt der menschlichen Erfahrung die Prinzipien, die er zur Erklärung der Welt braucht. Die Quellen des Handelns sucht er ebenfalls innerhalb der Beobachtungswelt, nämlich in der unserer Selbsterkenntnis zugänglichen menschlichen Natur, und zwar in der moralischen Phantasie. Er lehnt es ab, durch abstrakte Schlußfolgerungen die letzten Gründe für die dem Wahrnehmen und Denken vorliegende Welt *außerhalb* derselben zu suchen. Für den Monismus ist die Einheit, welche die erlebbare denkende Beobachtung zu der mannigfaltigen Vielheit der Wahrnehmungen hinzubringt, zugleich diejenige, die das menschliche Erkenntnisbedürfnis verlangt und durch die es den Eingang in die physischen und geistigen Weltbereiche sucht. Wer hinter dieser so zu suchenden Einheit noch eine andere sucht, der beweist damit nur, daß er die Übereinstimmung des durch das Denken Gefundenen mit dem vom Erkenntnistrieb Geforderten nicht erkennt. Das einzelne menschliche Individuum ist von der Welt nicht tatsächlich abgesondert. Es ist ein Teil der Welt, und es besteht ein Zusammenhang mit dem Ganzen des Kosmos der Wirklichkeit nach, der nur für unsere Wahrnehmung unterbrochen ist. Wir sehen fürs erste diesen Teil als für sich existierendes Wesen, weil wir die Riemen und Seile nicht sehen, durch welche die Bewegung unseres Lebensrades von den Grundkräften des Kosmos bewirkt wird. Wer auf diesem Standpunkt stehen bleibt, der sieht den Teil eines Ganzen für ein wirklich selbständig existierendes Wesen, für die Monade an, welches die Kunde von der übrigen Welt auf irgendeine Weise von außen erhält. Der hier gemeinte Monismus zeigt, daß die Selbständigkeit nur so lange geglaubt werden kann, als das Wahrgenommene nicht durch das Denken in das Netz der Begriffswelt eingespannt wird. Geschieht dies, so entpuppt sich die Teilexistenz als ein bloßer *Schein des Wahrnehmens.* Seine in sich geschlossene Totalexistenz im Universum kann der Mensch nur finden durch intuitives Denkerlebnis. Das Denken zerstört den Schein des

Wahrnehmens und gliedert unsere individuelle Existenz in das Leben des Kosmos ein. Die Einheit der Begriffswelt, welche die objektiven Wahrnehmungen enthält, nimmt auch den Inhalt unserer subjektiven Persönlichkeit in sich auf. Das Denken gibt uns von der Wirklichkeit die wahre Gestalt, als einer in sich geschlossenen Einheit, während die Mannigfaltigkeit der Wahrnehmungen nur ein durch unsere Organisation bedingter Schein ist (vgl. S. 69ff.). Die Erkenntnis des Wirklichen gegenüber dem Schein des Wahrnehmens bildete zu allen Zeiten das Ziel des menschlichen Denkens. Die Wissenschaft bemühte sich, die Wahrnehmungen durch Aufdeckung der gesetzmäßigen Zusammenhänge innerhalb derselben als Wirklichkeit zu erkennen. Wo man aber der Ansicht war, daß der von dem menschlichen Denken ermittelte Zusammenhang nur eine subjektive Bedeutung habe, suchte man den wahren Grund der Einheit in einem jenseits unserer Erfahrungswelt gelegenen Objekte (erschlossener Gott, Wille, absoluter Geist usw.). – Und, auf diese Meinung gestützt, bestrebte man sich zu dem Wissen über die innerhalb der Erfahrung erkennbaren Zusammenhänge noch ein zweites zu gewinnen, das über die Erfahrung hinausgeht, und den Zusammenhang derselben mit den nicht mehr erfahrbaren Wesenheiten aufdeckt (nicht durch Erleben, sondern durch Schlußfolgerung gewonnene Metaphysik). Den Grund, warum wir durch geregeltes Denken den Weltzusammenhang begreifen, sah man von diesem Standpunkte aus darin, daß ein Urwesen nach logischen Gesetzen die Welt aufgebaut hat, und den Grund für unser Handeln sah man in dem Wollen des Urwesens. Doch erkannte man nicht, daß das Denken Subjektives und Objektives zugleich umspannt, und daß in dem Zusammenschluß der Wahrnehmung mit dem Begriff die totale Wirklichkeit vermittelt wird. Nur solange wir die die Wahrnehmung durchdringende und bestimmende Gesetzmäßigkeit in der abstrakten Form des Begriffes betrachten, solange haben wir es in der Tat mit etwas rein Subjektivem zu tun. Subjektiv ist aber nicht der Inhalt des Begriffes, der mit Hilfe des Denkens zu der Wahrnehmung hinzugewonnen wird. Dieser Inhalt ist nicht aus dem Subjekte, sondern aus der Wirklichkeit genommen. Er ist der Teil der Wirklichkeit, den das Wahrnehmen nicht erreichen kann. Er ist Erfahrung, aber nicht durch das Wahrnehmen vermittelte Erfahrung. Wer sich nicht vorstellen kann, daß der Begriff ein Wirkliches ist, der denkt nur an die abstrakte Form, wie er denselben in seinem Geiste festhält. Aber in solcher Absonderung ist er ebenso nur durch unsere Organisation vorhanden, wie die Wahrnehmung es ist. Auch der Baum, den man wahrnimmt, hat abgesondert für sich keine Existenz. Er ist nur innerhalb des großen Räderwerkes der Natur ein Glied, und nur in realem Zusammenhang mit ihr möglich. Ein abstrakter Begriff hat für sich keine Wirklichkeit, ebensowenig wie eine Wahrnehmung für sich. Die Wahrnehmung ist der Teil der Wirklichkeit, der objektiv, der Begriff derjenige, der subjektiv (durch Intuition, vgl. S. 76ff.) gegeben wird. Unsere geistige Organisation reißt die Wirklichkeit in diese beiden Faktoren auseinander. Der eine Faktor erscheint dem Wahrnehmen, der andere der Intuition. Erst der Zusammenhang der beiden, die gesetzmäßig sich in das Universum eingliedernde Wahrnehmung, ist volle Wirklichkeit. Betrachten wir die bloße Wahrnehmung für sich, so haben wir keine Wirklichkeit, sondern ein zusammenhangloses Chaos; betrachten wir die Gesetzmäßigkeit der Wahrnehmungen für sich, dann haben wir es bloß mit abstrakten Begriffen zu tun. Nicht der abstrakte Begriff enthält die Wirklichkeit; wohl aber die denkende Beobachtung, die weder einseitig den Begriff, noch die Wahrnehmung für sich betrachtet, sondern den Zusammenhang beider.

Daß wir in der Wirklichkeit leben (mit unserer realen Existenz in derselben wurzeln), wird selbst der orthodoxeste subjektive Idealist nicht leugnen. Er wird nur bestreiten, daß wir ideell mit unserem Erkennen auch das erreichen, was wir real durchleben. Demgegenüber zeigt der Monismus, daß das Denken weder subjektiv, noch objektiv, sondern ein beide Seiten der Wirklichkeit umspannendes Prinzip ist. Wenn wir denkend beobachten, vollziehen wir einen Prozeß, der selbst in die Reihe des wirklichen Geschehens gehört. Wir überwinden durch das Denken innerhalb der Erfahrung selbst die Einseitigkeit des bloßen Wahrnehmens. Wir können durch abstrakte, begriffliche Hypothesen (durch rein begriffliches Nachdenken) das Wesen des Wirklichen nicht erklügeln, aber wir *leben,* indem wir zu den Wahrnehmungen die Ideen finden, in dem Wirklichen. Der Monismus sucht zu der Erfahrung kein Unerfahrbares (Jenseitiges), sondern sieht in Begriff und Wahrnehmung das Wirkliche. Er spinnt aus bloßen abstrakten Begriffen keine Metaphysik, weil er in dem Begriffe an sich nur die *eine* Seite der Wirklichkeit sieht, die dem Wahrnehmen verborgen bleibt und nur im Zusammenhang mit der Wahrnehmung einen Sinn hat. Er ruft aber in dem Menschen die Überzeugung hervor, daß er in der Welt der Wirklichkeit lebt und nicht außerhalb seiner Welt eine unerlebbare höhere Wirklichkeit zu suchen hat. Er hält davon ab, das Absolut-Wirkliche anderswo als in der Erfahrung zu suchen, weil er den Inhalt der Erfahrung selbst als das Wirkliche erkennt. Und er ist befriedigt durch diese Wirklichkeit, weil er weiß, daß das Denken die Kraft hat, sie zu verbürgen. Was der Dualismus erst hinter der Beobachtungswelt sucht, das findet der Monismus in dieser selbst. Der Monismus zeigt, daß wir mit unserem Erkennen die Wirklichkeit in ihrer wahren Gestalt ergreifen, nicht in einem subjektiven Bilde, das sich zwischen den Menschen und die Wirklichkeit einschöbe. Für den Monismus ist der Begriffsinhalt der Welt für alle menschlichen Individuen derselbe (vgl. S. 71ff.). Nach monistischen Prinzipien betrachtet ein menschliches Individuum ein anderes als seinesgleichen, weil es derselbe Weltinhalt ist, der sich in ihm auslebt. Es gibt in der einigen Begriffswelt nicht etwa so viele Begriffe des Löwen, wie es Individuen gibt, die einen Löwen denken, sondern nur *einen.* Und der Begriff, den A zu der Wahrnehmung des Löwen hinzufügt, ist derselbe, wie der des B, nur durch ein anderes Wahrnehmungssubjekt aufgefaßt (vgl. S. 72). Das Denken führt alle Wahrnehmungssubjekte auf die gemeinsame ideelle Einheit aller Mannigfaltigkeit. Die einige Ideenwelt lebt sich in ihnen als in einer Vielheit von Individuen aus. Solange sich der Mensch bloß durch Selbstwahrnehmung erfaßt, sieht er sich als diesen besonderen Menschen an; sobald er auf die in ihm aufleuchtende, alles Besondere umspannende Ideenwelt blickt, sieht er in sich das absolut Wirkliche lebendig aufleuchten. Der Dualismus bestimmt das göttliche Urwesen als dasjenige, was alle Menschen durchdringt und in ihnen allen lebt. Der Monismus findet dieses gemeinsame göttliche Leben in der Wirklichkeit selbst. Der ideelle Inhalt eines andern Menschen ist auch der meinige, und ich sehe ihn nur so lange als einen andern an, als ich wahrnehme, nicht mehr aber, sobald ich denke. Jeder Mensch umspannt mit seinem Denken nur einen Teil der gesamten Ideenwelt, und insofern unterscheiden sich die Individuen auch durch den tatsächlichen Inhalt ihres Denkens. Aber diese Inhalte sind in einem in sich geschlossenen Ganzen, das die Denkinhalte aller Menschen umfaßt. Das gemeinsame Urwesen, das alle Menschen durchdringt, ergreift somit der Mensch in seinem Denken. Das mit dem Gedankeninhalt erfüllte Leben in der Wirklichkeit ist zugleich das Leben in Gott. Das bloß erschlossene, nicht zu erlebende Jenseits beruht auf einem Mißverständnis derer, die glauben, daß das Diesseits den Grund seines Bestandes nicht in sich hat. Sie sehen nicht ein, daß sie durch das Denken das finden, was sie zur Erklärung der Wahrnehmung verlangen. Deshalb hat aber auch noch keine Spekulation einen Inhalt zutage gefördert, der nicht aus der uns gegebenen Wirklichkeit entlehnt wäre. Der durch abstrakte Schlußfolgerung angenommene Gott ist nur der in ein Jenseits versetzte Mensch; der Wille Schopenhauers die verabsolutierte menschliche Willenskraft; das aus Idee und Wille zusammengesetzte unbewußte Urwesen Hartmanns eine Zusammensetzung zweier Abstraktionen aus der Erfahrung. Genau dasselbe ist von allen anderen auf nicht erlebtem Denken ruhenden jenseitigen Prinzipien zu sagen.

Der menschliche Geist kommt in Wahrheit nie über die Wirklichkeit hinaus, in der wir leben, und er hat es auch nicht nötig, da alles in dieser Welt liegt, was er zu ihrer Erklärung braucht. Wenn sich die Philosophen zuletzt befriedigt erklären mit der Herleitung der Welt aus Prinzipien, die sie der Erfahrung entlehnen und in ein hypothetisches Jenseits versetzen, so muß eine solche Befriedigung auch möglich sein, wenn der gleiche Inhalt im Diesseits belassen wird, wohin er für das erlebbare Denken gehört. Alles Hinausgehen über die Welt ist nur ein scheinbares, und die aus der Welt hinausversetzten Prinzipien erklären die

Welt nicht besser, als die in derselben liegenden. Das sich selbst verstehende Denken fordert aber auch gar nicht zu einem solchen Hinausgehen auf, da ein Gedankeninhalt nur innerhalb der Welt, nicht außerhalb derselben einen Wahrnehmungsinhalt suchen muß, mit dem zusammen er ein Wirkliches bildet. Auch die Objekte der Phantasie sind nur Inhalte, die ihre Berechtigung erst haben, wenn sie zu Vorstellungen werden, die auf einen Wahrnehmungsinhalt hinweisen. Durch diesen Wahrnehmungsinhalt gliedern sie sich der Wirklichkeit ein. Ein Begriff, der mit einem Inhalt erfüllt werden sollte, der außerhalb der uns gegebenen Welt liegen soll, ist eine Abstraktion, der keine Wirklichkeit entspricht. Ersinnen können wir nur die *Begriffe* der Wirklichkeit; um diese selbst zu finden, bedarf es auch noch des Wahrnehmens. Ein Urwesen der Welt, für das ein Inhalt *erdacht* wird, ist für ein sich selbst verstehendes Denken eine unmögliche Annahme. Der Monismus leugnet nicht das Ideelle, er sieht sogar einen Wahrnehmungsinhalt, zu dem das ideelle Gegenstück fehlt, nicht für volle Wirklichkeit an; aber er findet im ganzen Gebiet des Denkens nichts, das nötigen könnte, aus dem Erlebnisbereich des Denkens durch Verleugnung der objektiv geistigen Wirklichkeit des Denkens herauszutreten. Der Monismus sieht in einer Wissenschaft, die sich darauf beschränkt, die Wahrnehmungen zu beschreiben, ohne zu den ideellen Ergänzungen derselben vorzudringen, eine Halbheit. Aber er betrachtet ebenso als Halbheiten alle abstrakten Begriffe, die ihre Ergänzung nicht in der Wahrnehmung finden und sich nirgends in das die beobachtbare Welt umspannende Begriffsnetz einfügen. Er kennt daher keine Ideen, die auf ein jenseits unserer Erfahrung liegendes Objektives hindeuten, und die den Inhalt einer bloß hypothetischen Metaphysik bilden sollen. Alles, was die Menschheit an solchen Ideen erzeugt hat, sind ihm Abstraktionen aus der Erfahrung, deren Entlehnung aus derselben von ihren Urhebern nur übersehen wird.

Ebensowenig können nach monistischen Grundsätzen die Ziele unseres Handelns aus einem außermenschlichen Jenseits entnommen werden. Sie müssen, insofern sie gedacht sind, aus der menschlichen Intuition stammen. Der Mensch macht nicht die Zwecke eines objektiven (jenseitigen) Urwesens zu seinen individuellen Zwecken, sondern er verfolgt seine eigenen, ihm von seiner moralischen Phantasie gegebenen. Die in einer Handlung sich verwirklichende Idee löst der Mensch aus der einigen Ideenwelt los und legt sie seinem Wollen zugrunde. In seinem Handeln leben sich also nicht die aus dem Jenseits dem Diesseits eingeimpften Gebote aus, sondern die der diesseitigen Welt angehörigen menschlichen Intuitionen. Der Monismus kennt keinen solchen Weltenlenker, der außerhalb unserer selbst unseren Handlungen Ziel und Richtung setzte. Der Mensch findet keinen solchen jenseitigen Urgrund des Daseins, dessen Ratschlüsse er erforschen könnte, um von ihm die Ziele zu erfahren, nach denen er mit seinen Handlungen hinzusteuern hat. Er ist auf sich selbst zurückgewiesen. Er selbst muß seinem Handeln einen Inhalt geben. Wenn er außerhalb der Welt, in der er lebt, nach Bestimmungsgründen seines Wollens sucht, so forscht er vergebens. Er muß sie, wenn er über die Befriedigung seiner natürlichen Triebe, für die Mutter Natur vorgesorgt hat, hinausgeht, in seiner eigenen moralischen Phantasie suchen, wenn es nicht seine Bequemlichkeit vorzieht, von der moralischen Phantasie anderer sich bestimmen zu lassen, das heißt: er muß alles Handeln unterlassen oder nach Bestimmungsgründen handeln, die er sich selbst aus der Welt seiner Ideen heraus gibt, oder die ihm andere aus derselben heraus geben. Er wird, wenn er über sein sinnliches Triebleben und über die Ausführung der Befehle anderer Menschen hinauskommt, durch nichts, als durch sich selbst bestimmt. Er muß aus einem von ihm selbst gesetzten, durch nichts anderes bestimmten Antrieb handeln. Ideell ist dieser Antrieb allerdings in der einigen Ideenwelt bestimmt; aber faktisch kann er nur durch den Menschen aus dieser abgeleitet und in Wirklichkeit umgesetzt werden. Für die aktuelle Umsetzung einer Idee in Wirklichkeit durch den Menschen kann der Monismus nur in dem Menschen selbst den Grund finden. Daß eine Idee zur Handlung werde, muß der Mensch erst *wollen,* bevor es geschehen kann. Ein solches Wollen hat seinen Grund also nur in dem Menschen selbst. Der Mensch ist dann das letzte Bestimmende seiner Handlung. Er ist *frei.*

1. Zusatz zur Neuausgabe 1918. Im zweiten Teile dieses Buches wurde versucht, eine Begründung dafür zu geben, daß die Freiheit in der Wirklichkeit des menschlichen Handelns zu finden ist. Dazu war notwendig, aus dem Gesamtgebiete des menschlichen Handelns diejenigen Teile auszusondern, denen gegenüber bei unbefangener Selbstbeobachtung von Freiheit gesprochen werden kann. Es sind diejenigen Handlungen, die sich als Verwirklichungen ideeller Intuitionen darstellen. Andere Handlungen wird kein unbefangenes Betrachten als freie ansprechen. Aber der Mensch wird eben bei unbefangener Selbstbeobachtung sich für veranlagt halten müssen zum Fortschreiten auf der Bahn nach ethischen Intuitionen und deren Verwirklichung. *Diese* unbefangene Beobachtung des ethischen Wesens des Menschen kann aber für sich keine letzte Entscheidung über die Freiheit bringen. Denn wäre das intuitive Denken selbst aus irgendeiner andern Wesenheit entspringend, wäre seine Wesenheit nicht eine auf sich selbst ruhende, so erwiese sich das aus dem Ethischen fließende Freiheitsbewußtsein als ein Scheingebilde. Aber der zweite Teil dieses Buches findet seine naturgemäße Stütze in dem ersten. Dieser stellt das intuitive Denken als erlebte innere Geistbetätigung des Menschen hin. *Diese* Wesenheit des Denkens *erlebend* verstehen, kommt aber der Erkenntnis von der *Freiheit* des intuitiven Denkens gleich. Und weiß man, daß dieses Denken frei ist, dann sieht man auch den Umkreis des Wollens, dem die Freiheit zuzusprechen ist. Den handelnden Menschen wird für *frei* halten derjenige, welcher dem intuitiven Denkerleben eine in sich ruhende Wesenheit auf Grund der inneren Erfahrung zuschreiben darf. Wer solches nicht vermag, der wird wohl keinen irgendwie unanfechtbaren Weg zur Annahme der Freiheit finden können. Die hier geltend gemachte Erfahrung findet *im Bewußtsein* das intuitive Denken, das nicht bloß im Bewußtsein Wirklichkeit hat. Und sie findet damit die Freiheit als Kennzeichen der aus den Intuitionen des Bewußtseins fließenden Handlungen.

*

2. Zusatz zur Neuausgabe 1918. Die Darstellung dieses Buches ist aufgebaut auf dem rein geistig erlebbaren intuitiven Denken, durch das eine jegliche Wahrnehmung in die Wirklichkeit erkennend hineingestellt wird. Es sollte in dem Buche mehr nicht dargestellt werden, als sich von dem Erlebnis des intuitiven Denkens aus überschauen läßt. Aber es sollte auch geltend gemacht werden, welche Gedankengestaltung dieses erlebte Denken erfordert. Und es fordert, daß es im Erkenntnisvorgang als in sich ruhendes Erlebnis nicht verleugnet werde. Daß ihm die Fähigkeit nicht abgesprochen werde, zusammen mit der Wahrnehmung die Wirklichkeit zu erleben, statt diese erst zu suchen in einer außerhalb dieses Erlebens liegenden, zu erschließenden Welt, der gegenüber die menschliche Denkbetätigung nur ein Subjektives sei. –

Damit ist in dem Denken das Element gekennzeichnet, durch das der Mensch in die Wirklichkeit sich geistig hineinlebt. (Und niemand sollte eigentlich diese auf das erlebte Denken gebaute Weltanschuung mit einem bloßen Rationalismus verwechseln.) Aber andrerseits geht doch wohl aus dem ganzen Geiste dieser Darlegungen hervor, daß das Wahrnehmungselement für die menschliche Erkenntnis eine Wirklichkeitsbestimmung erst erhält, wenn es im Denken ergriffen wird. *Außer* dem Denken kann die Kennzeichnung als Wirklichkeit nicht liegen. Also darf nicht etwa vorgestellt werden, daß die sinnliche Art des Wahrnehmens die einzige Wirklichkeit verbürge. Was als Wahrnehmung auftritt, das muß der Mensch auf seinem Lebenswege schlechterdings *erwarten.* Es könnte sich nur fragen: darf aus dem Gesichtspunkte, der sich bloß aus dem intuitiv erlebten Denken ergibt, berechtigt *erwartet* werden, daß der Mensch außer dem Sinnlichen auch Geistiges *wahrnehmen* könne? Dies darf erwartet werden. Denn, wenn auch *einerseits* das intuitiv erlebte Denken ein im Menschengeiste sich vollziehender tätiger Vorgang ist, so ist es *andererseits* zugleich eine geistige, ohne sinnliches Organ erfaßte Wahrnehmung. Es ist eine Wahrnehmung, in der der Wahrnehmende selbst tätig ist, und es ist eine Selbstbetätigung, die zugleich wahrgenommen wird. Im intuitiv erlebten Denken ist der Mensch in eine geistige Welt auch als Wahrnehmender versetzt. Was ihm innerhalb dieser Welt als Wahrnehmung so entgegentritt wie die geistige Welt seines eigenen Denkens, das erkennt der Mensch als geistige Wahrnehmungswelt. Zu dem Denken hätte *diese* Wahrnehmungswelt dasselbe Verhältnis wie nach der Sinnenseite hin die sinnliche Wahrnehmungswelt. Die geistige Wahrnehmungswelt kann dem Menschen, sobald er sie erlebt, nichts Fremdes sein, weil er im intuitiven Denken schon ein Erlebnis hat, das rein geistigen Charakter trägt. Von einer solchen geistigen Wahrnehmungswelt sprechen eine Anzahl der von mir nach diesem Buche veröffentlichten Schriften. Diese «Philosophie der Freiheit» ist die philosophische Grundlegung für diese späteren Schriften. Denn in diesem Buche wird versucht, zu zeigen, daß richtig verstandenes Denk-Erleben schon Geist-Erleben *ist.* Deshalb scheint es dem Verfasser, daß derjenige nicht vor dem Betreten der geistigen Wahrnehmungswelt haltmachen wird, der in vollem Ernste den Gesichtspunkt des Verfassers dieser «Philosophie der Freiheit» einnehmen kann. Logisch ableiten – durch Schlußfolgerungen – läßt sich aus dem Inhalte dieses Buches allerdings nicht, was in des Verfassers späteren Büchern dargestellt ist. Vom lebendigen Ergreifen des in diesem Buche gemeinten intuitiven Denkens wird sich aber naturgemäß der weitere lebendige Eintritt in die geistige Wahrnehmungswelt ergeben.

ERSTER ANHANG

(Zusatz zur Neuausgabe 1918)

Einwendungen, die mir gleich nach dem Erscheinen dieses Buches von philosophischer Seite her gemacht worden sind, veranlassen mich, die folgende kurze Ausführung dieser Neuausgabe hinzuzufügen. Ich kann mir gut denken, daß es Leser gibt, die für den übrigen Inhalt dieses Buches Interesse haben, die aber das Folgende als ein ihnen überflüssiges und fernliegendes abstraktes Begriffsgespinst ansehen. Sie können diese kurze Darstellung ungelesen lassen. Allein innerhalb der philosophischen Weltbetrachtung tauchen Probleme auf, die mehr in gewissen Vorurteilen der Denker als im naturgemäßen Gang jedes menschlichen Denkens selbst ihren Ursprung haben. Was sonst in diesem Buche behandelt ist, das scheint mir eine Aufgabe zu sein, die *jeden* Menschen angeht, der nach Klarheit ringt in bezug auf das Wesen des Menschen und dessen Verhältnis zur Welt. Das Folgende aber ist mehr ein Problem, von dem gewisse Philosophen fordern, daß es behandelt werde, wenn von den in diesem Buche dargestellten Dingen die Rede ist, weil diese Philosophen sich durch ihre Vorstellungsart gewisse nicht allgemein vorhandene Schwierigkeiten geschaffen haben. Geht man ganz an solchen Problemen vorbei, so sind dann gewisse Persönlichkeiten schnell mit dem Vorwurf des Dilettantismus und dergleichen bei der Hand. Und es entsteht die Meinung, als ob der Verfasser einer Darstellung wie der in diesem Buche gegebenen mit Ansichten sich nicht auseinandergesetzt hätte, die er in dem Buche selbst nicht besprochen hat.

Das Problem, das ich hier meine, ist dieses: Es gibt Denker, welche der Meinung sind, daß sich eine besondere Schwierigkeit ergäbe, wenn man begreifen will, wie ein anderes menschliches Seelenleben auf das eigene (des Betrachters) wirken könne. Sie sagen: meine bewußte Welt ist in mir abgeschlossen; eine andere bewußte Welt ebenso in sich. Ich kann in die Bewußtseinswelt eines andern nicht hineinsehen. Wie komme ich dazu, mich mit ihm in einer gemeinsamen Welt zu wissen? Diejenige Weltansicht, welche es für möglich hält, von der bewußten Welt aus auf eine unbewußte zu schließen, die nie bewußt werden kann, versucht diese Schwierigkeit in der folgenden Art zu lösen. Sie sagt: die Welt, die ich in meinem Bewußtsein habe, ist die in mir repräsentierte Welt einer von mir bewußt nicht zu erreichenden Wirklichkeitswelt. In dieser liegen die mir unbekannten Veranlasser meiner Bewußtseinswelt. In dieser liegt auch meine wirkliche Wesenheit, von der ich ebenfalls nur einen Repräsentanten in meinem Bewußtsein habe. In dieser liegt aber auch die Wesenheit des andern Menschen, der mir gegenübertritt. Was nun im Bewußtsein dieses andern Menschen erlebt wird, das hat seine von diesem Bewußtsein unabhängige entsprechende Wirklichkeit in seiner Wesenheit. Diese wirkt in dem Gebiet, das nicht bewußt werden kann, auf meine prinzipielle unbewußte Wesenheit, und dadurch wird in meinem Bewußtsein eine Repräsentanz geschaffen für das, was in einem von meinem bewußten Erleben ganz unabhängigen Bewußtsein gegenwärtig ist. Man sieht: es wird hier zu der von meinem Bewußtsein erreichbaren Welt eine für dieses im Erleben unerreichbare hypothetisch hinzugedacht, weil man sonst sich zu der Behauptung gedrängt glaubt, alle Außenwelt, die ich meine vor mir zu haben, sei nur meine Bewußtseinswelt, und das ergäbe die – solipsistische – Absurdität, auch die andern Personen lebten nur innerhalb meines Bewußtseins.

Klarheit über diese durch manche erkenntnistheoretische Strömungen der neueren Zeit geschaffene Frage kann man gewinnen, wenn man vom Gesichtspunkte der geistgemäßen Beobachtung, der in der Darstellung dieses Buches eingenommen ist, die Sache zu überschauen trachtet. Was habe ich denn zunächst vor mir, wenn ich einer andern Persönlichkeit gegenüberstehe? Ich sehe auf das nächste. Es ist die mir als Wahrnehmung gegebene sinnliche Leibeserscheinung der andern Person; dann noch etwa die Gehörwahrnehmung dessen, was sie sagt, und so weiter. Alles dies starre ich nicht bloß an, sondern es setzt meine denkende Tätigkeit in Bewegung. Indem ich denkend vor der andern Persönlichkeit stehe, kennzeichnet sich mir die Wahrnehmung gewissermaßen als seelisch durchsichtig. Ich bin genötigt, im denkenden Ergreifen der Wahrnehmung mir zu sagen, daß sie dasjenige gar nicht ist, als was sie den äußeren Sinnen erscheint. Die Sinneserscheinung offenbart in dem, was sie unmittelbar ist, ein anderes, was sie mittelbar ist. Ihr Sich-vor-mich-Hinstellen ist zugleich ihr Auslöschen als bloße Sinneserscheinung. Aber was sie in diesem Auslöschen zur Erscheinung bringt, das zwingt mich als denkendes Wesen, mein Denken für die Zeit ihres Wirkens auszulöschen und an dessen Stelle *ihr* Denken zu setzen. Dieses *ihr* Denken aber ergreife ich in meinem Denken als Erlebnis wie mein eigenes. Ich habe das Denken des andern wirklich wahrgenommen. Denn die als Sinneserscheinung sich auslöschende unmittelbare Wahrnehmung wird von meinem Denken ergriffen, und es ist ein vollkommen *in* meinem Bewußtsein liegender Vorgang, der darin besteht, daß sich an die Stelle meines Denkens das andere Denken setzt. Durch das Sich-Auslöschen der Sinneserscheinung wird die Trennung zwischen den beiden Bewußtseinssphären tatsächlich aufgehoben. Das repräsentiert sich in meinem Bewußtsein dadurch, daß ich im Erleben des andern Bewußtseinsinhaltes mein eigenes Bewußtsein ebensowenig erlebe, wie ich es im traumlosen Schlafe erlebe. Wie in diesem mein Tagesbewußtsein ausgeschaltet ist, so im Wahrnehmen des fremden Bewußtseinsinhaltes der eigene. Die Täuschung, als ob dies nicht so sei, rührt nur davon her, daß im Wahrnehmen der andern Person erstens an die Stelle der Auslöschung des eigenen Bewußtseinsinhaltes nicht Bewußtlosigkeit tritt wie im Schlafe, sondern der andere Bewußtseinsinhalt, und zweitens, daß die Wechselzustände zwischen Auslöschen und Wieder-Aufleuchten des Bewußtseins von mir selbst zu schnell aufeinander folgen, um für gewöhnlich bemerkt zu werden. – Das ganze hier vorliegende Problem löst man nicht durch künstliche Begriffskonstruktionen, die von Bewußtem auf solches schließen, das nie bewußt werden kann, sondern durch wahres Erleben dessen, was sich in der Verbindung von Denken und Wahrnehmung ergibt. Es ist dies bei sehr vielen Fragen der Fall, die in der philosophischen Literatur auftreten. Die Denker sollten den Weg suchen zu unbefangener geistgemäßer Beobachtung; statt dessen schieben sie vor die Wirklichkeit eine künstliche Begriffskonstruktion hin.

In einer Abhandlung Eduard von Hartmanns «Die letzten Fragen der Erkenntnistheorie und Metaphysik» (in der Zeitschrift für Philosophie und philosophische Kritik, 108. Bd. S. 55ff.) wird meine «Philosophie der Freiheit» in die philosophische Gedankenrichtung eingereiht, die sich auf einen «erkenntnistheoretischen Monismus» stützen will. Ein solcher Standpunkt wird von Eduard von Hartmann als ein unmöglicher abgelehnt. Dem liegt folgendes zugrunde. Gemäß der Vorstellungsart, welche sich in dem genannten Aufsatze zum Ausdruck bringt, gibt es nur drei mögliche erkenntnistheoretische Standpunkte. Entweder man bleibt auf dem naiven Standpunkt stehen, welcher die wahrgenommenen Erscheinungen als wirkliche Dinge außer dem menschlichen Bewußtsein nimmt. Dann fehlte es einem an kritischer Erkenntnis. Man sehe nicht ein, daß man mit seinem Bewußtseinsinhalt doch nur in dem eigenen Bewußtsein sei. Man durchschaue nicht, daß man es nicht mit einem «Tische an sich» zu tun habe, sondern nur mit dem eigenen Bewußtseinsobjekte. Wer auf diesem Standpunkte bleibe oder durch irgendwelche Erwägungen zu ihm wieder zurückkehre, der sei naiver Realist. Allein dieser Standpunkt sei eben unmöglich, denn er verkenne, daß das Bewußtsein nur seine eigenen Bewußtseinsobjekte habe. Oder man durchschaue diesen Sachverhalt und gestehe sich ihn voll ein. Dann werde man zunächst transzendentaler Idealist. Man müsse dann aber ablehnen, daß von einem «Dinge an sich» jemals etwas im menschlichen Bewußtsein auftreten könne. Dadurch entgehe man aber nicht dem absoluten Illusionismus, wenn man nur konsequent genug dazu sei. Denn es verwandelt sich einem die Welt, der man gegenübersteht, in eine bloße Summe von Bewußtseinsobjekten, und zwar nur von Objekten des eigenen Bewußtseins. Auch die anderer Menschen sei man dann – absurderweise – gezwungen, nur als im eigenen Bewußtseinsinhalt allein anwesend zu denken. Ein möglicher Standpunkt sei nur der dritte, der transzendentale Realismus. Dieser nimmt an, es gibt «Dinge an sich», aber das Bewußtsein kann in keiner Weise im unmittelbaren Erleben mit ihnen zu tun haben. Sie bewirken jenseits des menschlichen Bewußtseins auf eine Art, die nicht ins Bewußtsein fällt, daß in diesem die Bewußtseinsobjekte auftreten. Man kann auf diese «Dinge an sich» nur durch Schlußfolgerung aus dem allein erlebten, aber eben bloß vorgestellten Bewußtseinsinhalt kommen. Eduard von Hartmann behauptet nun in dem genannten Aufsatze, ein «erkenntnistheoretischer Monismus», als den er meinen Standpunkt auffaßt, müsse sich in Wirklichkeit zu einem der drei Standpunkte bekennen; er tue es nur nicht, weil er die tatsächlichen Konsequenzen seiner Voraussetzungen nicht ziehe. Und dann wird in dem Aufsatz gesagt: «Wenn man herausbekommen will, welchem erkenntnistheoretischen Standpunkt ein angeblicher erkenntnistheoretischer Monist angehört, so braucht man ihm nur einige Fragen vorzulegen und ihn zur Beantwortung derselben zu zwingen. Denn von selbst läßt sich kein solcher zur Äußerung über diese Punkte herbei, und auch der Beantwortung direkter Fragen wird er auf alle Weise auszuweichen suchen, weil jede Antwort den Anspruch auf erkenntnistheoretischen Monismus als einen von den drei anderen verschiedenen Standpunkt aufhebt. Diese Fragen sind folgende: 1. Sind die Dinge in ihrem Bestande *kontinuierlich* oder *intermittierend?* Wenn die Antwort lautet: sie sind kontinuierlich, so hat man es mit irgendeiner Form des naiven Realismus zu tun. Wenn sie lautet: sie sind intermittierend, so liegt transzendentaler Idealismus vor. Wenn sie aber lautet: sie sind einerseits (als Inhalte des absoluten Bewußtseins, oder als unbewußte Vorstellungen oder als Wahrnehmungsmöglichkeiten) kontinuierlich, andererseits (als Inhalte des beschränkten Bewußtseins) intermittierend, so ist transzendentaler Realismus konstatiert. – 2. Wenn drei Personen an einem Tisch sitzen, *wieviele Exemplare des Tisches* sind vorhanden? Wer antwortet: eines, ist naiver Realist; wer antwortet: drei, ist transzendentaler Idealist; wer aber antwortet: vier, der ist transzendentaler Realist. Es ist dabei allerdings vorausgesetzt, daß man so ungleichartiges wie den einen Tisch als Ding an sich und die drei Tische als Wahrnehmungsobjekte in den drei Bewußtseinen unter die gemeinsame Bezeichnung «Exemplare des Tisches» zusammenfassen dürfe. Wem dies als eine zu große Freiheit erscheint, der wird die Antwort «einer und drei» geben müssen, anstatt «vier». – 3. Wenn zwei Personen allein in einem Zimmer zusammen sind, *wieviel Exemplare dieser Personen* sind vorhanden? Wer antwortet: zwei, ist naiver Realist; wer antwortet: vier (nämlich in jedem der beiden Bewußtseine ein Ich und ein anderer), der ist transzendentaler Idealist; wer aber antwortet: sechs (nämlich zwei Personen als Dinge an sich und vier Vorstellungsobjekte von Personen in den zwei Bewußtseinen), der ist transzendentaler Realist. Wer den erkenntnistheoretischen Monismus als einen von diesen drei Standpunkten verschiedenen erweisen wollte, der müßte auf jede dieser drei Fragen eine andere Antwort geben; ich wüßte aber nicht wie diese lauten könnte.» Die Antworten der «Philosophie der Freiheit» müßten so lauten: 1. Wer von den Dingen nur die Wahrnehmungsinhalte erfaßt und diese für Wirklichkeit nimmt, ist naiver Realist, und er macht sich nicht klar, daß er eigentlich *diese Wahrnehmungsinhalte* nur so lange für bestehend ansehen dürfte, als er auf die Dinge hinsieht, daß er also, was er vor sich hat, als intermittierend denken müßte. Sobald er sich aber klar darüber wird, daß Wirklichkeit nur im gedankendurchsetzten Wahrnehmbaren vorhanden ist, gelangt er zu der Einsicht, daß der als *intermittierend* auftretende Wahrnehmungsinhalt durchsetzt von dem im Denken Erarbeiteten sich als kontinuierlich offenbart. Als kontinuierlich muß also gelten: der von dem erlebten Denken erfaßte Wahrnehmungsgehalt, von dem das, was nur wahrgenommen wird, als intermittierend zu denken wäre, wenn es – was nicht der Fall ist – wirklich wäre. – 2. Wenn drei Personen an einem Tisch sitzen, wieviel Exemplare des Tisches sind vorhanden? Es ist nur *ein* Tisch vorhanden; aber *so lange* die drei Personen bei ihren Wahrnehmungsbildern stehen bleiben wollten, müßten sie sagen: *diese* Wahrnehmungsbilder sind überhaupt keine Wirklichkeit. Sobald sie zu dem in ihrem Denken erfaßten Tisch übergehen, offenbart sich ihnen die *eine* Wirklichkeit des Tisches; sie sind mit ihren drei Bewußtseinsinhalten in dieser Wirklichkeit vereinigt. – 3. Wenn zwei Personen allein in einem Zimmer zusammen sind, wieviel Exemplare dieser Personen sind vorhanden? Es sind ganz gewiß nicht sechs – auch nicht im Sinne des transzendentalen Realisten – Exemplare vorhanden, sondern nur zwei. Nur hat jede der Personen zunächst sowohl von sich wie von der anderen Person nur das unwirkliche Wahrnehmungsbild. Von diesen *Bildern* sind vier vorhanden, bei deren Anwesenheit in den Denktätigkeiten der zwei Personen sich die Ergreifung der Wirklichkeit abspielt. In dieser Denktätigkeit übergreift eine jede der Personen ihre Bewußtseinssphäre; die der anderen und der eigenen Person lebt in ihr auf. In den Augenblicken dieses Auflebens sind die Personen ebensowenig in ihrem Bewußtsein beschlossen wie im Schlafe. Nur tritt in den anderen Augenblicken das Bewußtsein von diesem Aufgehen in dem andern wieder auf, so daß das Bewußtsein einer jeden der Personen im denkenden Erleben sich und den andern ergreift. Ich weiß, daß der transzendentale Realist dieses als einen Rückfall in den naiven Realismus bezeichnet. Doch habe ich bereits in dieser Schrift darauf hingewiesen, daß der naive Realismus für das erlebte Denken seine Berechtigung behält. Der transzendentale Realist läßt sich auf den wahren Sachverhalt im Erkenntnisvorgang gar nicht ein; er schließt sich von diesem durch ein Gedankengespinst ab und verstrickt sich in diesem. Es sollte der in der «Philosophie der Freiheit» auftretende Monismus auch nicht «erkenntnistheoretischer» genannt werden, sondern, wenn man einen Beinamen will, Gedanken-Monismus. Das alles wurde durch Eduard von Hartmann verkannt. Er ging auf das Spezifische der Darstellung in der «Philosophie der Freiheit» nicht ein, sondern behauptete: ich hätte den Versuch gemacht, den *Hegel*schen universalistischen Panlogismus mit *Humes* individualistischem Phänomenalismus zu verbinden (S. 71 der Zeitschrift für Philosophie, 108. Bd., Anmerkung), während in der Tat die «Philosophie der Freiheit» als solche gar nichts mit diesen zwei Standpunkten, die sie angeblich zu vereinigen bestrebt ist, zu tun hat. (Hier liegt auch der Grund, warum es mir nicht naheliegen konnte, mich zum Beispiel mit dem «erkenntnistheoretischen Monismus» Johannes Rehmkes auseinanderzusetzen. Es ist eben der Gesichtspunkt der «Philosophie der Freiheit» ein ganz anderer, als was Eduard von Hartmann und andere erkenntnistheoretischen Monismus nennen.)

ZWEITER ANHANG

In dem Folgenden wird in allem Wesentlichen wiedergegeben, was als eine Art «Vorrede» in der ersten Auflage dieses Buches stand. Da es mehr die Gedankenstimmung gibt, aus der ich vor fünfundzwanzig Jahren das Buch niederschrieb, als daß es mit dem Inhalte desselben unmittelbar etwas zu tun hätte, setze ich es hier als «*Anhang*» her. Ganz weglassen möchte ich es aus dem Grunde nicht, weil immer wieder die Ansicht auftaucht, ich habe wegen meiner späteren geisteswissenschaftlichen Schriften etwas von meinen früheren Schriften zu unterdrücken.

Unser Zeitalter kann die *Wahrheit* nur aus der Tiefe des menschlichen Wesens schöpfen wollen*. Von Schillers bekannten zwei Wegen:

«Wahrheit suchen wir beide, du außen im Leben, ich innen
In dem Herzen, und so findet sie jeder gewiß.
Ist das Auge gesund, so begegnet es außen dem Schöpfer;
Ist es das Herz, dann gewiß spiegelt es innen die Welt»

wird der Gegenwart vorzüglich der zweite frommen. Eine Wahrheit, die uns von außen kommt, trägt immer den Stempel der Unsicherheit an sich. Nur was einem jeden von uns in seinem eigenen Innern als Wahrheit erscheint, daran mögen wir glauben.

Nur die Wahrheit kann uns Sicherheit bringen im Entwickeln unserer individuellen Kräfte. Wer von Zweifeln gequält ist, dessen Kräfte sind gelähmt. In einer Welt, die ihm rätselhaft ist, kann er kein Ziel seines Schaffens finden.

Wir wollen nicht mehr bloß *glauben;* wir wollen *wissen.* Der Glaube fordert Anerkennung von Wahrheiten, die wir nicht ganz durchschauen. Was wir aber nicht ganz durchschauen, widerstrebt dem Individuellen, das alles mit seinem tiefsten

* Ganz weggelassen sind hier nur die allerersten Eingangssätze (der ersten Auflage) dieser Ausführungen, die mir heute ganz unwesentlich erscheinen. Was aber des weiteren darin gesagt ist, scheint mir auch gegenwärtig trotz der naturwissenschaftlichen Denkart unserer Zeitgenossen, ja gerade wegen derselben, zu sagen notwendig.

Innern durchleben will. Nur das *Wissen* befriedigt uns, das keiner äußeren Norm sich unterwirft, sondern aus dem Innenleben der Persönlichkeit entspringt.

Wir wollen auch kein solches Wissen, das in eingefrorenen Schulregeln sich ein für allemal ausgestaltet hat, und in für alle Zeiten gültigen Kompendien aufbewahrt ist. Wir halten uns jeder berechtigt, von seinen nächsten Erfahrungen, seinen unmittelbaren Erlebnissen auszugehen, und von da aus zur Erkenntnis des ganzen Universums aufzusteigen. Wir erstreben ein sicheres Wissen, aber jeder auf seine eigene Art.

Unsere wissenschaftlichen Lehren sollen auch nicht mehr eine solche Gestalt annehmen, als wenn ihre Anerkennung Sache eines unbedingten Zwanges wäre. Keiner von uns möchte einer wissenschaftlichen Schrift einen Titel geben, wie einst *Fichte:* «Sonnenklarer Bericht an das größere Publikum über das eigentliche Wesen der neuesten Philosophie. *Ein Versuch, die Leser zum Verstehen zu zwingen.*» Heute soll niemand zum Verstehen *gezwungen* werden. Wen nicht ein besonderes, individuelles Bedürfnis zu einer Anschauung treibt, von dem fordern wir keine Anerkennung, noch Zustimmung. Auch dem noch unreifen Menschen, dem Kinde, wollen wir gegenwärtig keine Erkenntnisse eintrichtern, sondern wir suchen seine Fähigkeiten zu entwickeln, damit es nicht mehr zum Verstehen *gezwungen* zu werden braucht, sondern verstehen *will.*

Ich gebe mich keiner Illusion hin in bezug auf diese Charakteristik meines Zeitalters. Ich weiß, wie viel individualitätsloses Schablonentum lebt und sich breit macht. Aber ich weiß ebenso gut, daß viele meiner Zeitgenossen im Sinne der angedeuteten Richtung ihr Leben einzurichten suchen. Ihnen möchte ich diese Schrift widmen. Sie soll nicht «den einzig möglichen» Weg zur Wahrheit führen, aber sie soll von demjenigen *erzählen,* den einer eingeschlagen hat, dem es um Wahrheit zu tun ist.

Die Schrift führt zuerst in abstraktere Gebiete, wo der Gedanke scharfe Konturen ziehen muß, um zu sichern Punkten zu kommen. Aber der Leser wird aus den dürren Begriffen heraus auch in das konkrete Leben geführt. Ich bin eben durchaus der Ansicht, daß man auch in das Ätherreich der Begriffe sich erheben muß, wenn man das Dasein nach allen Richtungen durchleben will. Wer nur mit den Sinnen zu genießen versteht, der kennt die Leckerbissen des Lebens nicht. Die orientalischen Gelehrten lassen die Lernenden erst Jahre eines entsagenden und asketischen Lebens verbringen, bevor sie ihnen mitteilen, was sie selbst wissen. Das Abendland fordert zur Wissenschaft keine frommen Übungen und keine Askese mehr, aber es verlangt dafür den guten Willen, kurze Zeit sich den unmittelbaren Eindrücken des Lebens zu entziehen, und in das Gebiet der reinen Gedankenwelt sich zu begeben.

Der Gebiete des Lebens sind viele. Für jedes einzelne entwickeln sich besondere Wissenschaften. Das Leben selbst aber ist eine Einheit, und je mehr die Wissenschaften bestrebt sind, sich in die einzelnen Gebiete zu vertiefen, desto mehr entfernen sie sich von der Anschauung des lebendigen Weltganzen. Es muß ein Wissen geben, das in den einzelnen Wissenschaften die Elemente sucht, um den Menschen zum vollen Leben wieder zurückzuführen. Der wissenschaftliche Spezialforscher will sich durch seine Erkenntnisse ein Bewußtsein von der Welt und ihren Wirkungen erwerben; in dieser Schrift ist das Ziel ein philosophisches: die Wissenschaft soll selbst organisch-lebendig werden. Die Einzelwissenschaften sind Vorstufen der hier angestrebten Wissenschaft. Ein ähnliches Verhältnis herrscht in den Künsten. Der Komponist arbeitet auf Grund der Kompositionslehre. Die letztere ist eine Summe von Kenntnissen, deren Besitz eine notwendige Vorbedingung des Komponierens ist. Im Komponieren dienen die Gesetze der Kompositionslehre dem Leben, der realen Wirklichkeit. Genau in demselben Sinne ist die Philosophie eine *Kunst.* Alle wirklichen Philosophen waren *Begriffskünstler.* Für sie wurden die menschlichen Ideen zum Kunstmateriale und die wissenschaftliche Methode zur künstlerischen Technik. Das abstrakte Denken gewinnt dadurch konkretes, individuelles Leben. Die Ideen werden Lebensmächte. Wir haben dann nicht bloß ein Wissen von den Dingen, sondern wir haben das Wissen zum realen, sich selbst beherrschenden Organismus gemacht; unser wirkliches, tätiges Bewußtsein hat sich über ein bloß passives Aufnehmen von Wahrheiten gestellt.

Wie sich die Philosophie als Kunst zur *Freiheit* des Menschen verhält, was die letztere ist, und ob wir ihrer teilhaftig sind oder es werden können: das ist die Hauptfrage meiner Schrift. Alle anderen wissenschaftlichen Ausführungen stehen hier nur, weil sie zuletzt Aufklärung geben über jene, meiner Meinung nach, den Menschen am nächsten liegenden Fragen. Eine *«Philosophie der Freiheit»* soll in diesen Blättern gegeben werden.

Alle Wissenschaft wäre nur Befriedigung müßiger Neugierde, wenn sie nicht auf die Erhöhung des *Daseinswertes der menschlichen Persönlichkeit* hinstrebte. Den wahren Wert erhalten die Wissenschaften erst durch eine Darstellung der menschlichen Bedeutung ihrer Resultate. Nicht die Veredlung eines einzelnen Seelenvermögens kann Endzweck des Individuums sein, sondern die Entwickelung aller in uns schlummernden Fähigkeiten. Das Wissen hat nur dadurch Wert, daß es einen Beitrag liefert zur *allseitigen* Entfaltung der *ganzen* Menschennatur.

Diese Schrift faßt deshalb die Beziehung zwischen Wissenschaft und Leben nicht so auf, daß der Mensch sich der Idee zu beugen hat und seine Kräfte ihrem Dienst weihen soll, sondern in dem Sinne, daß er sich der Ideenwelt bemächtigt, um sie zu seinen *menschlichen* Zielen, die über die bloß wissenschaftlichen hinausgehen, zu gebrauchen.

Man muß sich der Idee erlebend gegenüberstellen können; *sonst* gerät man unter ihre Knechtschaft.

ANMERKUNGEN ZU DIESER AUSGABE

(GA = Rudolf Steiner Gesamtausgabe)

Für die 13. Buchauflage von 1973, welche diesem Taschenbuch zugrunde liegt, wurde der Text mit dem gesamten vorliegenden Material (Manuskript und Korrekturbogen zur Neuausgabe von 1918) genau verglichen. Die daraus resultierenden Berichtigungen sind in der Ausgabe von 1973 innerhalb der Rudolf Steiner Gesamtausgabe im einzelnen nachgewiesen. Für die vorliegende Taschenbuchausgabe wurden neben der Berichtigung einiger Druckfehler zwei sinngemäße Korrekturen – die zwar nicht auf Rudolf Steiner zurückgehen, aber in der 4. Auflage (1929) bis zur 12. Auflage (1926) enthalten waren – wieder eingefügt:

Seite 17, Zeile 23: statt «Umstand» – «Unterschied»
Seite 203, Zeile 11: statt «sondern» – «statt».

Die Zitate wurden für die 13. Auflage soweit als möglich mit den Originaltexten verglichen, wobei sich ebenfalls einige kleinere Korrekturen ergaben. Diejenigen Zitate, deren Quelle von Rudolf Steiner selbst nicht angegeben wurde, werden im folgenden nachgewiesen.

zu Seite

15 *«Nehmen Sie nun ...»:* Die Hervorhebung dieser Stelle erfolgte durch Rudolf Steiner.

20 Hegel-Zitat: «Das Denken macht die Seele, womit auch das Tier begabt ist, erst zum Geiste». In «Enzyklopädie der philosophischen Wissenschaften» (1817), 2. Ausg. Heidelberg 1827, Vorrede S. XIX.

36 *Satz des Cabanis:* In «Rapports du physique et du moral de l'homme», 1799, als Buch 1802. Deutsche Übersetzung «Verhältnis der Seele zum Körper», 1808.

38 *Schelling sagt:* In «Erster Entwurf eines Systems der Naturphilosophie» 1799, S. 6 heißt es wörtlich «Über die Natur philosophieren, heißt die Natur schaffen».

44 *Persönlichkeit, welche der Verfasser ... als Denker sehr hochschätzt:* Gemeint ist Eduard von Hartmann.

47 *Herbert Spencer «Wenn wir an einem Septembertag ...»:* Aus «Grundlagen der Philosophie» IV. Kapitel, Die Relativität aller Erkenntnis, § 23. Übersetzt von B. Vetter, Stuttgart 1875, S. 69–70.

51 *Als Dr. Franz einen Blindgeborenen operierte:* Vgl. den Abdruck des Klinischen Berichtes «Die Wahrnehmungswelt eines Blindgeborenen vor und nach der Operation» in «Nachrichten der Rudolf Steiner-Nachlaßverwaltung» Nr. 19 (Michaeli 1967).

52 f. *George Berkeley ... sagt «Einige Wahrheiten liegen so nahe ...»:* In «Abhandlung über die Prinzipien der menschlichen Erkenntnis», Übersetzung aus dem Englischen. Welche Übersetzung Rudolf Steiner vorlag, konnte bisher nicht festgestellt werden.

90 *Du Bois-Reymond-Zitat:* Aus «Über die Grenzen des Naturerkennens», Vortrag in der 2. öffentlichen Sitzung der 45. Versammlung deutscher Naturforscher und Ärzte in Leipzig am 14. August 1872, Leipzig 1872, S. 25 f.

135 *Wenn Kant von der Pflicht sagt ...:* In «Kritik der praktischen Vernunft» 1788, 1. Teil, 3. Hauptstück: Von den Triebfedern der reinen praktischen Vernunft, S. 121.

148 *Alle solche Wendungen wie «die Geschichte ist die Entwickelung der Menschen zur Freiheit»:* Hegel in der Einleitung seiner Vorlesungen über die Philosophie der Geschichte, Hegels Werke, Verlag Duncker & Humblot, Berlin 1848, Bd. 9, S. 24.

162 *Leibnitz meint:* In «Theodicee» 1. Teil, Amsterdam 1726 bei Cornelio Bondestein, S. 105-226.

PERSONENREGISTER

LITERATURHINWEIS

Zur Weiterführung und Vertiefung der Darstellungen des vorliegenden Bandes sei auf folgende Ausgaben von Rudolf Steiner verwiesen:

Schriften

Wahrheit und Wissenschaft. Vorspiel einer «Philosophie der Freiheit». GA 1958, Bibl.-Nr. 3

Wie erlangt man Erkenntnisse der höheren Welten? GA 1975, Bibl.-Nr. 10 (auch als Taschenbuch tb 600)

Die Rätsel der Philosophie in ihrer Geschichte als Umriß dargestellt. GA 1968, Bibl.-Nr. 18 (auch als Taschenbuch tb 610/611, zwei Bände)

Philosophie und Anthroposophie. Gesammelte Aufsätze 1904–1918. GA 1965, Bibl.-Nr. 35 (siehe besonders: «Die Geisteswissenschaft als Anthroposophie und die zeitgenössische Erkenntnistheorie»)

Vorträge

Die Offenbarungen des Karma. Elf Vorträge, Hamburg 16. bis 28. Mai 1910. GA 1975, Bibl.-Nr. 120 (auch als Taschenbuch tb 620)

Die Welt des Geistes und ihr Hereinragen in das physische Dasein. Zehn Vorträge, gehalten zwischen dem 12. Januar und 23. Dezember 1913 in verschiedenen Städten. GA 1973, Bibl.-Nr. 150 (siehe besonders den Stockholmer Vortrag vom 10. Juni 1913: «Die Freiheit der Seele im Lichte anthroposophischer Erkenntnis»)

Zufall, Notwendigkeit und Vorsehung. Imaginative Erkenntnis und Vorgänge nach dem Tode. Acht Vorträge, Dornach 23., 27. bis 30. August und 4. bis 6. September 1915. GA 1975, Bibl.-Nr. 163

Notwendigkeit und Freiheit im Weltengeschehen und im menschlichen Handeln. Fünf Vorträge, Berlin 25. Januar bis 8. Februar 1916. GA 1960, Bibl.-Nr. 166

Geschichtliche Notwendigkeit und Freiheit. Schicksalseinwirkungen aus der Welt der Toten. Acht Vorträge, Dornach 2. bis 22. Dezember 1917. GA 1977, Bibl.-Nr. 179

Geschichtliche Symptomatologie. Neun Vorträge, Dornach 18. Oktober bis 3. November 1918. GA 1962, Bibl.-Nr. 185 (6. Vortrag, 27. Oktober 1918: «Episodische Betrachtung zum Erscheinen der neuen Auflage der ‹Philosophie der Freiheit› »)

*

Da Rudolf Steiner in zahlreichen Vorträgen auf das vorliegende Werk Bezug nimmt, sei hier auf die Zusammenstellung von O. Palmer:

Rudolf Steiner über seine «Philosophie der Freiheit». Monographie eines Buches (2. Aufl. Stuttgart 1976) hingewiesen.

RUDOLF STEINER – LEBEN UND WERK

Das Lebenswerk, welches Rudolf Steiner der Nachwelt hinterlassen hat, dürfte nach Gehalt und Umfang innerhalb der Kulturwelt wohl ohne Beispiel dastehen. Seine Schriften – die Werke und Aufsätze – bilden die Grundlage für das, was er im Laufe seines Lebens in Vorträgen und Kursen seinen Zuhörern als «anthroposophisch orientierte Geisteswissenschaft» von immer neuen Aspekten aus darstellte und ausführte. Der größte Teil dieser rund sechstausend Vorträge ist in Nachschriften erhalten geblieben. Daneben entfaltete er auch auf künstlerischem Gebiet eine große Tätigkeit, welche ihren Höhepunkt in der Errichtung des ersten Goetheanumbaues in Dornach fand. So liegen eine große Anzahl malerischer, plastischer und architektonischer Arbeiten, Entwürfe und Skizzen von seiner Hand vor. Die durch ihn gegebenen Anregungen für die Erneuerung zahlreicher Lebensgebiete beginnen in der gegenwärtigen Zeit vermehrte Beachtung zu finden.

Seit dem Jahre 1956 wird durch die «Rudolf Steiner-Nachlaßverwaltung» an der Herausgabe der *«Rudolf Steiner Gesamtausgabe»* gearbeitet, die einen Umfang von etwa 330 Bänden erhalten wird. In den beiden ersten Abteilungen erscheinen die *Schriften* und das *Vortragswerk,* während in einer dritten Abteilung das *künstlerische Werk* in geeigneter Form zur Wiedergabe gelangt.

Einen systematischen Überblick über das Gesamtwerk gibt die 1961 erschienene Bibliographie: *«Rudolf Steiner. Das literarische und künstlerische Werk. Eine bibliographische Übersicht»,* auf welche sich die im folgenden verwendete Bezeichnung «Bibl.-Nr.» bezieht. Über den jeweiligen Stand der erschienenen Bände orientiert der Katalog des «Rudolf Steiner Verlages».

Chronologischer Lebensabriß
(zugleich Übersicht über die geschriebenen Werke)

1861 Am 27. Februar wird Rudolf Steiner in Kraljevec (damals Österreich-Ungarn, heute Jugoslawien) als Sohn eines Beamten der österreichischen Südbahn geboren. Seine Eltern stammen aus Niederösterreich. Er verlebt seine Kindheit und Jugend an verschiedenen Orten Österreichs.

1872	Besuch der Realschule in Wiener-Neustadt bis zum Abitur 1879.
1879	Studium an der Wiener Technischen Hochschule: Mathematik und Naturwissenschaft, zugleich Literatur, Philosophie und Geschichte. Grundlegendes Goethe-Studium.
1882	Erste schriftstellerische Tätigkeit.
1882–1897	Herausgabe von Goethes Naturwissenschaftlichen Schriften in Kürschners «Deutsche National-Litteratur», fünf Bände (Bibl.-Nr. 1a–e). Eine selbständige Ausgabe der Einleitungen erschien 1925 unter dem Titel *Goethes Naturwissenschaftliche Schriften* (Bibl.-Nr. 1).
1884–1890	Privatlehrer bei einer Wiener Familie.
1886	Berufung zur Mitarbeit bei der Herausgabe der großen «Sophien-Ausgabe» von Goethes Werken. *Grundlinien einer Erkenntnistheorie der Goetheschen Weltanschauung mit besonderer Rücksicht auf Schiller* (Bibl.-Nr. 2).
1888	Herausgeber der «Deutschen Wochenschrift», Wien (Aufsätze daraus in Bibl.-Nr. 31). Vortrag im Wiener Goethe-Verein: *Goethe als Vater einer neuen Ästhetik* (in Bibl.-Nr. 30).
1890–1897	Weimar. Mitarbeit am Goethe- und Schiller-Archiv. Herausgeber von Goethes Naturwissenschaftlichen Schriften.
1891	Promotion zum Doktor der Philosophie an der Universität Rostock. 1892 erscheint die erweiterte Dissertation: *Wahrheit und Wissenschaft. Vorspiel einer «Philosophie der Freiheit»* (Bibl.-Nr. 3).
1894	*Die Philosophie der Freiheit. Grundzüge einer modernen Weltanschauung. Seelische Beobachtungsresultate nach naturwissenschaftlicher Methode* (Bibl.-Nr. 4).
1895	*Friedrich Nietzsche. Ein Kämpfer gegen seine Zeit* (Bibl.-Nr. 5).
1897	*Goethes Weltanschauung* (Bibl.-Nr. 6). Übersiedlung nach Berlin. Herausgabe des «Magazin für Literatur» und der «Dramaturgischen Blätter» zusammen mit O. E. Hartleben. (Aufsätze daraus in Bibl.-Nrn. 29–32.) Wirksamkeit in der «Freien literarischen Gesellschaft», der «Freien dramatischen Gesellschaft», im «Giordano Bruno-Bund», im Kreis der «Kommenden» u. a.

1899–1904 Lehrtätigkeit an der von W. Liebknecht gegründeten Berliner «Arbeiter-Bildungsschule».

1900/01 *Welt- und Lebensanschauungen im 19. Jahrhundert,* 1914 erweitert zu: *Die Rätsel der Philosophie* (Bibl.-Nr. 18). Beginn der anthroposophischen Vortragstätigkeit auf Einladung der Theosophischen Gesellschaft in Berlin. *Die Mystik im Aufgange des neuzeitlichen Geisteslebens* (Bibl.-Nr. 7).

1902–1912 Aufbau der Anthroposophie. Regelmäßige öffentliche Vortragstätigkeit in Berlin und ausgedehnte Vortragsreisen in ganz Europa. Marie von Sivers (ab 1914 Marie Steiner) wird seine ständige Mitarbeiterin.

1902 *Das Christentum als mystische Tatsache und die Mysterien des Altertums* (Bibl.-Nr. 8).

1903 Begründung und Herausgabe der Zeitschrift «Luzifer», später «*Lucifer-Gnosis*» (Aufsätze in Bibl.-Nr. 34).

1904 *Theosophie. Einführung in übersinnliche Welterkenntnis und Menschenbestimmung* (Bibl.-Nr. 9).

1904/05 *Wie erlangt man Erkenntnisse der höheren Welten?* (Bibl.-Nr. 10). *Aus der Akasha-Chronik* (Bibl.-Nr. 11). *Die Stufen der höheren Erkenntnis* (Bibl.-Nr. 12).

1910 *Die Geheimwissenschaft im Umriß* (Bibl.-Nr. 13).

1910–1913 In München werden die *Vier Mysteriendramen* (Bibl.-Nr. 14) uraufgeführt.

1911 *Die geistige Führung des Menschen und der Menschheit* (Bibl.-Nr. 15).

1912 *Anthroposophischer Seelenkalender. Wochensprüche* (in Bibl.-Nr. 40, und selbständige Ausgaben). *Ein Weg zur Selbsterkenntnis des Menschen* (Bibl.-Nr. 16).

1913 Trennung von der Theosophischen und Begründung der Anthroposophischen Gesellschaft.
Die Schwelle der geistigen Welt (Bibl.-Nr. 17).

1913–1923 Errichtung des in Holz als Doppelkuppelbau gestalteten ersten Goetheanum in Dornach/Schweiz.

1914–1923 Dornach und Berlin. In Vorträgen und Kursen in ganz Europa gibt Rudolf Steiner Anregungen für eine Erneuerung auf vielen Lebensgebieten: Kunst, Pädagogik, Naturwissenschaften, soziales Leben, Medizin, Theologie. Weiterbildung der 1912 inaugurierten neuen Bewegungskunst «Eurythmie».

1914 *Die Rätsel der Philosophie in ihrer Geschichte als Umriß dargestellt* (Bibl.-Nr. 18).

1916–1918 *Vom Menschenrätsel* (Bibl.-Nr. 20). *Von Seelenrätseln* (Bibl.-Nr. 21). *Goethes Geistesart in ihrer Offenbarung durch seinen «Faust» und durch das Märchen «Von der Schlange und der Lilie»* (Bibl.-Nr. 22).

1919 Rudolf Steiner vertritt den Gedanken einer «Dreigliederung des sozialen Organismus» in Aufsätzen und Vorträgen, vor allem im süddeutschen Raum. *Die Kernpunkte der sozialen Frage in den Lebensnotwendigkeiten der Gegenwart und Zukunft* (Bibl.-Nr. 23). *Aufsätze über die Dreigliederung des sozialen Organismus* (Bibl.-Nr. 24). Im Herbst wird in Stuttgart die «Freie Waldorfschule» begründet, die Rudolf Steiner bis zu seinem Tode leitet.

1920 Beginnend mit dem Ersten anthroposophischen Hochschulkurs finden im noch nicht vollendeten Goetheanum fortan regelmäßig künstlerische und Vortragsveranstaltungen statt.

1921 Begründung der Wochenschrift «Das Goetheanum» mit regelmäßigen Aufsätzen und Beiträgen Rudolf Steiners (in Bibl.-Nr. 36).

1922 *Kosmologie, Religion und Philosophie* (Bibl.-Nr. 25). In der Silvesternacht 1922/23 wird der Goetheanumbau durch Brand vernichtet. Für einen neuen in Beton konzipierten Bau kann Rudolf Steiner in der Folge nur noch ein erstes Außenmodell schaffen.

1923 Unausgesetzte Vortragstätigkeit, verbunden mit Reisen. Zu Weihnachten 1923 Neubegründung der «Anthroposophischen Gesellschaft» als «Allgemeine Anthroposophische Gesellschaft» unter der Leitung Rudolf Steiners.

1923–1925 Rudolf Steiner schreibt in wöchentlichen Folgen seine unvollendet gebliebene Selbstbiographie *Mein Lebensgang* (Bibl.-Nr. 28) sowie *Anthroposophische Leitsätze* (Bibl.-Nr. 26), und arbeitet mit Dr. Ita Wegman an dem Buch *Grundlegendes für eine Erweiterung der Heilkunst nach geisteswissenschaftlichen Erkenntnissen* (Bibl.-Nr. 27).

1924 Steigerung der Vortragstätigkeit. Daneben zahlreiche Fachkurse. Letzte Vortragsreisen in Europa. Am 28. September letzte Ansprache zu den Mitgliedern. Beginn des Krankenlagers.

1925 Am 30. März stirbt Rudolf Steiner in Dornach.

RUDOLF STEINER GESAMTAUSGABE

Überblick über das literarische und künstlerische Werk

Erste Abteilung: Die Schriften

I. *Werke*

Goethes Naturwissenschaftliche Schriften, eingeleitet und kommentiert von R. Steiner, 5 Bände (Bibl.-Nr. 1a–e); separate Ausgabe der Einleitungen (Bibl.-Nr. 1)
Grundlinien einer Erkenntnistheorie der Goetheschen Weltanschauung (Bibl.-Nr. 2)
Wahrheit und Wissenschaft. Vorspiel einer «Philosophie der Freiheit» (Bibl.-Nr. 3)
Die Philosophie der Freiheit (Bibl.-Nr. 4)
Friedrich Nietzsche, ein Kämpfer gegen seine Zeit (Bibl.-Nr. 5)
Goethes Weltanschauung (Bibl.-Nr. 6)
Die Mystik im Aufgange des neuzeitlichen Geisteslebens und ihr Verhältnis zur modernen Weltanschauung (Bibl.-Nr. 7)
Das Christentum als mystische Tatsache und die Mysterien des Altertums (Bibl.-Nr. 8)
Theosophie. Einführung in übersinnliche Welterkenntnis und Menschenbestimmung (Bibl.-Nr. 9)
Wie erlangt man Erkenntnisse der höheren Welten? (Bibl.-Nr. 10)
Aus der Akasha-Chronik (Bibl.-Nr. 11)
Die Stufen der höheren Erkenntnis (Bibl.-Nr. 12)
Die Geheimwissenschaft im Umriß (Bibl.-Nr. 13)
Vier Mysteriendramen: Die Pforte der Einweihung – Die Prüfung der Seele – Der Hüter der Schwelle – Der Seelen Erwachen (Bibl.-Nr. 14)
Die geistige Führung des Menschen und der Menschheit (Bibl.-Nr. 15)
Anthroposophischer Seelenkalender (in Bibl.- Nr. 40)
Ein Weg zur Selbsterkenntnis des Menschen (Bibl.-Nr. 16)
Die Schwelle der geistigen Welt (Bibl.-Nr. 17)
Die Rätsel der Philosophie in ihrer Geschichte als Umriß dargestellt (Bibl.-Nr. 18)
Vom Menschenrätsel (Bibl.-Nr. 20)
Von Seelenrätseln (Bibl.-Nr. 21)
Goethes Geistesart in ihrer Offenbarung durch seinen «Faust» und durch das «Märchen von der Schlange und der Lilie» (Bibl.-Nr. 22)
Die Kernpunkte der sozialen Frage in den Lebensnotwendigkeiten der Gegenwart und Zukunft (Bibl.-Nr. 23)
Aufsätze über die Dreigliederung des sozialen Organismus und zur Zeitlage 1915–1921 (Bibl.-Nr. 24)

Kosmologie, Religion und Philosophie (Bibl.-Nr. 25)

Anthroposophische Leitsätze (Bibl.-Nr. 26)

Grundlegendes für eine Erweiterung der Heilkunst nach geisteswissenschaftlichen Erkenntnissen. Von Dr. Rudolf Steiner und Dr. Ita Wegman (Bibl.-Nr. 27)

Mein Lebensgang (Bibl.-Nr. 28)

II. *Gesammelte Aufsätze*

Gesammelte Aufsätze zur Dramaturgie 1889–1900 (Bibl.-Nr. 29)

Methodische Grundlagen der Anthroposophie. Gesammelte Aufsätze zur Philosophie, Naturwissenschaft, Ästhetik und Seelenkunde 1884–1901 (Bibl.-Nr. 30)

Gesammelte Aufsätze zur Kultur- und Zeitgeschichte 1887–1901 (Bibl.-Nr. 31)

Gesammelte Aufsätze zur Literatur 1886–1902 (Bibl.-Nr. 32)

Biographien und biographische Skizzen 1894–1905 (Bibl.-Nr. 33)

Luzifer-Gnosis. Grundlegende Aufsätze zur Anthroposophie und Berichte aus der Zeitschrift «Luzifer» und «Lucifer-Gnosis» 1903–1908 (Bibl.-Nr. 34)

Philosophie und Anthroposophie. Gesammelte Aufsätze 1904–1918 (Bibl.-Nr. 35)

Der Goetheanumgedanke inmitten der Kulturkrisis der Gegenwart. Gesammelte Aufsätze aus der Wochenschrift «Das Goetheanum» 1921–1925 (Bibl.-Nr. 36)

III. *Veröffentlichungen aus dem Nachlaß*

Briefe – Wahrspruchworte – Bühnenbearbeitungen – Entwürfe zu den Vier Mysteriendramen 1910–1913 – Anthroposophie. Ein Fragment aus dem Jahre 1910 – Gesammelte Skizzen und Fragmente – Aus Notizbüchern und -blättern (Bibl.-Nrn. 38–47)

Zweite Abteilung: Das Vortragswerk

I. *Öffentliche Vorträge*

Die Berliner öffentlichen Vortragsreihen («Architektenhaus-Vorträge») 1903/04–1917/18 (Bibl.-Nrn. 51–67)

Öffentliche Vorträge, Vortragsreihen und Hochschulkurse an anderen Orten Europas 1906–1924 (Bibl.-Nrn. 68–84)

II. *Vorträge vor Mitgliedern der Anthroposophischen Gesellschaft*

Vorträge und Vortragszyklen allgemein-anthroposophischen Inhalts – Evangelien-Betrachtungen – Christologie – Geisteswissenschaftliche Menschenkunde – Kosmische und menschliche Geschichte – Die geistigen Hintergründe der sozialen Frage – Der Mensch in seinem Zusammenhang mit dem Kosmos – Karma-Betrachtungen (Bibl.-Nrn. 91–244)

Vorträge und Schriften zur Geschichte der anthroposophischen Bewegung und der Anthroposophischen Gesellschaft (Bibl.-Nrn. 251–263)

III. *Vorträge und Kurse zu einzelnen Lebensgebieten*

Vorträge über Kunst: Allgemein-Künstlerisches – Eurythmie – Sprachgestaltung und Dramatische Kunst – Musik – Bildende Künste – Kunstgeschichte (Bibl.-Nrn. 271–292)

Vorträge über Erziehung (Bibl.-Nrn. 293–311)

Vorträge über Medizin (Bibl.-Nrn. 312–319)

Vorträge über Naturwissenschaft (Bibl.-Nrn. 320–327)

Vorträge über das soziale Leben und die Dreigliederung des sozialen Organismus (Bibl.-Nrn. 328–341)

Vorträge für die Arbeiter am Goetheanumbau (Bibl.-Nrn. 347–354)

Dritte Abteilung: Das künstlerische Werk

Reproduktionen und Veröffentlichungen aus dem künstlerischen Nachlaß

Originalgetreue Wiedergaben von malerischen und graphischen Entwürfen und Skizzen in Kunstmappen oder als Einzelblätter

---

Die Bände der Rudolf Steiner Gesamtausgabe sind innerhalb einzelner Gruppen einheitlich ausgestattet. Jeder Band ist einzeln erhältlich.